포천 38선 동네 한 바퀴

소성규 · 김태회 · 천영성

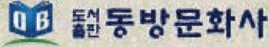

머리말

통일은 왜 해야 하고, 통일교육은 왜 할까? 라는 질문을 받으면, 남북한이 분단되어 있기 때문이라고 화답한다. 통일은 당위적이었다. 그러나 MZ세대는 이런 통일을 당위적이라고 생각하지 않는 분위기가 감지되고 있다. 남북한이 분단되어 있으므로 탈분단을 해야 한다는 주장도 있다.

우리나라 헌법에는 통일과 평화적 통일에 관한 여러 규정을 두고 있다. 통일교육의 근거 법률이라고 할 수 있는 「통일교육지원법」은 "통일교육"이란 자유민주주의에 대한 신념과 민족공동체의식 및 건전한 안보관을 바탕으로 통일을 이룩하는 데 필요한 가치관과 태도를 기르도록 하기 위한 교육을 말한다(동법 제2조 제1호) 라고 정의하고 있다.

통일교육은 누구를 대상으로 하며, 통일교육은 어떻게 해야 할까? 통일교육은 기준에 따라 다양한 분류가 가능하다. 이론교육과 체험교육, 오프라인교육(대면교육)과 온라인교육(비대면교육) 등으로 분류하기도 하고, ①연속강좌 유형, ②강연·세미나·포럼 유형, ③캠프·기행 유형, ④문화공연·행사 유형, ⑤콘텐츠 개발 유형으로 분류하기도 한다.

현행 「통일교육지원법」은 통일교육의 유형에 대하여 독자적인 분류기준을 열거하고 있지는 않다. 다만, 학교통일교육과 공무원 통일교육에 대해서 규정하고, 사회통일교육에 대해서는 명문 규정은 없지만 지역통일교육센터를 통한 사회통일교육을 실시하도록 하고 있다.

한편, 통일부 국립평화통일민주교육원은 학교통일교육과 사회통일교육의 접점에 있는 대학통일교육의 중요성을 인식하고, 전국 권역별로 "통일교육선도대학사업"을 공모하여 국비 지원을 하고 있다. 대진대학교는 2020년부터 2023년까지 4년 동안 국비 지원을 받아, 대학생 대상 다양한 통일교육을 진행하였다. 2025년에는 다시 "재진입 통일교육선도대학"으로 지정받아 2025년부터 2028년까지 다시 4년 동안 국비 지원을 받아 사업을 진행하게 된다. 이 교재는 "재진입 통일교육선도대학"의 교재개발 사업 차원에서 시도된 것이다.

　대진대학교의 "재진입 통일교육선도대학"의 핵심가치는 참여형 내지는 체험형 통일교육이다. 참여형 내지는 체험형 통일교육 가운데에서도 "일상적 내지 우리 동네" 통일교육을 실시하고자 하는 취지가 있다. 외국이나 다른 동네 이야기와 함께 내가 살고 있는 곳(장소)의 이야기를 해 보려는 시도다. 전쟁의 상흔이나 독립운동을 잊지 않고, 애국정신으로 승화할 수 있다면 얼마나 좋을까. 그런 동네 이야기를 통해 우리 동네가 통일에 주체적으로, 주도적으로 함께 할 수 있다면 시너지는 더 클 수 있다는 시도로 시작한 것이다.

　그럼 우리 동네 이야기는 무엇이 있을까? 대진대학교는 접경지역 소재 대학이다. 다른 지역에서 볼 수 없는 우리 지역만의 특징은 무엇이 있고, 이곳을 학생이나 일반인이 참여할 수 있는 아이디어를 낸 것이 "38선"이다. "38선"이라는 소재를 통해 통일교육 교재개발을 시도한 것이다. 1차년도는 대진대학교가 소재한 포천시 "38선"을 살펴보고, 2차년도는 연천군 "38선", 3~4차년도는 "38선" 주변 도시인 동두천시와 양주시를 통해 통일교육 교재개발을 시도해 보고자 한다.

　이런 교재개발을 통해 일반인, 대학생을 포함한 초·중·고등학생들 모두가 함께 이해할 수 있는 교재개발을 통해 외국이나 멀리까지 가지 않고, 우리 동네를 이해할 수 있는 계기가 될 수도 있다. 특히 공무원 통일교육은 1년에 1시간, 통일교육이 의무화되어 있다. 지역사회 이해와 지역 사랑을 함께 실천할 수 있는 교육의 장이 될 수도 있다.

　대진대학교는 "통일교육의 메카"라고 불리기도 한다. "지역네트워크 통일교육 모델"을 개발하고, '통이(通異)'라는 대진대학교만의 통일교육 캐릭터를 만들기도 했다. 대진대학교만의 통일교육 모델과 캐릭터를 이론적으로 교육하고 접목하기 위해 학부, 석사, 박사과정에 다양한 통일

관련 교과목을 개설하고 있다.

'통이(通異)'라는 단어가 생소할 수 있다. 다름이 통할 수도 있다는 의미다. '통이(通異)'라는 캐릭터 역시 법학적 시각에서 남북한 사이에 존재하는 법률의 차이를 인정하고, 어느 법률이 더 좋다는 개념이 아닌 남북한의 차이를 인정하고, 상호 비교하고자 하는 시도를 한 것이 2024년에 출간한 "남북한의 법"(공저)이란 교재다.

남북한은 법의 구조와 체계가 다르다. 남북한 법제의 각자 다름을 인정하고자 하는 시도이다. 자유민주주의 국가에서 지향해야 하는 통일은 서로 다름을 인정하고 함께 사는 것이며, 나눠진 것을 하나로 만드는 '통일(統一)'이 아닌, 서로 다른 것이 통하는 '통이(通異)'가 바람직할 수도 있다. 사실 통일을 이야기하는 사람들의 생각이 각기 다르다는 점에서 '통이(通異)'를 지향하는 것은 우리 안의 분단극복을 위한 건전한 토론의 문화를 형성하는 데에도 매우 바람직할 수 있다. 다시 말해, 정치적 차원에서는 자유민주주의와 시장경제를 통일한국이 지향해야 하는 가치로 인정해야 하나, 그와는 별개로 사회문화적인 차원에서는 '통일(統一)'보다는 '통이(通異)'를 지향하는 것이 보다 참신하고 적절한 방안이 될 수 있다. 특히 '통이(通異)'를 바탕으로 한 소통능력은 남남갈등을 극복하고 남북 간 화합을 위한 기반을 굳건하게 다지는 데 효과적일 수 있다. 이러한 시도가 앞으로 어떻게 계속 적용될지는 미지수다.

3인 필자는 모두 법학 전공자다. 다소 부족함이 있기도 하다. 이런 저술작업에 제자인 김태희, 천영성 박사 두 사람이 참여해 주었다. 김태희 박사는 "남북한 혼인에 관한 법제도 통합방안"으로, 천영성 박사는 "여행업의 공정성 확보를 위한 입법론 - (가칭) 공정여행계약법 제정을 중심으로 -"으로 박사학위를 받았다. 각자 다른 직업, 다른 영역에서 "38선"을 바라보고, 집필에 참여했다. 부족한 부분은 제2판에서 수정 보완하고자 한다.

이 교재의 특징 중 하나는 "38선"을 행정적으로 기억하게 만들고, 관광산업, 스포츠 교류와 연계하기 위하여 포천시 행정책임자의 인터뷰(FGI)를 하고, "38선"에서 실제 거주하는 분들의 인터뷰(FGI)를 담고 있다는 점이다. 초판에는 백영현 포천시장, 이중효 (재단법인) 포천문화재단 대표이사, 이응수 평화이발관 대표, 강태일 포천시 군사격장 범시민대책위원회 위원장, FC KHT 김희태 축구센터 이사장의 생각을 담았다. 인터뷰에 응답해 주시고, 원고 게재 허락을 해주신 점에 대하여 감사 인사를 드린다. 향후 개정판에는 더 많은 분의 인터뷰(FGI)를 게재할 예정이다. 그밖에 역사적 기록물을 찾을 수 없는 한계로 말미암아 구술증언에 의존한 부분도 있다. 그러다 보니 증언의 객관성 등에 한계가 있을 수 있다. 향후 객관적 사료를 찾게 된다면 보완을 하고자 한다.

북한은 남북을 "두 개 국가론"으로 주장하고 있다. 한편 우리나라에서는 교재 집필하는 동안 대통령이 바뀌고, 새롭게 들어선 이재명 국민주권 정부에서는 통일부 조직을 대대적으로 개편했다. 2025년 11월 4일부터 시행되는 통일교육 조직 명칭은 "국립통일교육원"에서 "국립평화통일민주교육원"으로 변경되었다. 이 교재는 새로운 정부 기관 명칭을 반영하였다.

마지막으로, 대중성이 그리 크지도 않은 교재를 출간하여 주신 동방문화사 조형근 사장님께 고마운 마음을 전한다. 아무쪼록 이 저서가 통일교육의 현장에서 유용하게 활용될 수 있기를 기대해 본다.

2025. 11.

저자 대표 소성규

목 차

제1장 서 론

제1절 집필 의도와 방향 ·· 1
   I. 대진대학교 통일교육선도대학과의 연계 ······························· 1
   II. 기존 "38선"관련 연구와의 차별성 ····································· 15
제2절 대학 통일교육의 성과와 방향 ··· 19
   I. 서론 ·· 19
   II. 대학 통일교육과 통일교육선도대학 사업 ···························· 22
   III. 연구방법 ··· 30
   IV. 분석결과 ··· 36
   V. 결론 ·· 43
제3절 통일교육의 기본구조와 통일교육 활성화를 위한 법제도 개선방안 ··· 48
   I. 통일교육의 기본구조 ··· 48
   II. 「통일교육지원법」의 주요내용과 법제도 개선방안 ············ 53

제2장 38선의 역사와 변천

제1절 38선의 정의 ··· 93
제2절 38선의 현재와 역사 ··· 94
제3절 38선의 역사 고증 ·· 100
제4절 6·25전쟁 정전협정 체결과정 ·· 123
제5절 남북한 수복지구와 신해방지구 ··· 127

제3장 "포천 38선" 이야기

제1절 포천시 행정구역 변천사 ··· 129
제2절 영평현의 행정구역 변천사 ··· 135
제3절 포천시 38선을 둘러싼 복합적인 역사성 ···························· 144
   I. 포천시 38선 관련 고증 ·· 144
   II. 푸른물과 유교의 고장, 창수면 ·· 152

III. 영평의 중심, 평화의 뿌리, 영중면 ·· 153
IV. 영평의 첫 동쪽, 생활의 마을, 일동면 ·· 154
V. 북방의 관문, 수복의 기억, 이동면 ··· 156
VI. 경기도 포천시 창수면 주원리 "38선 평화마을"과 강원특별자치도 양양
    군 현북면 잔교리 "38평화마을" ··· 157
제4절 포천사람들이 이야기하는 38선과 삶의 이야기, 그리고 미래 ········ 164

제4장 포천시 "38선"평화공원 조성사례

제1절 38선 평화공원 조성 기본전제 및 방향 ·· 193
제2절 38선 평화공원의 공간 구성 ·· 198
제3절 포천시 38선 평화공원 조성 예정지내 시설물 재배치 제안 ············ 210

제5장 포천시 38선 평화공원의 활용방안

제1절 38선 관련 포천시 사업 현황 ·· 216
제2절 38선 평화공원 연계 활용방안 ·· 228
제3절 38선 평화공원 인근 "영평천" 연계 활용방안 ···································· 240
제4절 38선 평화공원 브랜드 개발 및 상품화 방안 ······································ 251

제6장 국내외 역사적 기억의 평화적 활용사례

제1절 제주4·3 평화공원 ·· 252
제2절 용산 전쟁기념관 ·· 259
제3절 강원도 인제군 38공원 ·· 262
제4절 강원도 고성 통일전망대 ·· 265
제5절 경기도 파주시 오두산통일전망대 ·· 269
제6절 독일이 과거를 기억하는 방법, 장소의 미학 ······································ 277
제7절 대만 2·28 화평기념공원 ·· 283
제8절 베트남 히엔르엉 다리 ·· 288

제7장 결 론   292

그림 차례

[그림 1-1] 대진대학교 통일교육선도대학 사업 3대 목표 ·················· 3
[그림 1-2] 대진대학교 통일교육선도대학 사업목표 개관 ·················· 5
[그림 1-3] 대진대학교 통일교육선도대학 비전 ····························· 6
[그림 1-4] 통일교육의 목적과 방향 "PEACE & 3B" ····················· 8
[그림 1-5] 협력·확산·개방의 트라이시클 평화통일교육 ················ 8
[그림 1-6] 예시 : 38선 ·· 10
[그림 1-7] 예시 : 경기도 연천군 38선 마을 ·································· 11
[그림 1-8] 예시 : 경기도 포천시 38선 마을 ·································· 11
[그림 1-9] 지역 네트워크를 기반으로 통일로 가는 염원을 담은 '통일바람개비' ····· 12
[그림 1-10] 통일교육선도대학 마스코트 '통이(通異)' ····················· 14
[그림 1-11] 통일선도대학교육 사업의 3대 목표 ····························· 28
[그림 1-12] 연구방법 ··· 30
[그림 1-13] 공공기관 통일교육 추진체계 ·· 51
[그림 1-14] 경기도 조례상 대상별 통일교육 유형 ························· 53
[그림 1-15] 지역통일교육센터 목표 및 사업구조 ··························· 56
[그림 2-1] 38선의 옛모습 ··· 93
[그림 2-2] 미국의 핵무기 사용 ··· 107
[그림 2-3] 38선을 획정한 딘 러스크와 찰스 본스틸 ···················· 113
[그림 3-1] 38선이북 경기도 지역 ·· 137
[그림 3-2] 포천시 38선 관련 마을 ··· 144
[그림 3-3] 38선 표지석 ·· 145
[그림 3-4] 포천 구 38휴게소 ·· 147
[그림 3-5] 영평초 정문(옛 영평면사무소터 추정지) ······················· 149
[그림 3-6] 로드리게스(영평) 사격장 인근 도로 전경 ···················· 150
[그림 3-7] 포천 38선 평화마을 "평화의 여신상" 조각상 ··············· 158
[그림 3-8] 김광우 선생 공덕비 ·· 159
[그림 3-9] 고 김광우 교수 자택 내 작품 ·· 160
[그림 3-10] 고 김광우 교수 자택 주변 작업실과 작품 ·················· 161
[그림 3-11] 강원특별자치도 잔교리 "38평화마을" ·························· 163

[그림 3-12] 잔교리 38평화마을 조각 작품 ·· 163
[그림 3-13] 백영현 포천시장 ·· 165
[그림 3-14] 이중효 (재)포천문화관광재단 대표이사 ···································· 170
[그림 3-15] 평화이발관 전경 ·· 178
[그림 3-16] 평화이발관 이응수 대표와 이발소 내부 ·································· 179
[그림 3-17] 강태일 포천시 군사격장 범시민대책위원회 위원장 ················· 183
[그림 3-18] 김희태 이사장과 축구장 ··· 188
[그림 3-19] FC KHT를 찾아온 외국 유소년 선수들 ·································· 192
[그림 4-1] 평화공원 비전과 목표 ·· 194
[그림 4-2] 38선 평화공원의 비전과 추진전략 ·· 197
[그림 4-3] 38평화공원 상징물(故 김광우 조각가 작품) ······························ 204
[그림 4-4] 길 잃은 올리브 나무(안) ··· 208
[그림 4-5] 평화대사 수달(안) ·· 209
[그림 5-1] 포천 38선 하프마라톤대회 홍보물 ·· 217
[그림 5-2] 38 로드마켓 및 38정 카페 ·· 218
[그림 5-3] 임진강 38선 역사체험길 ··· 220
[그림 5-4] 평화의 숲길 식목행사 사진 ··· 221
[그림 5-5] 포천 38선 휴게소 버스킹 장면 ·· 221
[그림 5-6] 포천 38 프렌지페스타 홍보물 ·· 223
[그림 5-7] 개성포럼 포천38선 현장체험(2022년~2024년) ·························· 224
[그림 5-8] 2025년 개성포럼 포천 38선 평화캠프 ······································ 227
[그림 5-9] 경기도 조례상 대상별 통일교육 유형 ······································· 235
[그림 5-10] 경기도 평화통일교육 비전과 목표 ·· 235
[그림 5-11] 영평천 연계 활용방안 예시 ·· 240
[그림 5-12] 성동1리 영평천 ·· 240
[그림 5-13] 영중초등학교 전경 ··· 242
[그림 5-14] 포천시 영중면 양문리 974-12번지 일원 ································· 243
[그림 5-15] 예시: 군산 금강미래체험관 야외조망대 ·································· 243
[그림 5-16] 지하벙커 및 대전차방호벽 사진 ··· 244
[그림 5-17] 인근 지자체 축제 ··· 244
[그림 5-18] 임진강 38선 역사체험길 ··· 245

[그림 5-19] 옥병서원 전경 ··· 246
[그림 5-20] 영평교회 ·· 247
[그림 5-21] 인제군 38선 휴게소 사례 ··· 248
[그림 5-22] 포천 관모봉 ··· 249
[그림 5-23] 이동면 노곡리 38교와 38쉼터 ·· 249
[그림 5-24] 추동리 38선 표지석과 38고개 ··· 250
[그림 5-25] 포천 김일성 별장터 전망대 ·· 250
[그림 5-26] 38썬 애플과 38선 맑음미 ·· 251
[그림 6-1] 제주 4·3 평화공원 시설 현황 ··· 252
[그림 6-2] 제주 4·3 평화공원 내 위령탑 ·· 253
[그림 6-3] 제주 4·3 평화공원 내 비설(飛雪) ·· 254
[그림 6-4] 제주 4·3 평화공원 내 귀천 ·· 255
[그림 6-5] 제주 4·3 평화공원 내 각명비 ·· 255
[그림 6-6] 제주 4·3 평화공원 내 행방불명인 표석 ······································· 256
[그림 6-7] 제주 4·3 평화공원 내 4·3평화기념관 ··· 257
[그림 6-8] 용산 전쟁기념관 ·· 259
[그림 6-9] 용산 전쟁기념관 내 시설물 ·· 260
[그림 6-10] 용산 전쟁기념관 맥아더장군 유품과 감사서신 ··························· 261
[그림 6-11] 인제군 38루 표지석 ·· 262
[그림 6-12] 인제군 38선길 조형물 ·· 263
[그림 6-13] 소양호에 수몰된 군부대 관련 비석 ··· 264
[그림 6-14] 고성 통일전망타워 ·· 265
[그림 6-15] 고성 통일안보공원 ·· 266
[그림 6-16] 고성 통일전망대 구조 ·· 267
[그림 6-17] 6·25전쟁체험전시관 ·· 268
[그림 6-18] 파주시 오두산통일전망대 ··· 269
[그림 6-19] 파주시 오두산통일전망대 관람코스 ··· 270
[그림 6-20] 파주시 오두산통일전망대 1층 전시실 ·· 270
[그림 6-21] 파주시 오두산통일전망대 2층 전시실 ·· 271
[그림 6-22] 파주시 오두산통일전망대 3층 전망실 ·· 272
[그림 6-23] 파주시 오두산통일전망대 통일기원북 ··· 272

[그림 6-24] 파주시 오두산통일전망대 평화의 상징탑 ················ 273
[그림 6-25] 파주시 오두산통일전망대 망배단 ·························· 274
[그림 6-26] 파주시 오두산통일전망대 고당 조만식 선생 동상 ······ 274
[그림 6-27] 파주시 오두산통일전망대 오두산성 ······················ 275
[그림 6-28] 베를린 홀로코스트 메모리얼 ································ 278
[그림 6-29] 베를린 유대인 박물관 ··· 279
[그림 6-30] 베를린 유대인 박물관 홀로코스트 타워 ················ 279
[그림 6-31] 베를린 유대인 박물관 추방의 정원 ······················ 280
[그림 6-32] 베를린 유대인 박물관 공백의 기억 ······················ 281
[그림 6-33] 베를린 슈톨퍼슈타인 ··· 282
[그림 6-34] 2·28 화평기념공원 입구 ······································ 284
[그림 6-35] 2·28 화평기념공원 기념탑 ··································· 285
[그림 6-36] 2·28 화평기념공원 내 희생자명단과 추모편지들 ······ 286
[그림 6-37] 2·28 화평기념공원 내 원주민박물관 ····················· 286
[그림 6-38] 히엔 르엉 다리(Cầu Hiền Lương) ························· 289
[그림 6-39] 히엔 르엉 다리 인근 감시초소와 확성기 ··············· 290
[그림 6-40] 히엔 르엉 다리 인근 국기게양대 ·························· 291

표 차례

<표 1-1> 선행연구 요약정리 ··· 15
<표 1-2> 통일과 북한 등에 대한 대국민 인식조사(2024년) ································ 24
<표 1-3> 통일과 북한 등에 대한 MZ세대 인식조사(2023년) ···························· 25
<표 1-4> 1차 설문조사 : 2020.10.07.~10.13 진행(N=625) ······························· 32
<표 1-5> 2차 설문조사 : 2020.12.21.~12.27 진행(N=1,875명) ························ 32
<표 1-6> 3차 설문조사 : 2021.12.13-12.20 진행(1,661명 응답) ······················· 33
<표 1-7> 4차 설문조사 : 2022.12.23.~12.27 진행(N=1,244) ···························· 33
<표 1-8> 5차 설문조사 : 2023.12.4.~12.14 진행(N=510) ································· 34
<표 1-9> 재학생의 북한 및 통일 인식 설문 ·· 35
<표 1-10> 북한과 북한 주민에 대한 인식 변화 ·· 37
<표 1-11> 북한과 북한 주민에 대한 인식 변화-사후검증 결과 ······················· 40
<표 1-12> 한반도 통일에 대한 인식 변화 ·· 42
<표 1-13> 한반도 통일에 대한 인식 변화 사후검증 ··· 43
<표 1-14> 대상별 통일교육 대상자 ·· 52
<표 1-15> '24~'26 지역통일교육센터 지정 공모 권역(10개소) ························ 56
<표 1-16> 지역통일교육센터 추진사업 ·· 57
<표 1-17> 통일교육의 내용 ··· 82
<표 2-1> 6·25전쟁 정전협정 주요일정 ·· 123
<표 3-1> 포천시 행정구역 변천사 ·· 134
<표 4-1> 38선 평화공원 기념관 구상(안) ·· 203
<표 5-1> 통일교육의 내용(예시) ··· 238

제1장 서 론

제1절 집필 의도와 방향

I. 대진대학교 통일교육선도대학과의 연계

통일부는 「통일교육지원법」에 근거하여 학교통일교육, 사회통일교육, 공무원 통일교육 등 다양한 통일교육을 실시하고 있다. 특히 미래 통일 세대를 겨냥하고, 대학 내 통일교육을 모범적으로 시행하여 대학생들의 통일 인식 제고, 통일논의 활성화 및 통일시대 창의적 인재양성을 위하여 전국을 권역별로 나누어 "통일교육선도대학 공모사업"을 실시하고 있다.

대학사회 통일교육 활성화를 위한 통일교육선도대학 공모사업은 2016년 처음 실시되었다. 2016년 1기로 처음 선정된 대학은 권역별로 ①서울·경기·인천지역에는 서울대학교·숭실대학교·아주대학교, ②대전·세종·강원·충북·충남 지역에는 충남대학교, ③부산·대구·울산·경북·경남지역에는 경남대학교, ④전북·전남·광주·제주 지역에는 광주교육대학교가 선정되었다. 2년+2년, 4년 단위다.

2019년 2기에는 강원대학교, 인제대학교, 한동대학교, 2020년 3기는 경기대학교, 대진대학교, 서울교육대학교, 전북대학교, 충북대학교, 2022년 4기에는 국민대학교, 2023년 5기에는 이화여자대학교, 강릉원주대학교, 동아대학교, 2024년 6기에는 한양대학교, 고려대학교(세종), 원광대학교, 공주교육대학교 등이 선정되었다. 20 25년 7기에는 신규 진입대학으로 숙명여자대학교가, 교육대학으로 춘천교육대학교와 한국교원대학교가 선정되고, 재진입대학으로 유일하게 대진대학교가 선정되었다. 그동안 숭실대학교가 재진입으로 선정된 적은 있었다. 그러나 통일교육선도대학 사업이 종료된 이후, 대학통일교육은 다시 한계를 드러내기 시작했고, 지속가능한 대학통일교육의 중요성이 부각됨에 따라 재진입 제도를 통하여 그동안 통일교육선도대학을 운영한 대학 가운데 다시 통일교육선도대학 사업을 진행할 수 있게 되었다. 그렇게 재진입으로 2025년 새롭게 입성한 대학이 대진대학교다.

통일부 정책에 따라 2025년 대진대학교는 치열한 공모 경쟁 끝에 유일하게 재진입 통일교육선도대학으로 선정되었다. 즉 대진대학교는 통일부의 "통일교육선도대학사업"에 공모하여 2020년부터 2023년까지, 4년 동안 1차 "통일교육선도대학 사업"을 운영하고, 이후 2025년부터 다시 4년 동안(2025년~2028년) 2차 "통일교육선도대학사업"을 실시할 수 있는 기회를 얻었다. 접경지역 대학인 동시에 "통일교육의 메카"로서 발돋움할 수 있는 기회가 주어진 것이다. 재진입 4년간 "플러스 통일교육선도대학사업" 아이템으로 업그레이드된 대학생을 대상으로 통일교육을 실시함으로써 통일교육의 특성화 대학으로 이미지 메이킹을 할 수 있을 것이다.

대진대학교 통일교육선도대학 사업목표와 비전

대진대학교는 1차 사업에 이어 2차 통일교육선도대학 사업에 재진입한 사례이다. 대진대학교가 추구하는 2차 통일교육선도대학사업목표는 다음과 같다.

[그림 1-1] 대진대학교 통일교육선도대학 사업 3대 목표

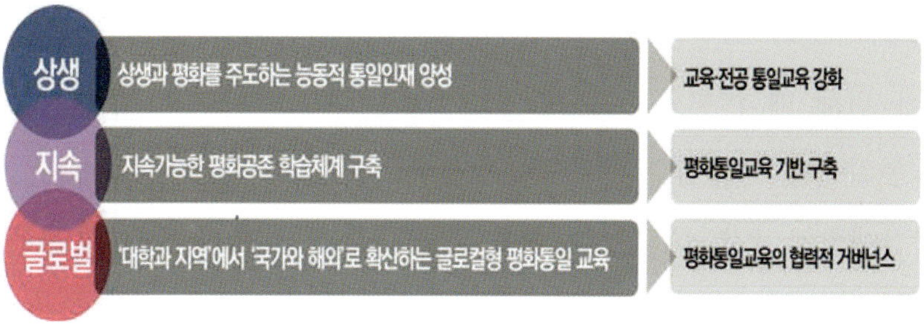

상생	상생과 평화를 주도하는 능동적 통일인재 양성	교육·전공 통일교육 강화
지속	지속가능한 평화공존 학습체계 구축	평화통일교육 기반 구축
글로벌	'대학과 지역'에서 '국가와 해외'로 확산하는 글로컬형 평화통일 교육	평화통일교육의 협력적 거버넌스

첫째, 상생과 평화를 주도하는 능동적 통일인재 양성이다. 즉 교양·전공 내 평화통일 교육 체계화 및 구체적 실행과제와의 연계성 강화, 한반도 평화통일 의식 교육 주도와 이를 위한 평화교육체계의 합리적 구축이다. 하나 되는 과정에서 협력적 의사소통의 가치를 추구하는 평화통일교육과 대진대학교만의 구체적 교과과정 운영을 통한 능동적 통일인재 배출이다. '이기는 통일교육'에서 '더불어 사는 평화통일교육'을 지향하고 있다.

둘째, 지속가능한 남북한 평화공존 학습체계 구축이다. 즉, 대진대학교 제반 교육 인프라 재정비와 평화통일 교육과정 확대 운영이다. 교육을 넘어 실천하는 창의적 체험활동으로 확장이다. 아울러 지역사회연계 교육네트워크 구축과 허브(Hub)로 자리매김을 하는 것이다. 이를 위해 상황변화에 따른 평화통일교육 체계 지속 보완이다.

셋째, '대학과 지역'에서 '국가와 해외'로 확산하는 글로컬형 평화통일 교육을 실시하는 것이다. 경기북부 지역사회의 교육 인프라와 연계한 평화공존 교육 활성화를 통하여 경기도 및 "경기도통일플러스센터" 프로그램과 연계 및 특성화를 하고자 한다. 지역 평화통일교육의 제반 여건 평가 및 중장기적 모델 운영, 통일의식을 선도하기 위함이다. 특히

중국, 베트남 등 사회주의권 국가 교육기관과 연계 민주시민·평화통일시민·세계 시민적 소양을 확산하고자 한다. 통일교육의 글로벌 외연을 확대하기 위해 매년 한반도 문제 관련 해외의 신진학자 및 공무원을 초청하는 통일교육 목표를 설정하고 있다.

대진대학교 1차 4년 동안 사업실시의 핵심 내용은 대진대학교 전체 학생들에게 "통이와 함께 하는 평화통일 이야기" 라는 교과목을 1학점 교양필수 과목으로 지정하는 것이다.

그러나 2차 4년 사업 핵심은 이론 중심의 교양필수 교과목을 폐지하고, 교양필수 대안으로서 전 학과(전교생) 대상 "대학생 참여형(체험형) 학과별 특화 사업"을 실시하는 것이다. 전학과(전교생) 대상 학과별 성격에 따라 학과별 통일 관련 체험형 현장실습, 대학생 세미나, 통일 전후 전공 관련 체험, 동영상 만들기, 수기 체험 등을 실시하는 것이다. 특히 교수학습지원센터와 연계하여 DJ-MOOC 등 온라인 비교과 강좌 개설 운영에서 특화사업 운영 관련 교수님에게 본교 예산을 우선 지원한다. 아울러 "평화통일 민주시민 인재장학금"제도의 장학혜택 기준을 충족한 학생에 한하여 정량적인 측면에서 우수한 학생을 선발하여 "평화통일 민주시민 인재 장학금"을 지급하기도 한다. 또한 참여형(체험형) 사업에 참가하는 학생들 중심으로 하계방학을 이용한 인턴십 기회를 제공하는 인센티브를 부여하기도 한다.

[그림 1-2] 대진대학교 통일교육선도대학 사업목표 개관

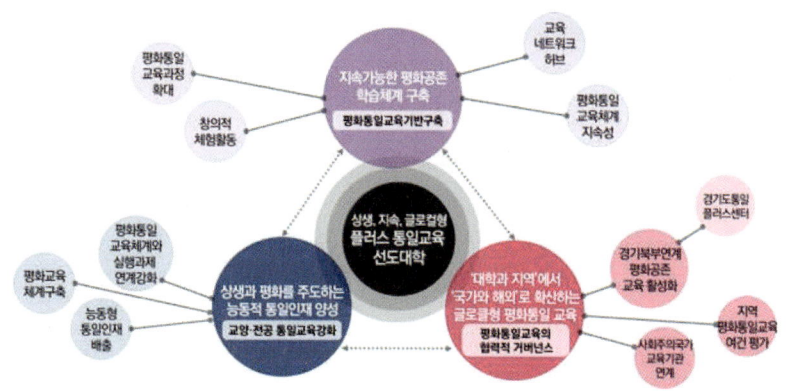

이러한 대학통일교육을 위하여 대진대학교는 "상생, 지속, 글로컬형 플러스 통일교육선도대학" 비전을 설정하였다.

첫째, 확산 가능한 평화통일교육 모델 구현이다. 대진대학교는 "성실, 경건, 신념의 정신으로 국가와 인류사회 발전에 공헌할 최고의 지성과 인격을 갖춘 창의적 인재양성"을 지향한다. 지속가능한 평화공존 학습체계 구축, 모두가 공감하고 참여하는 평화통일교육을 통해 한반도 평화를 주도하는 능동적 통일인재 양성을 하고자 함이다. 아울러 상생, 공감, 지속가능한 평화통일교육 정착, 공동체와 함께하는 협력모델을 창출하고자 한다. 상생의 정신으로 '더불어 사는 평화통일교육' 실현, 소통과 협력, 관용에 바탕을 둔 공감하는 평화통일교육, 한반도의 미래를 준비하는 지속가능한 교육협력체 추구하고자 한다. 또한 평화통일교육의 본교-타 대학-지역-전국-글로벌 확산과 미래지향적 맞춤형 평화통일교육 운영, 체계적이고 다양한 중점실행과제를 마련하고자 한다.

둘째, 평화통일교육의 발전 로드-맵 완성이다. 대진대학교의 지리적 특성으로 말미암아 접경지역형 남북한 평화공존 교육모델 개발을 하고

자 한다. 상황변화에도 지속가능한 평화통일교육 모델 개발하고, 접경지역 내 평화통일교육 허브(Hub) 기관으로 역할 수행한다. 참여와 실천을 통한 접경지역 내 한반도 평화 의식 함양 역할을 수행하고자 한다.

대진대학교를 중심으로 전국 접경지역 교육 네트워크 구축하고, 타 대학과의 협력를 강화하고자 한다. 특히 한반도 문제를 중심으로 하는 글로벌 전문가 네트워크 구축을 통한 국제 협력모델 개발을 목적으로 한다.

[그림 1-3] 대진대학교 통일교육선도대학 비전

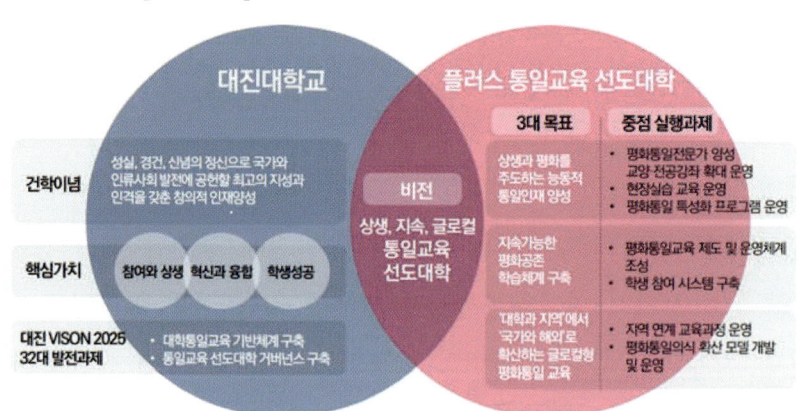

대진대학교는 통일교육의 목적과 방향을 명확하게 제시하고, 이를 통한 대내외 협력방안을 제시하고 있다. 요약하면 다음과 같다.

■ 2025년~2028년 "플러스 통일교육선도대학" 통일교육 목적과 방향 : "PEACE & 3B"

○ For what? : PEACE

- P : Provide unification education for other universities, public institutions and the regional community

(타 대학, 공공기관 및 지역사회 평화통일교육 제공)

- E : Establish a bridgehead for the peaceful unification (평화통일을 위한 교두보 구축)

- A : Achieve convergence in unification education (융·복합 통일교육 체계 구축)

- C : Cultivate regional specialists on unification

(통일전문가 양성)

- E : Expand international cooperation for the peaceful unification (국제사회와의 평화통일 협력 증대)

○ How to? : 3B

- B1 : Beyond the boundaries (새로움을 추구하고, 경계를 넘어)
- B2 : Based on community (글로벌은 지역사회를 기반으로)
- B3 : Backed by 'SangSaeng' Spirit (상생의 정신으로)

[그림 1-4] 통일교육의 목적과 방향 "PEACE & 3B"

■ 2025년~2028년 "플러스 통일교육선도대학" 협력 확산 방안

[그림 1-5] 협력·확산·개방의 트라이시클 평화통일교육

통일교육지원법상 통일교육은 학교통일교육(초·중·고 학생 및 대학생), 사회통일교육, 공공기관 통일교육으로 분류할 수 있다. 지난 1차 4년 동안의 대학생 통일교육은 내부 대학생 대상이었다면, 2차 4년 플러스 통일교육선도대학은 내부 대학생들이 외부 학교통일교육, 사회통일교

육, 공무원 통일교육과 연계하는 방안이다. 예를 들면, 대학생 중심의 내부 통일 동아리를 경기북부 지자체 공무원 중심의 통일 동아리(양주시 양·통·향 등)와 연계하여 활동하는 것이다.

대진대학교 대학생들이 경기북부 타교 확산과 함께, 2025년 개설되는 "경기도통일플러스센터"와 연계하여 학교통일교육, 사회통일교육, 공공기관 통일교육이 함께 한다면 통일부 국립평화통일민주교육원이 지향하는 통일교육은 큰 시너지 효과를 낼 수 있을 것이다.

통일교육에서 일상적 현장체험학습

통일교육에서 중요한 요소 중의 하나는 이론교육과 함께 현장체험학습이다. 그간 대학통일교육을 포함한 다양한 통일교육에서는 통일부 국립평화통일민주교육원이 추천하는 현장체험학습 장소 30곳을 중심으로 안내하고 운영하고 있다. 모두가 통일교육 현장체험 장소로는 의미가 있다. 다만, 통일교육의 현장체험 장소를 내가 살고 있는 지역을 중심으로 찾아보는 것도 의미있다고 본다. 이 교재는 이러한 내가 살고 있는 지역의 장소에 의미를 부여한 것이다. 내가 살고 있는 지역의 일상적 통일교육에 착안한 것이다.

대진대학교는 경기도 포천시에 소재하는 접경지역 소재 대학이다. 이러한 대진대학교 조차도 전통적으로 현장체험장소는 파주DMZ, 철원 땅굴, 노동당사 등과 강원도, 제주도 등 다양한 장소를 현장체험 장소로 활용하고 있다. 이러한 점에서 경기북부지역의 "38선" 등과 같은 경기북부지역의 일상적 현장체험 장소를 개발하여, 대학생 내지는 학과별로 현장체험을 통해 수기, ppt대회, Shorts 영상 제작, 세미나 등으로 대학생들이 직접 체험하고, 느낄 수 있도록 운영하는 방안을 생각해 보았다. 이 교재의 집필의도다.

이런 의미에서 비교과 참여형(체험형) 현장체험 이야기를 다룬 "우리 동네 38선 이야기" 교재를 개발 보급하고자 한다. 2차 통일교육선도대학 사업의 일환으로 1차년도~2차년도는 "38선"이 지나가는 도시 두 곳(포천시, 연천군), 3차년도~4차년도는 "38선" 주변도시 두 곳(동두천시, 양주시)을 선정하여, 그 도시의 역사적 인물과 시설(장소)을 조사 연구하고, 마을 사람들의 인터뷰(FGI)와 기억 속의 과거와 공간 복원을 통해 미래 남북한 평화통일교육을 위한 컨텐츠를 개발하고자 한다. 또한 지역 케이블 방송(예를 들면, 딜라이브TV 등)과 연계하여 다큐멘터리를 제작한다든가, 유튜브 채널 "통이와 함께하는 평화통일 이야기"를 연계 업로드하는 것이다. 예산의 범위내에서 학과별 초청 특강, "대진통일콜로키움" 진행을 진행하고자 한다.

[그림 1-6] 예시 : 38선

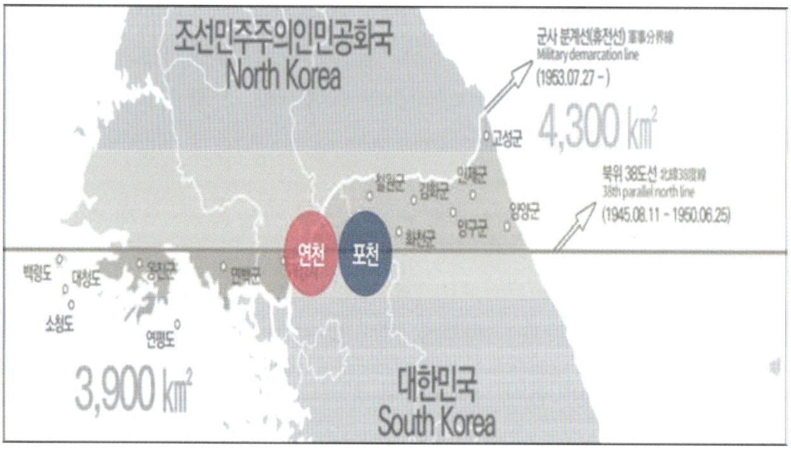

[그림 1-7] 예시 : 경기도 연천군 38선 마을

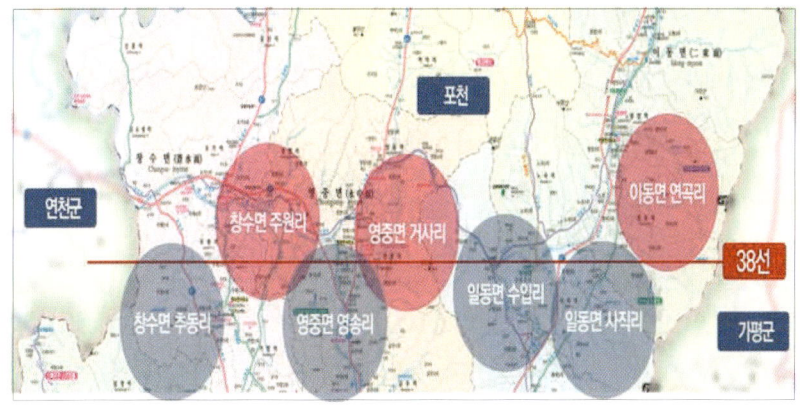

[그림 1-8] 예시 : 경기도 포천시 38선 마을

대진대학교 『지역 네트워크 통일교육 모델』

대진대학교는 대진대학교만의 독자적인 통일교육 모델을 개발하였다. 『지역 네트워크 통일교육 모델』이 바로 그것이다.

[그림 1-9] 지역 네트워크를 기반으로 통일로 가는 염원을 담은 '통일바람개비'

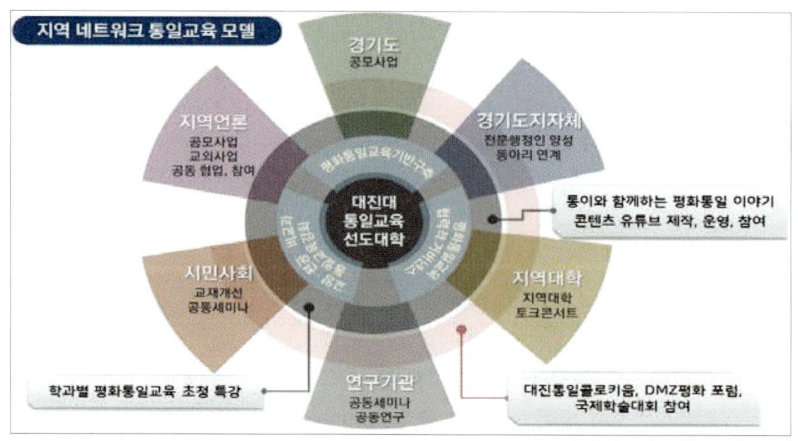

『지역 네트워크 통일교육 모델』은 지역 내 핵심 주체들과 유기적인 협력·협업을 통해 통일교육을 수행하는 것이다. 지역사회가 갖는 강점에 주목한 것이다.

지역사회 교육 주체 간의 공시적·비공식적 관계, 파트너십 형성, 통합과정을 위해 지역 네트워크의 허브(Hub)로서 중재자, 조정자, 핵심 추진 주체로서 역할에 주력한 것이다.

핵심 구성요소는 핵심 실무인력, 사업비, 리더 역할, 빈번한 교류의 장, 강력한 힘을 발휘하는 지역 네트워크 민-관-학 등 각 주체들이 가진 기능 결합이다.

경기도, 각 지자체, 제3섹터로서 시민단체, 공동연구를 통한 시너지 극대화를 위한 지역연구기관, 타 대학과 지역 언론 등 다양한 주체와의 네트워크 구축이다.

통이(通異): 남북, 남남 간 소통의 새로운 가치[1]

지금까지 통일문제와 관련된 논의의 주된 초점은 어떻게 통일을 이룩할 것인가라고 해도 과언이 아니다. 그리고 대다수는 자유민주주의와 시장경제가 통일한국이 지향해야 하는 이념이자, 정체성이라고 말해왔다. 이 점은 부인할 수 없는, 어쩌면 부인하기 어려운 이미 답이 정해진 물음이었을지 모른다.

현행 헌법에서부터 이미 "대한민국은 통일을 지향하며, 자유민주적 기본질서에 입각한 평화적 통일 정책을 수립하고 이를 추진한다"고 규정하고 있기 때문이다. 그러나 분단 이래 70여 년간 이질화된 체제에서 살아온 남북한 주민들 간의 마음의 통합은 특정한 가치로 수렴되기 어렵다. 독일통일이 주는 교훈도 바로 이 지점에 있다. 또한 우리는 남북의 이질성을 이미 경험하고 있다. 우리 사회에 들어온 북한이주민들이 겪고 있는 문화적 적응의 문제가 바로 그것이다. 이렇듯 2020년 현재 하나의 문화와 가치로 남과 북의 통합을 얘기하는 것은 어려운 일이다.

그렇다면 어떻게 남북이 소통할 수 있을까? 북한(주민들)과 소통하기 위해서는 먼저 말이 통해야 하는데, 현재는 의사소통에 장애가 있을 정도로 남북의 언어문화가 이질화됐다. 이와 관련하여 매우 신선한 아이디어가 제기됐다. 이우영 교수가 주장한 '통일(統一)' 아닌 '통이(通異)'가 바로 그것이다.

이우영 교수는 자유민주주의 국가에서 지행해야 하는 통일은 서로 다름을 인정하고 함께 사는 것이며, 이에 나눠진 것을 하나로 만드는

---

[1] 모춘흥, "탈분단의 상상과 남북 공생," 최진우 엮음, 『환대, 평화의 조건, 공생의 길』 (서울: 박영사, 2020), pp.150-152에서 발췌 요약

'통일(統一)'이 아닌, 서로 다른 것이 통하는 '통이(通異)'를 지향하는 것이 바람직하다고 주장했다.2)

사실 통일을 생각하고 이야기하는 사람들의 생각이 각기 상이하다는 점에서 '통이(通異)'를 지향하는 것은 우리 안의 분단극복을 위한 건전한 토론의 문화를 지향하는 데에도 매우 바람직하다고 할 수 있다.

결국 정치적 차원에서는 자유민주주의와 시장경제를 통일한국이 지향해야 하는 가치로 인정하는 것과 별개로 사회문화적인 차원에서는 '통일(統一)'보다는 '통이(通異)'를 지향하는 것이 보다 참신하고 적절한 방안이 될 수 있다. 특히 '통이(通異)'에 기반한 소통능력은 남남갈등을 극복하고 남북 간 소통을 위한 기반을 굳건하게 다지는 데 효과적이다.

대진대학교의 상징 동물은 "소"다. 이러한 대학을 상징하는 동물 이미지와 통일교육선도대학 사업단 교육이념을 반영하여 고유의 마스코트를 개발한 것이 바로 '통이(通異)'다.

[그림 1-10] 통일교육선도대학 마스코트 '통이(通異)'

종류 : 동물(소-수컷)
남한의 '황소'와 북한의 '젖소'사이에서 태어난 황색 얼룩의 '교잡우'
나이 : 10살 추정
특징 : 배에 한반도 지도 모양의 점이 있음
특기 : 왕감자 노래와 댄스
좋아하는 음식 : 진달래(항상 귀에 꽂아두며 가지고 다님
성격 : 온순하고 친구 사귀기를 좋아함 북한에서 태어났지만 어릴 적 아버지로부터 남한에 대한 이야기를 자주 들음, 하지만 워낙 어렸을 때라서 동화처럼 환상적인 이미지가 강함

---

2) "미인공감 61회: 통일에서 통이로(이우영)," 『미인공감』, 2018/8/12.

II. 기존 "38선"관련 연구와의 차별성

종래 '38선' 관련 연구를 종합하면 <표 1-1>과 같다.

<표 1-1> 선행연구 요약정리

연구자	주요내용
서중석[3]	- 38선은 항복접수선으로서 의의를 축소시키고 한반도는 소련과 합의된 사개국 신탁통치로서 완충 목적.
김기조[4]	- 38선 획정을 제2차 세계대전 말 미국의 대일 전략과 소련의 참전, 그리고 이 과정에서 벌어진 미·소 양국 간의 치열한 전략적 대결과 전시 외교의 산물로 해석. - 미국 국방부 내에서 한반도를 38선으로 분할하여 미군이 점령하는 계획이 구상되고 있었다. 1945년 8월 11일 합동전쟁계획위원회(JWPC)에서 링컨 준장이 한반도 38선 분할 점령안을 제안하고, 이를 미 국무·육·해군 조정위원회(SWNCC)가 승인한 과정. - 소련은 한반도에서의 미국의 군사적 개입을 공식적으로 인정하는 대신, 북한 지역에 대한 소련의 독점적 영향력을 확보하는 전략적 이득을 취함. - 38선은 한반도 분단과 한국전쟁 발발의 근본적인 원인을 제공한 비극적인 선이었음을 강조.
이완범[5]	-38선의 획정 과정을 미국의 정치적의도 중심으로 재구성해 보려는 시도로 그 대안으로서 정치적 의도설을 제시. -38선 획정은 상당기간 동안 미국정부 내에서 구상 되었던 한반도 점령과 분할 논의의 완결이며 소련의 팽창을 견제한다는 정치적 의도가 개재된 것으로 간주할 수 있다. 따라서 38선은 정치적 고려와 사전 준비의 산물
김계동[6]	-38선에 의한 한반도의 분할은 미국과 소련이 서로가 상대방의 한반도 독점지배를 방지하고, 세력균형을 이루기 위하여 "분할통치"의 개념에 대한 서로의 이해가 맞아떨어진 결과. - 분단 이후 점령과정에서 미국과 소련은 동맹, 국내정치개입, 분할통치의 개념을 활용하여 자국의 영향권을 유지시킴으로써 세력균형.
정병준[7]	- 38선이라는 국지적 공간에서의 남북한 군사적 대치와 상호작용이 전쟁의 발발과 확산에 미친 영향에 대한 연구. - 기습남침이 아닌 38선을 경계로 한 남북한의 지속적인 군사적 대치, 상호 도발과 반격, 그리고 그 과정에서 형성된 극심한 적대감과 전쟁준비가 누적되면서 필연적으로 전면전으로 나왔다고 주장. - 1949년 38선에서 벌어진 남북한의 대규모 및 소규모 군사적 충돌이 전쟁준비를 가속화하는 악순환.

김재웅[8]	- 38선은 공간적·물리적 실체라기보다 미소의 한반도 관련 협약을 명문화하기 위한 일종의 편의적 기준선 혹은 관념적 경계선으로 인식. - 광복후 38선 접경지역은 온갖 유형의 남북교류와 남북관계가 창출된 역동적 공간으로 광복이후 6·25전쟁전까지 38선이 수행한 역사적 기능에 주목. -38선 접경지역은 북한이 주목한 민간인 동원정책의 구체적 양상과 동원체제의 형성 메커니즘을 선명히 보여줄 수 있는 상징적 공간
김영호[9]	-미국이라는 강대국 정치의 입장을 대변한 군사편의주의설에 함몰되지 않으면서 동시에 그 이후 등장한 수정주의적 편향성을 극복할 수 있는 독창적 입장을 제시. -냉전 종식 이후 새롭게 공개된 자료들에 비추어볼 때 어느 정도 타당성이 있는지 평가.
박다정[10]	-미국은 왜 38선을 획정하고자 했을까? 저자는 미국의 38선 획정의 목적이 전후 한반도에 대한 기존 합의사항의 순조로운 이행, 즉 4대국 신탁통치의 실행에 있었다고 해석. -38선 획정을 미·소 협력관계의 종결 혹은 냉전의 시작으로 보기는 어렵다. -38선 획정은 미·소 협력관계의 종결 혹은 냉전의 시작이라기보다, 양국이 상호 불신 속에서도 전후 협력의 틀을 유지하기 위해 타협한 결과.
김선호[11]	-북한의 정치세력은 1946년 6월에 38선을 경비하기 위해 '38경비보안대'를 창설하고 49년 수립한 제한전 구상으로 38경비여단을 3개 여단으로 증편하였는데 '1949년도 제한전 구상'의 핵심은 바로 김일성의 최측근이 지휘하는 38경비여단임. -북한은 옹진반도를 점령하는 제한전을 통해 미국의 개입여부와 남한의 전투력을 탐색하고 전면전을 펼칠 계획을 세움. -제한전 결과 38경비여단이 옹진반도의 주요 고지를 점령함에 따라 북한군은 개전 당시 서부전선에서 지리적·전술적 우위 아래 공격을 감행.

---

3) 서중석, "전후 한국의 국제적 지위와 삼팔선 획정에 관한 연구", 경희대학교 논문집 Vol.7, 1972.
4) 김기조, 「38선 분할의 역사 : 미,소·일간의 전략대결과 전시외교 비사(1941~1945)」, 동산출판사, 1994.
5) 이완범, "미국의 38선 획정 과정과 그 정치적 의도 = 1945년 8월 10일~15일", 한국정치학회보 Vol.29 No.1, 1995, 이완범, 「미국의 38선 획정과정에 대한 연구(1944~1945)」, 한국국제정치학회, 1995, 이완범, 「38선 획정의 진실」, 지식산업사, 2001.
6) 김계동, "한반도 분단·전쟁에 대한 주변국의 정책 : 세력균형이론을 분석틀로", 한국정치학회보 제35집, 제1호, 2001.

그동안 38선에 대한 연구는 역사적, 정치적, 사회문화적, 국제관계학적 측면에서 연구되어 왔다. 38선의 탄생 배경이 중요하기 때문일 것이다.

이 연구는 그동안의 연구를 바탕으로 한정된 경기북부지역, 특히 포천 지역으로 한정하고자 한다. 지역적 한계가 있다. 지역의 일상적 통일교육, 즉 동네 통일을 이론교육과 현장체험을 접목하고자 한다. 이런 지역연구를 통하여 다른 지역과의 연계성, 국제적으로 연계하고자 하는 시도다.

일반적으로 자기 지역은 등한시하고, 다른 지역의 경험을 통하여 시사점을 찾고자 하는 경향이 있다. 다른 지역의 경험과 이야기가 옳지 않다는 것이 아니다. 우리 지역(동네)을 이해하고, 다른 지역, 다른 나라를 이해하고, 시사점을 찾는 방안을 어떨까 하는 의도가 있다. 이 연구가 지니는 차별성이다.

이 연구는 그동안 많은 사람들이 연구해 놓은 이론적, 문헌적 연구를 기본으로 하고, 통일교육에 대한 그동안의 경험적 연구가 가미되어 있다. 경험적 연구는 과학적이고, 통계적이지는 않지만, 인간으로서 삶에 대한 지혜를 반영하기 위함이다. 그 경험에는 대진대가 운영해 왔던 경기도(경기북부) 지역통일센터와 통일교육선도대학 운영 경험이 바탕이 된다. 그밖에도 2019년 만들어진 경기도 비영리민간단체인 "개성포럼"의

---

7) 정병준, 「한국전쟁:38선 충돌과 전쟁의 형성」, 돌베개, 2006.
8) 김재웅, "북한의 38선 접경지역 정책과 접경사회의 형성"-1948~1949년 강원도 인제군을 중심으로-, 한국사학보, 2007, 김재웅, "38선 분쟁과 접경지역 위기에 대처한 북한의 민간인 동원정책", 한국학논총 Vol.45, 2016.
9) 김영호, "탈냉전과 38선 획정의 재조명", 국가와 정치 Vol.16 , 2010.
10) 박다정, "미국의 38선 획정 원인과 목적(1943~1945)", 역사학보 Vol.- No.260, 2023.
11) 김선호, "북한의 38선 경비부대 창설과정과 제한전 구상", 통일과 평화 Vol.16 No.1, 2024.

운영 경험이 반영된 것이다. 아울러 지역의 리더 또는 38선과 함께 평범한 일상적 삶을 살아가고 있는 시민들의 인터뷰(FGI)가 포함되어 있다.

이러한 여러 가지 복합적인 시론적 연구를 통하여 초·중·고·대학 통일교육과 함께 사회통일교육, 공무원 통일교육의 방법론에서 일상적 통일교육 내지 참여형 통일교육이 통일교육의 하나의 방법으로 자리매김하고, 확산되는 효과가 있을 것이다.

통일교육은 안보교육과 차이가 있다. 통일교육은 대상별 특화교육이 중요하다. 초등학교 저학년·고학년, 중학생, 고등학생, 대학생과 일반 성인에 따라 다르게 교육할 필요가 있다. 일반적으로는 남북한 분단의 국내외적 원인을 살펴보고, 남북한의 차이를 비교하곤 한다. 남북한의 차이를 있는 그대로 이해하는 것이 중요하다. 정치와 행정체계가 다른 것을 이해하는 교육이다. 이러한 남북한의 차이를 통해 통일의 필요성을 찾고, 분단비용과 통일비용의 차이를 통해, 통일이 되면 어떠한 점이 좋아지고, 효과가 있는지도 모색한다. 이러한 탐색을 통해 각자의 위치에서 할 수 있는 역할을 알아보는 것이 바로 통일교육이다. 통일교육은 교수자가 OX 퀴즈나, 동영상과 사진, 음악 등 다양한 교구재를 사용하기도 한다. 이른바 선진교수법 활용이다.

이 교재는 통일교육을 지역의 현장에서 찾아보고자 하는 "일상적 동네 현장체험형 통일교육"이라는 점에서 차별성이 있다.

제2절 대학 통일교육의 성과와 방향[12]

-대진대학교 통일교육선도대학사업의 사례를 중심으로

I. 서론

국제 정세는 빠르게 변화하며, 특히 군사와 외교가 결합된 새로운 형태의 갈등이 심화되고 있다. 현재까지 러시아-우크라이나 전쟁은 단순히 양국 간의 무력 충돌을 넘어 세계 주요 강대국들의 군사적·외교적 개입으로 확산되었으며, 이 과정에서 북한의 병력 파견은 국제사회에 큰 충격을 주었다.

북한의 이러한 행보는 동북아시아 지역 안보 환경에 새로운 도전을 제기한다. 북한의 병력 파견은 러시아에 대한 지원의 성격을 넘어 미국과 한국을 포함한 서방 진영에 대한 강력한 메시지로 작용할 수 있다. 이는 한반도를 포함한 동북아시아 전반의 군사적 긴장을 고조시키며, 한국을 포함한 주변국들로 하여금 새로운 전략적 대응을 요구하게 된다. 윤석열 정부는 이를 반영하여 한미동맹 강화와 한일 협력 증진을 주요 외교 안보 정책으로 내세우고 있으며, 이를 통해 북한의 잠재적 도발과 중국의 영향력 확장을 견제하려 하고 있다.

북한의 우크라이나 개입 가능성은 단순히 국제적 도발로 그치지 않고, 한반도 내 군사적 긴장과 국지적 갈등 가능성을 높이고 있다. 윤석열 정부는 6대 국정과제 중 하나로 "남북관계 정상화와 평화로운 한반도 구축"을 제시했으며, 그 중심에는 북한의 비핵화와 도발 억제라는 명

---

[12] 소성규/고대유 교수의 2024.12.31. 대진대학교 대진평화통일교육연구원이 발간하는 「지역과 통일」 학술지에 게재된 논문임.

확한 목표가 있다. 하지만 북한의 도발 위협이 지속되고, 특히 중국과 러시아와의 협력 강화가 가속화되면서 대북정책의 복합적 접근이 요구되고 있다. 단순한 군사적 억제책을 넘어, 국민적 지지와 국내적 합의 기반을 강화하는 것도 주요 과제로 대두된다.

특히 통일 문제와 관련된 국민의 관심은 대북정책의 지속 가능성을 결정짓는 중요한 요인이다. MZ세대를 포함한 젊은 층이 통일에 무관심하거나 부정적 태도를 보이는 현실은 장기적으로 한반도 평화 구축의 장애물이 될 가능성이 크다. 서울대 통일평화연구원(2023)[13]의 조사에 따르면, MZ세대는 분단 상태 유지에 가장 높은 지지를 보이고 있다. 이러한 세대적 인식의 변화는 정부의 대북정책이 설득력을 얻기 위해 풀어야 할 숙제이다.

이러한 상황 속에서 대진대학교를 포함한 통일교육선도대학사업은 새로운 가능성을 제시하고 있다. 통일교육은 단순히 통일의 필요성을 교육하는 것을 넘어, 북한에 대한 이해와 한반도 평화의 중요성을 다음 세대에 심어주는 데 중요한 역할을 한다. 대진대학교는 1992년 개교 이후부터 통일교육을 선도하며, 재학생을 대상으로 통일의 필요성과 북한 문제에 대한 교육을 강화해왔다. 특히 2020년 이후 통일교육선도대학사업을 통해 교양필수 교과목("통이와 함께하는 평화통일 이야기")을 신설하고, 지역사회와 연계된 교육 프로그램을 운영하며 통일교육의 효과를 극대화하고자 노력하고 있다.

대진대학교 사업단은 사업 초기부터 재학생 대상 설문조사를 통해 통일 인식의 변화를 체계적으로 모니터링하고 있다. 1차년도부터 3차년

---

[13] 서울대학교 통일평화연구원. 2023. 서울대학교 통일평화연구원,「2023 통일의식조사」결과 개요.

도까지 총 5차례에 걸쳐 축적된 데이터를 기반으로, 통일교육이 재학생의 통일관 개선에 미친 영향을 분석하고 있으며, 이를 통해 통일교육의 구체적 성과를 입증하고 있다. 이와 같은 노력을 통해 통일교육의 긍정적 효과를 강화하고, 이를 바탕으로 동북아시아의 안보 위협 속에서도 한반도 평화의 기반을 다지기 위한 대안을 제시하고자 한다.

북한의 우크라이나 병력 파견 가능성과 같은 국제적 이슈는 한반도를 둘러싼 국제 정세가 단순히 지역적 문제를 넘어 글로벌 차원의 문제로 전환되고 있음을 시사한다. 한국은 이러한 도전 속에서 통일교육과 대북정책을 통해 지속 가능한 평화와 안정을 구축할 필요가 있다. 본 연구는 대진대학교 통일교육선도대학사업의 3년간 성과를 종단적으로 분석함으로써, 통일교육의 효과성과 한계점을 도출하고, 이를 기반으로 한국의 대북정책에 실질적 시사점을 제공하고자 한다.

이 연구는 단순히 담론 분석에 그치지 않고, 한반도의 평화와 협력을 위한 구체적 대안을 모색하는 데 초점을 맞춘다. 북한의 도발과 군사 외교의 확대, 동북아시아의 군사적 긴장이 고조되는 가운데, 통일교육은 통일을 향한 국민적 합의와 지지를 형성하는 핵심 수단으로 자리 잡을 것이다. 따라서 본 연구는 대진대학교 사례를 중심으로 통일교육의 역할과 가능성을 제시하며, 한반도와 동북아의 평화 구축에 기여하는 데 의의를 둔다.

II. 대학 통일교육과 통일교육선도대학 사업

1. 대학생 통일교육의 필요성

1) 통일교육의 법적 근거

통일교육의 법적 개념은 「통일교육지원법」 제2조에 정의되어 있다. 이 법에 따르면, "통일교육"은 자유민주주의에 대한 신념, 민족 공동체 의식, 건전한 안보관을 바탕으로 통일을 이루기 위한 가치관과 태도를 함양하는 교육을 의미한다. 또한, 제3조에서는 통일교육의 방향을 명확히 규정하고 있다. 제1항은 통일교육이 자유민주적 기본질서를 보호하고 평화적 통일을 목표로 해야 한다고 명시하고 있으며, 제2항은 통일교육이 개인적인 또는 당파적인 목적을 위해 사용되어서는 안 된다고 표현하고 있다.[14]

이에 정합하는 사례로서 소성규 외(2020)는 통일교육이 폭넓게 수용될 수 있도록 방향을 설정할 필요성이 있음을 지적하며, 이를 위해 「통일교육지원법」 제3조에 "국민적 합의에 기초한다"는 내용을 추가해야 한다고 주장하고 있다. 이 주장은 통일교육이 특정 정권의 이념적 기조에 좌지우지 않도록 하기 위한 조치로, "한국형 보이텔스바흐 합의"와 같은 방식으로 통일교육을 제도화해야 한다는 필요성을 강조한다. 이는 법 제3조 제2항에서 규정한 "통일교육은 개인적·당파적 목적을 위해서 사용되어서는 안 된다"는 원칙과도 일치하는 논리이다.

결국, 통일교육은 자유와 안보에 대한 의식을 바탕으로, 평화적인 통일을 달성하기 위한 공익적 가치를 함양하는 과정으로 정의할 수 있다.

---

14) 법제처 국가법령정보센터, https://www.law.go.kr.

이는 개인의 정치적 견해를 넘어서, 국민 모두가 공유할 수 있는 공통된 가치와 목표를 중심으로 이루어져야 함을 시사한다.

2) 국민과 MZ세대 통일 인식과 문제점

서울대학교 통일평화연구원은 매년 국민들의 통일인식 조사를 수행하고 있다. 2024년 통일에 관한 조사[15]에서는 국제적 신냉전 상황과 북한의 무력 도발이 지속되면서 북한과 러시아에 대한 위협 인식이 높아졌고, 이에 따라 국민들 사이에서 자체 핵무장에 대한 여론도 증가했다. 이로 인해, 통일에 대한 공감대는 2007년 조사가 시작된 이후 가장 낮은 수준으로 떨어졌습니다.

특히, '통일이 매우 필요하다' 또는 '약간 필요하다'고 응답한 비율은 36.9%로, 2007년 조사 시작 이후 최저치를 기록했다. 반면, '통일이 전혀 필요하지 않다' 또는 '별로 필요하지 않다'는 응답은 35.0%로 역대 최고 수준을 기록했다.

그밖에 주요 조사결과도 다음과 같다. '여건이 성숙되기를 기다려 점진적으로 통일이 되는 것이 좋다'는 의견은 45.6%로, 이는 2007년 조사 이래 최저 수준이다. 반면, '현재대로가 좋다'는 응답은 31.2%로 가장 높은 비율을 차지했다.

'통일이 불가능하다'고 답한 비율은 39.0%로 가장 높은 수치를 기록했다. 대북 인식에서는 적대적인 감정이 증가하며, 북한 무력 도발 가능성도 증가했다고 응답한 비율이 상승했다. 한편 대북 정책에 대한 만족도는 43.1%로 감소했으며, 한국의 핵무기 보유에 대한 찬성 의견은 여전히 높은 수준을 유지했다.

---

15) 서울대학교 통일평화연구원. 2024. 2024 통일의식조사 학술회의 개최 자료.

<표 1-2> 통일과 북한 등에 대한 대국민 인식조사(2024년)

조사 항목	응답비율	해석
통일의 필요성	36.9%	통일이 필요하다는 응답 비율(2007년 이후 최저)
통일이 전혀 필요하지 않다	35.0%	통일이 필요하지 않다고 응답한 비율(조사 이래 최고 비율)
통일의 방식 (점진적 통일 선호)	45.6%	여건이 성숙되기를 기다리며 점진적인 통일을 선호
현재 상태 유지 선호	31.2%	현재대로가 좋다는 응답(조사 이래 최고 비율)
통일 불가능 응답	39.0%	통일이 불가능하다고 생각하는 비율(최고 수준)
대북 적대 의식	22.3%	대북 적대 의식 증가(2007년 이후 최고 상승)
북한 무력 도발 가능성	65.6%	북한의 무력 도발 가능성을 높게 평가
한국의 핵무기 보유 찬성	51.5%	여전히 높은 수준의 핵무기 보유 찬성 비율
대북 정책 만족도	43.1%	대북 정책에 대한 만족도(전년 대비 하락)
북한이탈주민에 대한 친근감	17.5%	북한이탈주민에 대한 친근감(조사이래 최저치)

부정적 인식은 MZ세대에서 가장 두드러진다. 2023년 서울대학교 통일평화연구원의 조사[16])에 따르면, 통일 필요성 관련인식을 살펴보면 다음과 같다. MZ세대 중 30.6%만이 통일을 '매우 필요하다' 또는 '필요하다'고 응답했습니다. 특히 M세대의 응답률은 30.9%로 조사 이래 최저치를 기록하였으며, 이전 조사들에 비해 감소한 수치를 보였습니다(2022년: 32.3%, 2021년: 31.9%, 2020년: 35.4%).

또한 MZ세대가 인식하는 남북통일 인식은 다음과 같다. MZ세대의 9.1%만이 통일이 '어떠한 대가를 치르더라도' 혹은 '가능한 빨리' 이루

---

[16]) 서울대학교 통일평화연구원. 2023. 서울대학교 통일평화연구원, 「2023 통일의식조사」 결과 개요.

어져야 한다고 응답하였고, 36.0%는 '현재 상황이 좋다'고 응답하였으며, 이는 조사 이래 가장 높은 비율이다.

또한 MZ세대가 생각하는 '통일가능시기' 조사결과, MZ세대의 31.1%는 통일이 30년 이상 걸릴 것이라고 응답했으며, 이 비율은 급격히 상승했다(2022년: 26.0%, 2021년: 27.7%). 37.6%는 '통일이 불가능하다'고 응답했으며, 30년 이상 걸릴 것'과 '불가능하다'는 응답의 합은 68.7%로 역대 최고치에 달했다.

<표 1-3> 통일과 북한 등에 대한 MZ세대 인식조사(2023년)

항목	응답비율	해석
통일의 필요성	30.6%	통일이 필요하다고 응답한 비율, M세대는 최저치 기록(30.9%)
통일의 시급성	9.1%	'어떠한 대가를 치르더라도' 또는 '가능한 빨리' 통일되어야 한다는 응답 비율
현재 상태 선호	36.0%	현재 상태를 유지하고 싶다는 응답 비율(조사 이래 최고치)
통일 가능 시기 (30년 이상)	31.1%	통일이 30년 이상 걸릴 것이라고 응답한 비율 (급격한 상승 추세)
통일 불가능 응답	37.6%	통일이 불가능하다고 응답한 비율, 소폭 감소
합산 비율 (30년 이상 + 불가능)	68.7%	통일이 불가능하거나 30년 이상 걸린다고 응답한 비율(조사 이래 최고치)

2019년 2월부터 교육부는 '학교 평화·통일교육 활성화 계획'을 발표하고, 이를 통해 초중고 교과서에 통일 관련 내용을 추가하며 다양한 교육 방법을 개발하려는 노력을 기울이고 있다.[17]

이 계획은 통일 시대를 대비하기 위해 평화와 통일 교육을 강화하는

---

17) 통일 시대 대비, 초중고 평화·통일교육 강화. 뉴스이즈 2018년 11월 27일자 보도자료.

방향으로 진행되고 있으며, 일부 학교들은 통일 교육을 강화하는 시험학교로 지정되어 운영되고 있다.

그러나 현재 대학생들은 고등학교 졸업 이전에 체계적인 통일 교육을 받지 못한 경우가 많다. 이는 대학생을 대상으로 하는 통일 교육의 중요성을 시사하며, 통일 문제에 대한 올바른 인식을 형성하기 위한 교육의 지속 강화가 필요하다.

3) 대학생 통일 교육을 위한 정책수단으로서 통일교육선도대학 사업

대학생 통일인식 제고를 위해 통일부는 2016년부터 「대학통일교육 활성화 지원사업」을 대폭 강화하였다. 전국을 권역으로 나누어 통일교육선도대학사업을 공고하고 전국의 4년제 대학의 심사를 받고 엄격한 심사를 거쳐 선정하고 있다. 선정된 대학은 지역 통일교육의 거점대학으로 대학생 통일교육 강화, 교육의 모범 시스템 수립, 지역으로 확산 등 핵심적 역할을 수행한다. 이 사업을 통해 대학은 통일과 북한 관련 강좌를 확대하고 콜로키움, 옴니버스 특강, 다양한 체험학습과 공모전 등과 같은 대학생 자율 참여 교육 사업을 운영하고 있다.

2020년 대진대학교는 경기북부를 대표하여 통일교육선도대학으로 선정되었다. 이는 통일교육과 관련한 대학의 기존 인프라, 총장의 강한 의지와 지원에 힘입어 접경지역 특성에 정합하는 대진대학교만의 "지역 네트워크 통일교육 모델" 정립, 대진대학교 통일교육 모델을 실천하고 홍보하기 위한 대진대학교 통일교육 캐릭터 "통이(通異)"를 만들어 통일 교육을 수행해온 결과이다.

특히 현재 대부분의 대학 교육은 교양선택이나 비교과 프로그램 등으로 수행하고 있는 반면, 대진대학교는 2022년부터 교양필수("통이와 함께하는 평화통일 이야기")로 운영하여 전 재학생들이 통일교육을 이수하고 있다.

2. 대진대학교 통일교육선도대학 사업

대진대학교는 1992년 개교 이후부터 현재까지 '통일과 통일 이후를 준비하는 대학'의 슬로건과 함께 내부적으로는 학부, 석사, 박사과정의 통일 관련 다양한 교육과정을 운영하고 있고, 외부적으로는 2012년 2월부터 2020년 3월까지 통일부가 지역 거점별로 지정·운영하는 경기도 및 경기북부 지역통일교육센터를 운영한 경험이 있다.

이러한 그동안의 경험과 대학의 기존 인프라를 최대한 활용하고 설립이념을 실현하기 위하여 대진대학교 통일교육선도대학 사업의 목표는 크게 3가지를 제시하여 실천하고 있다. 첫째, 상생과 평화를 주도하는 능동적 통일인재 양성, 둘째, 지속가능한 남북한 평화공존 학습체계 구축, 셋째, '대학과 지역'에서 '국가와 해외' 확산하는 글로컬형 평화통일 교육이다.[18]

이러한 3대 목표를 토대로 '상생, 지속, 글로컬형 통일교육선도대학'이라는 비전에 따라 사업을 추진하고 있다. 특히 대학은 통일교육을 '대진 VISION 2030' 17대 전략과제의 42대 실행과제(통일대비 교육과정 운영 고도화)로 선정했다. 이를 통해 대진대학교는 통일교육의 확산을 거교적 차원으로 수행하고 있다.

---

18) 대진대학교. 2022. 통일교육선도대학 지정·육성사업 2022년(3차년도) 연차보고서.

[그림 1-11] 통일선도대학교육 사업의 3대 목표

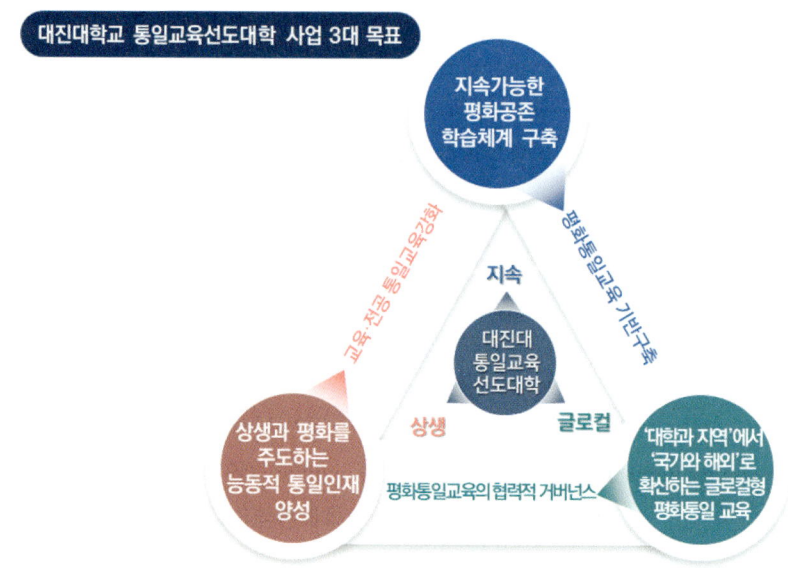

특히 대진대학교만의 특성화된 '지역 네트워크 통일교육 모델' 구축을 토대로 통일교육을 실시하고 있다.[19]

3. 선행연구 검토와 차별성

통일교육선도대학 사업의 효과성을 분석한 기존 연구들은 각기 다른 방식으로 접근하여 교육의 효과를 평가했다. 임현모(2017)는 광주교육대학에서 1년간 사업을 진행하며 북한 및 탈북민, 통일에 대한 인식 변화를 조사했으나, 단기적이고 횡단적 조사로 일반화에는 한계가 있었다. 조은희(2021)는 숭실대학교에서 4년간 종단적 데이터를 활용하여 통일

---
[19] '지역 네트워크 통일교육 모델'의 상세한 내용은 소성규·고대유. 2022. "대학 통일교육사업의 성과와 방향-대진대학교 통일교육선도대학사업 1-2차년도 사업을 중심으로."『지역과 통일』2권 1호, 참조.

및 북한 인식 변화와 교육 효과를 체계적으로 입증하며 장기적 연구의 필요성을 제시했다. 최경원·최인숙(2023)은 경기대학교를 대상으로 2020년에 두 차례 설문을 실시해 통일교육 프로그램의 긍정적 효과를 분석했으며, 교육 참여자의 통일역량 향상을 입증하였다.

이 연구는 기존 연구들을 바탕으로 효과성을 보다 체계적으로 분석하기 위해 설계되었다. 첫째, 본 연구는 4년간 총 5차례에 걸친 종단적 데이터를 활용하여 장기적 추이를 파악한다. 1차년도에는 2회의 설문조사를, 2·3차년도에는 각각 1회의 설문조사를 실시해 변화 양상을 종합적으로 분석한다. 4차년도는 사업이 끝난 1년 가량 후의 시점에 조사를 수행하였다. 사업 종료 이후 통일인식 개선 효과가 얼마나 확장되었는지 파급 효과(spillover effect)를 확인하기 위한 조사이다. 둘째, 조사 대상을 대학 재학생 전체로 확대하고, 온라인 설문을 통해 참여 학생의 응답 데이터를 활용한다. 이를 통해 구전 효과(word of mouth effect)를 고려한 점이 특징이다.

사업 성과의 기존 평가는 교양 교과목 수, 참여 학생 수 등 실적 중심으로 이루어졌으나, 본 연구는 학생 인식 변화를 중심으로 성과를 입증한다. 예컨대, 대진대학교의 경우 사업 운영 3년간 목표를 100% 달성했지만, 인식 변화 측면에서는 구체적 데이터 확보와 분석이 미흡했다. 이에 본 연구는 실적과 성과(Outcome)를 종합적으로 평가함으로써 통일교육선도대학 사업의 효과를 입증하고 지속 가능한 교육 모델을 제시하고자 한다. 이러한 연구 접근은 통일교육의 장기적 효과성을 검증하며, 대학 내 통일교육의 방향성을 제시하는 데 중요한 기여를 할 것으로 기대된다.

III. 연구방법

1. 통일교육선도대학 사업에 따른 인식 개선 효과 분석

대진대학교 통일교육선도대학사업은 재학생들의 통일의식과 북한에 대한 인식 개선을 목표로 하며, 이 연구는 사업 종료 이후 효과와 변화 추이를 검토하는 데 중점을 둔다. 사업은 3차년도까지 계획된 활동을 거의 100% 달성하였으며, 그 성과로 재학생들의 인식 변화를 종합적으로 분석하고자 한다. 연구는 1차년도 2회, 2차년도 1회, 3차년도 1회, 사업 종료 후 4차년도에 1회 추가 조사로 총 5차례 설문을 기반으로 진행된다.

설문 도구는 한반도 통일인식 관련 5문항과 북한 및 주민 인식 관련 3문항으로 구성되며, 데이터 분석은 일원분산분석(One-way ANOVA)을 통해 각 연도별 평균 차이의 유의성을 검증한다. 이를 통해 연도별 재학생들의 통일의식과 북한 인식의 변화 추이를 면밀히 살펴보고, 통일교육선도대학사업의 장기적 효과성을 입증하고자 한다.

[그림 1-12] 연구방법

1·2차 설문조사 (1년차)	3차 설문조사 (2년차)	4차 설문조사 (3년차)	5차 설문조사 (3년차)	평균차이 검증
북한과 북한주민에 대한 인식	북한과 북한주민에 대한 인식	북한과 북한주민에 대한 인식	북한과 북한주민에 대한 인식	일원분산분석 (ANOVA)
한반도 통일 인식	한반도 통일인식	한반도 통일 인식	한반도 통일 인식	

2. 조사 대상

대진대학교 통일교육선도대학사업의 조사는 대진대학교 재학생을 대상으로 수행되었으며, 웹 기반(네이버 설문조사) 모바일 설문 방식으로 진행되었다. 전 재학생에게 설문 참여를 독려하기 위해 문자 메시지를 발송했으며, 응답 성실성을 높이기 위해 참여자에게 소정의 사례[20]를 제공하였다. 설문 참여자들은 자발적으로 응답했기 때문에 표본 추출 방식은 편의적 표본추출(비확률 표출)의 성격이 강하지만, 전 재학생을 대상으로 한 점에서 확률적 표본추출의 요소를 일부 보완하였다.

조사 기간은 1~5차에 걸쳐 나뉘며, 1차와 2차 조사는 2020년, 3차 조사는 2021년, 4차 조사는 2022년, 5차 조사는 2023년에 이루어졌다. 이상적으로는 동일 학생을 반복적으로 측정하는 패널조사가 이상적이지만, 비용과 재학생 이탈(졸업 등) 문제로 인해 시계열 조사로 대체되었으며, 각 조사에서 대상은 일부 변경되었다.

1차 년도의 첫 번째 조사는 2020년 10월 7일부터 10월 13일까지 진행되었으며, 응답자는 총 641명이었다. 이후 불성실한 응답자 16명을 제외하고, 최종적으로 625명을 분석 대상으로 확정하였다.

---

20) 응답자에게는 스타벅스 쿠폰을 지급하였다.

<표 1-4> 1차 설문조사 : 2020.10.07.~10.13 진행(N=625)

구분		n(명)	%	구분		n(명)	%
계열	공공인재대학	108	17.3%	학년	1학년	217	34.7%
	과학기술대학	163	26.1%		2학년	179	28.6%
	글로벌산업통상대학	91	14.6%		3학년	138	22.1%
	대순종학대학	2	0.3%		4학년	91	14.6%
	인문예술대학	105	16.8%	성별	남자	258	41.3%
	휴먼IT공과대학	156	25.0%		여자	367	58.7%

주: 결측치 제외

1차 년도의 두 번째 조사는 2020년 12월 21일부터 12월 27일까지 진행되었으며, 총 1,894명이 참여하였다. 이 중 불성실한 응답자 19명을 제외하고 최종적으로 1,875명을 분석 대상으로 확정하였다.

<표 1-5> 2차 설문조사 : 2020.12.21.~12.27 진행(N=1,875명)

구분		n(명)	%	구분		n(명)	%
계열	공공인재대학	371	19.8%	학년	1학년	460	24.5%
	과학기술대학	402	21.4%		2학년	451	24.1%
	글로벌산업통상대학	326	17.4%		3학년	406	21.7%
	대순종학대학	11	0.6%		4학년	508	27.1%
	인문예술대학	388	20.7%	성별	남자	684	36.5%
	휴먼IT공과대학	375	20.0%		여자	1188	63.4%

주: 결측치 제외

2차 년도의 세 번째 조사는 2021년 12월 13일부터 12월 20일까지 진행되었으며, 총 1,712명이 설문에 참여하였다. 이 중 불성실한 응답자 51명을 제외하고 최종적으로 1,661명이 분석 대상으로 선정했다.

<표 1-6> 3차 설문조사 : 2021.12.13-12.20 진행(1,661명 응답)

	구분	n(명)	%		구분	n(명)	%
계열	공공인재대학	347	20.9%	학년	1학년	443	26.7%
	과학기술대학	333	20.0%		2학년	409	24.6%
	글로벌산업통상대학	289	17.4%		3학년	425	25.6%
	대순종학대학	6	0.4%		4학년	373	22.5%
	인문예술대학	333	20.0%	성별	남자	617	37.1%
	휴먼IT공과대학	351	21.1%		여자	1043	62.8%

주: 결측치 제외

3차 년도의 네 번째 조사는 2022년 12월 23일부터 12월 27일까지 진행되었으며, 총 1,286명이 설문에 참여하였다. 이 중 불성실한 응답자 12명을 제외하고 최종적으로 1,244명이 분석 대상으로 확정되었다.

<표 1-7> 4차 설문조사 : 2022.12.23.~12.27 진행(N=1,244)

	구분	n(명)	%		구분	n(명)	%
계열	공공인재대학	238	19.1%	학년	1학년	316	25.4%
	과학기술대학	234	18.8%		2학년	294	23.6%
	글로벌산업통상대학	206	16.6%		3학년	304	24.4%
	대순종학대학	12	1.0%		4학년	321	25.8%
	인문예술대학	225	18.1%	성별	남자	458	36.8%
	휴먼IT공과대학	329	26.4%		여자	786	63.2%

4차 년도의 5차 조사는 2023년 12월 4일~12월 14일이며, 총 541명이다. 그 중 불성실한 응답자 등 표본으로 활용하기 어려운 19명과 외국인 12명을 제외한 총 510명을 최종 확정하였다.

<표 1-8> 5차 설문조사 : 2023.12.4.~12.14 진행(N=510)

구분		n(명)	%	구분		n(명)	%
계열	공공인재대학	103	20.2%	학년	1학년	172	33.7%
	과학기술대학	106	20.8%		2학년	139	27.3%
	글로벌산업통상대학	72	14.1%		3학년	129	25.3%
	대순종학대학	3	0.6%		4학년	70	13.7%
	인문예술대학	73	14.3%	성별	남자	207	40.6%
	휴먼IT공과대학	152	29.8%		여자	303	59.4%

3. 설문 문항

재학생들의 통일 인식 개선 여부와 정도를 분석하기 위해 사용된 측정 도구는 두 가지 주요 요인으로 구성되었다. 첫째는 북한과 북한 주민에 대한 인식(5문항), 둘째는 한반도 통일에 대한 인식(3문항)으로, 총 8개의 문항이 포함되었다.

이 문항들은 기존 연구에서 제시된 설문 자료를 기반으로 귀납적 접근을 통해 설계되었다. 응답은 5점 리커트(Likert) 척도를 사용했으며, 초기 설계에서 높은 점수는 부정적 인식을 나타냈다. 설문 조사 완료 후 데이터를 분석하기 위해 리버스 코딩(Reverse Coding)을 적용해 점수를 재구성하였으며, 변환된 점수에서는 1점이 가장 부정적, 5점이 가장 긍정적인 인식을 의미하도록 설정되었다.

<표 1-9> 재학생의 북한 및 통일 인식 설문

설문내용		설문문항	
북한과 북한주민에 대한 인식 변화	북한에 대한 관심을 가지게 되었습니까?	① 매우 관심이 있다 ② 관심이 있는 편이다 ③ 보통이다 ④ 관심이 없는 편이다 ⑤ 전혀 관심이 없다	교육부·서울시교육청·한국교원단체협의회(2016)
	북한을 바라보는 인식은 어떻습니까?	① 매우 협력해야할 대상이다 ② 협력해야할 대상이다 ③ 보통이다 ④ 경계해야할 대상이다 ⑤ 매우 경계해야 할 대상이다	민병기 외(2019)
	정치·군사적 대결 상태에서도 경제 교류와 협력은 지속되어야 한다고 생각하십니까?	① 매우 그렇다 ② 그렇다 ③ 보통이다 ④ 그렇지 않다 ⑤ 그렇지 않다	통일연구원(2018)
	북한 주민에 대해서 우리와 같은 민족이라는 동질감을 어느 정도 느끼게 되었습니까?	① 매우 동질감을 느낀다 ② 동질감을 느낀다 ③ 보통이다 ④ 동질감을 느끼지 못한다 ⑤ 전혀 동질감을 느끼지 못한다	민병기 외(2019)
	북한이탈주민이 우리와 같은 민족이라는 동질감을 어느 정도 느끼게 되었습니까?	① 매우 동질감을 느낀다 ② 동질감을 느낀다 ③ 보통이다 ④ 동질감을 느끼지 못한다 ⑤ 전혀 동질감을 느끼지 못한다	통일연구원(2018)
한반도 통일에 대한 인	남북통일에 대해 어느 정도 관심을 갖게 되었습니까?	① 매우 관심이 있다 ② 관심이 있는 편이다 ③ 보통이다 ④ 관심이 없는 편이다 ⑤ 전혀 관심이 없다	민병기 외(2019)
	통일이 필요하다고 생각하십니까?	① 반드시 통일되어야 한다 ② 통일이 되었으면 좋겠다 ③ 보통이다	교육부·서울시교육청·한국교원단체협의회(2016), 통일연구원

		④ 통일이 안되었으면 좋겠다 ⑤ 통일이 되어서는 절대 안된다	(2018)
식	통일 비용 조달을 위해 세금을 인상 한다면 어느 정도 찬성하시겠습니까?	① 매우 찬성한다 ② 찬성한다 ③ 보통이다 ④ 반대한다 ⑤ 매우 반대 한다	통일연구원(2011, 2018)
인구통계학적특성	(학년) 귀하는 몇 학년입니까?	① 1학년 ② 2학년 ③ 3학년 ④ 4학년 이상	
	(소속) 귀하의 소속 은 어디입니까?	① 대순종학대학 ② 인문예술대학 ③ 글로벌산업통상대학 ④ 공공인재대학 ⑤ 과학기술대학 ⑥ 휴먼IT공과대학	
	(성별) 귀하의 성별 은 무엇입니까?	① 남자 ② 여자	

IV. 분석결과

1. 북한과 북한 주민에 대한 인식과 추이 분석

'북한과 북한 주민에 대한 인식 변화'에 관한 5개 문항 분석 결과, 평균 점수는 1차 조사에서 3.00점, 2차에서 3.10점, 3차에서 3.19점, 4차에서 3.22점, 5차에서 3.24점으로 꾸준히 상승하였다. 통계 분석 결과, 다섯 시점 간의 차이는 유의미한 차이를 보였고($p<0.05$), 세부 5문항별로 중 4개 문항이 유의미한 차이를 보여, 지난 4년간 재학생들의 북한과 북한 주민에 대한 인식이 개선되었다 볼 수 있다.

문항별로 세부적으로 살펴보면, 첫 번째로 "북한에 관심을 가지게 되었습니까?"라는 질문의 점수는 3.23(1차)에서 3.30(2차), 3.22(3차), 3.29점(4차), 3.29점(4차), 3.24점(5차)으로 다소 정체된 인식을 보였다. 두 번째로 "북한을 바라보는 인식은 어떻습니까?"에서는 2.74(1차), 2.92(2차), 3.04(3차)로 증가하다가 4차 조사에서 2.79점으로 하락하는 경향이 있었으나 5차 조사에서 다시 3.03점으로 크게 상승하였다. 세 번째로, "정치·군사적 대결 상황에서도 경제 교류와 협력이 지속되어야 한다고 생각하십니까?"는 3.02(1차)에서 3.48(5차)까지 지속적인 증가세를 보였다.

네 번째 문항인 "북한 주민에 대해 우리와 같은 민족적 동질감을 느끼게 되었습니까?"는 2.93(1차)에서 3.18(5차)로 일관된 상승세를 기록하였다. 다섯 번째로 "북한 주민을 민족적으로 얼마나 동질감을 느끼게 되었습니까?" 문항의 점수는 3.09(1차), 3.14(2차), 3.35(3차), 3.43(4차)로 조사 시점마다 상승추세였으나 5차에서 3.34점으로 소폭 하락하였다.

<표 1-10> 북한과 북한 주민에 대한 인식 변화

구분	결과(5점 리커트 척도) *5점에 가까울수록 긍정										집단 간 차이 (유의수준)
	1차 N=625		2차 N=1,875		3차 N=1,661		4차 N=1,244		5차 N=510		
	평균	표준편차	평균	표준편차	평균	표준편차	평균	표준편차	평균	표준편차	
북한에 대한 관심을 가지게 되었습니까?	3.23	0.97	3.30	0.92	3.22	0.93	3.29	0.92	3.24	0.89	.050
북한을 바라보는 인식은 어떻습니까?	2.74	1.04	2.92	1.04	3.04	0.98	2.79	1.14	3.03	0.99	.000 ***

정치·군사적 대결 상태에서도 경제 교류와 협력은 지속 되어야 한다고 생각하십니까?	3.02	1.05	3.16	1.00	3.23	0.97	3.41	0.95	3.48	0.81	.000 ***
북한 주민에 대해서 우리와 같은 민족이라는 동질감을 어느 정도 느끼게 되었습니까?	2.93	0.97	3.01	0.97	3.10	0.93	3.14	0.98	3.18	0.88	.000 ***
북한이탈주민이 우리와 같은 민족이라는 동질감을 어느 정도 느끼게 되었습니까?	3.09	0.94	3.14	0.93	3.35	0.89	3.43	0.91	3.34	0.79	.000 ***
평균	3.00	1.01	3.10	0.98	3.19	0.68	3.22	0.69	3.25	0.57	0.000 ***

$p<0.05$ *, $p<0.01$ **, $p<0.001$ ***

북한과 북한 주민에 대한 인식 변화'에 대한 5개 문항은 전반적으로 긍정적으로 변화했으며, 통계적으로 유의미한 차이를 보였다. 단순히 기술 통계 수준의 결과에서 나아가, 각 조사 시점 간 인식 변화의 유의미성을 추론하기 위해 Tukey 사후검증을 실시하였다. 분석 결과, 전체 평균 점수는 3.00점(1차)에서 3.10점(2차), 3.19점(3차), 3.22점(4차), 3.25점(5차)로 증가했으며, 3차와 4차를 제외한 모든 시점 간 차이는 유의미하였다. 이는 북한과 북한 주민에 대한 인식이 지속적으로 개선되었음을 시사한다.

문항별로 구체적으로 살펴보면, 첫 번째 문항인 "북한에 대한 관심을 가지게 되었습니까?"는 차이가 통계적으로 유의미하지 않았다. 이는 북한에 대한 관심도를 지속적으로 증진하기 위한 추가적인 노력이 필요함을 보여준다.

두 번째 문항인 "북한을 바라보는 인식은 어떻습니까?"는 3차와 4차, 5차와 2·3·4차를 제외한 모든 조사 시점에서 유의미한 차이를 보였다. 세 번째 문항인 "정치·군사적 대결 상태에서도 경제 교류와 협력이 지속되어야 한다고 생각하십니까?"는 5차와 4차를 제외한 모든 조사 기간에서 통계적으로 유의미한 차이를 나타내며, 인식의 지속적 개선을 보여준다.

네 번째 문항인 "북한 주민에 대해 우리와 같은 민족이라는 동질감을 어느 정도 느끼게 되었습니까?"는 3차와 4차, 5차와 3·4차를 제외하고 모든 조사 기간에서 유의미한 차이를 보였다. 마지막으로, "북한이탈주민이 우리와 같은 민족이라는 동질감을 어느 정도 느끼게 되었습니까?" 또한 3차와 4차, 5차와 1·2·3·4차를 제외하고 모든 시점에서 유의미한 차이를 보였다.

종합적으로, 대부분의 문항에서 긍정적인 인식 변화가 확인되었으며, 일부 문항에서 시점 간 차이가 없거나 하락세를 보이는 경우 추가적인 개선 노력이 필요하다는 점이 드러났다.

<표 1-11> 북한과 북한 주민에 대한 인식 변화-사후검증 결과

구분		1차 (평균)	2차 (평균)	3차 (평균)	4차 (평균)	5차 (평균)	사후검증 결과 (유의수준 95%)
북한과 북한 주민에 대한 인식 변화	북한에 대한 관심을 가지게 되었습니까?	3.23	3.30	3.22	3.29	3.24	-
	북한을 바라보는 인식은 어떻습니까?	2.74	2.92	3.04	2.79	3.03	4차>3차>2차, 3차>2차>1차 5차>1차, 5차>4차
	정치·군사적 대결 상태에서도 경제 교류와 협력은 지속되어야 한다고 생각하십니까?	3.02	3.16	3.23	3.41	3.48	4차>3차>2차>1차 5차>3차>2차>1차
	북한 주민에 대해서 우리와 같은 민족이라는 동질감을 어느 정도 느끼게 되었습니까?	2.93	3.01	3.10	3.14	3.18	4차>2차>1차, 3차>1차, 3차>2차 5차>2차>1차
	북한이탈주민이 우리와 같은 민족이라는 동질감을 어느 정도 느끼게 되었습니까?	3.09	3.14	3.35	3.43	3.34	4차>2차>1차, 3차>1차, 3차>2차
	평균	3.00	3.10	3.19	3.22	3.25	5차>4차>2차>1차, 5차>3차>2차>1차

2. 한반도 통일에 대한 인식과 추이 분석

'한반도 통일 인식'에 대한 총 3개 문항의 분석 결과, 평균 점수는 1차 조사에서 3.01점, 2차에서 3.05점, 3차에서 3.06점, 4차에서 3.12점, 5차에서 3.17점으로 꾸준히 상승하였다. 통계 분석 결과, 다섯 시점 간의 차이는 통계적으로 유의미하였으며($p<0.05$), 이는 지난 3년 동안 재학생들의 한반도 통일 인식이 점진적으로 개선되었음을 나타낸다.

세부 문항별로 살펴보면, 첫 번째 문항인 "남북통일에 대해 어느 정도 관심을 갖게 되었습니까?"는 점수가 3.36(1차)에서 3.33(5차)로 소폭 증가했으나, 각 시점 간의 차이는 통계적으로 유의미하지 않았다($p>0.05$). 두 번째 문항인 "통일이 필요하다고 생각하십니까?" 역시 3.20(1차)에서 3.40(5차)로 점수가 증가했고, 통계적으로 유의미한 차이가 있다($p<0.05$).

한편, 세 번째 문항인 "통일 비용 조달을 위해 세금을 인상한다면 어느 정도 찬성하시겠습니까?"는 2.46(1차)에서 2.76(5차)로 꾸준한 증가를 보였으며, 이 변화는 통계적으로 유의미하였다($p<0.05$). 이는 학생들이 통일과 관련된 실질적 문제에 대해 점차 긍정적으로 변화하고 있음을 시사한다.

종합적으로, 통일 인식 전반이 개선되었음을 보여주나, 일부 문항에서는 통계적으로 유의미한 차이를 보이지 않은 점을 감안해 교육 프로그램의 보완이 필요함을 시사한다.

<표 1-12> 한반도 통일에 대한 인식 변화

구분	결과(5점 리커트 척도) *5점에 가까울수록 긍정									집단간 차이(유의수준)
	1차 N=625		2차 N=1,875		3차 N=1,661		4차 N=1,244		5차 N=510	
	평균	표준편차	평균	표준편차	평균	표준편차	평균	표준편차	평균	표준편차	
남북통일에 대해 어느 정도 관심을 갖게 되었습니까?	3.36	0.96	3.38	0.88	3.34	0.91	3.39	0.94	3.33	0.89	.551
통일이 필요하다고 생각하십니까?	3.20	1.06	3.24	0.97	3.23	0.99	3.28	1.01	3.41	0.93	.000***
통일 비용 조달을 위해 세금을 인상한다면 어느 정도 찬성하시겠습니까?	2.46	1.03	2.55	1.02	2.61	1.03	2.71	1.04	2.76	0.90	.000***
평균	3.01	1.09	3.05	1.03	3.06	0.80	3.12	0.83	3.17	0.71	.001**

p<0.05 *, p<0.01 **. p<0.001 ***

'한반도 통일에 대한 인식 변화'는 총 3개 문항에서 전반적으로 개선 추세를 보였으며, 일부 문항과 조사 시점 간에는 통계적으로 유의미한 차이가 나타났다. 3개 문항을 종합한 평균 점수는 5차 조사에서 1·2차차 조사에 비해 유의미하게 높았고, 이는 한반도 통일에 대한 재학생들의 인식이 점진적으로 긍정적으로 변화했음을 시사한다.

특히 "통일 비용 조달을 위해 세금을 인상한다면 어느 정도 찬성하시겠습니까?"라는 문항에서 5차 조사가 1·2·3·4차에 비해 유의미한 개선을 보였다. 이는 경제적 관점에서 통일 비용 부담에 대한 학생들의 인식이 긍정적으로 변화했음을 보여준다.

반면, "남북통일에 대해 어느 정도 관심을 갖게 되었습니까?"는 유의미한 차이가 없었다. "통일이 필요하다고 생각하십니까?" 문항은 5차가 1·2·3·4차에 비해 유의미한 인식 개을 보였다.

결론적으로, 조사 결과는 한반도 통일에 대한 경제적 인식에서의 개선과 함께 전반적인 긍정적 태도의 지속성을 시사하며, 이를 바탕으로 교육 프로그램의 구체적 방향을 설계할 필요가 있다.

<표 1-13> 한반도 통일에 대한 인식 변화 사후검증

구분		1차 (평균)	2차 (평균)	3차 (평균)	4차 (평균)	5차 (평균)	사후검증 결과 (유의수준 95%)
한반도 통일에 대한 인식 변화	남북통일에 대해 어느 정도 관심을 갖게 되었습니까?	3.36	3.38	3.34	3.39	3.33	통계적 차이 없음
	통일이 필요하다고 생각하십니까?	3.20	3.24	3.23	3.28	3.41	5차>4차, 5차>2차, 5차>3차, 5차>1차
	통일 비용 조달을 위해 세금을 인상한다면 어느 정도 찬성하시겠습니까?	2.46	2.55	2.61	2.71	2.76	5차>3차>2차, 5차>4차>2차>1차
	평균	3.01	3.05	3.06	3.12	3.17	5차>1차, 5차>2차, 4차>1차

V. 결론

상기 분석 결과를 바탕으로 대학 통일교육은 북한과 북한 주민에 대한 관심을 증진하고, 경제 교류의 중요성을 심화하며, 민족적 동질감을 강조하는 방향으로 나아가야 한다. 특히 북한에 대한 관심도와 통일에 대한 관심과 관련된 일부 문항에서는 유의미한 차이가 나타나지 않았거나 변화가 미미한 점을 감안할 때, 이러한 영역에 대한 추가적인 노력이 필요하다.

첫째, 학생들이 북한에 지속적으로 관심을 가질 수 있도록 교육 콘텐츠를 다채롭게 구성해야 한다. 북한의 역사와 문화, 주민 생활 등 학생들이 쉽게 공감하고 흥미를 느낄 수 있는 주제를 중심으로 강의와 워크숍을 제공하는 것이 중요하다. 또한, 탈북민과의 대화나 전문가 초청 강연과 같은 교류 프로그램을 통해 북한의 현실을 직접적으로 접할 기회를 확대해야 한다.

둘째, 경제 교류와 협력에 대한 이해를 강화하기 위해 실제 사례를 활용한 교육을 도입할 필요가 있다. 과거 개성공단, 금강산 여행 등과 같은 남북 경제 협력의 사례를 통해 경제 교류가 한반도 평화에 기여한 과정을 설명하고, 학생들이 모의 토론이나 시뮬레이션 프로그램에 참여하도록 함으로써 경제적 협력의 현실적 중요성을 체감하게 해야 한다.

셋째, 북한 주민과의 민족적 동질감을 강화하기 위한 감정적 접근도 중요하다. 탈북민 초청 강연, 북한 주민의 삶을 다룬 다큐멘터리 상영, 그리고 가상 교류 프로젝트를 통해 북한 주민과의 공감대를 형성할 수 있는 프로그램을 강화해야 한다. 이를 통해 북한 주민을 단순히 대상화하지 않고 같은 민족으로서의 연대감을 형성할 수 있을 것이다.

넷째, 통일에 대한 관심과 필요성을 강조하기 위한 실질적인 경험 기회를 제공해야 한다. 접경지역(DMZ) 방문 프로그램이나 통일과 평화를 주제로 한 학술 심포지엄을 통해 학생들이 직접 통일 문제를 체감할 수 있도록 하며, 북한의 문화와 음식을 경험할 수 있는 행사를 통해 통일의 필요성을 자연스럽게 받아들이게 해야 한다. 대진대학교는 그동안 통일부 국립평화통일민주교육원의 국비지원 사업으로 대진대학교에 입학하는 모든 학생들에게 "통이와 함께하는 평화통일" 교과목을 교양필수로 지정하여 1학점을 부여한 바 있다. 교양필수이긴 했지만, 코로나19 등의 영향으로 대면강의가 아닌 온라인 1학점 P/F 방식이었다. 이론교육으로 대학생 통일교육 확산에 기여한 바가 크다. 이론교육도 유용하지만, 이제는 현장체험형으로 통일교육 방법의 전환을 도모할 시기다. 대진대만의 특화된 "현장체험형 통일교육" 프로그램을 개발할 필요가 있다. 매년 전교생 대상 "현장체험형 통일교육" 공모전을 통하여 장학금 등의 시상을 통한 현장체험형 통일교육으로 전환할 필요가 있다. 예를 들면 접경지역이라는 대진대학교만의 지리적 특성을 활용하여 학과나 전공의 특성을 반영한 특성화된 통일교육 방법을 유도하는 방안이다. 참여학생 인센티브로는 장학금 지급과 매 학기 교수님들의 의무적 상담 프로그램인 Twin 상담 대체 등의 방법을 고려해 볼 수 있다. "메타버스 활용 DMZ 또는 38선 걷기 대회", "동네(지역) 통일 현장체험 수기 공모사업", "경기북부 38선 걷기대회", "경기북부 38선 체험형 세미나", "남북한 모의 국무회의", "남북한 영화 음악 감상하기", "남북한 음식 만들기" 등 각 학과 전공별 특성을 반영한 현장체험 통일교육이 이루어질 수 있는 동기 부여가 필요한 시점이다.

다섯째, 이러한 교육 프로그램이 일회성으로 끝나지 않도록 체계적이고 지속 가능한 통일교육 구조를 마련해야 한다. 교내 교책연구원인 "대진평화통일교육연구원" 및 "DMZ연구원"과 협력하여 최신 자료를 개발하고 교육 내용을 지속적으로 업데이트하는 방안이 필요하다. 또한 정기적인 설문조사와 평가를 통해 교육의 효과를 모니터링하고 개선점을 반영해야 한다.

여섯째, 무엇보다 시급한 인식 개선은 '통일비용과 세금 부담 이슈'

이다. 5차 조사 내내 지속적으로 보통 미만으로 인식하는 유일한 지표(총 8개 지표 중)이다. 통일의 비용과 세금 부담 문제를 걱정하는 학생들을 위해, 대학에서는 통일 비용의 현실적 이해를 돕고, 세금 부담에 대한 긍정적 인식을 형성할 수 있는 교육 프로그램을 마련해야 한다. 이러한 프로그램은 통일 비용의 개념을 학습하고, 실제 사례를 통해 해결 방안을 모색하며, 경제적 부담을 미래지향적으로 수용할 수 있도록 돕는 데 중점을 둔다. 통일이 가져올 경제적 기회와 도전 과제를 다루는 강의를 통해 통일 비용이 단순히 부담이 아니라 장기적 투자가 될 수 있음을 학습하게 한다. 독일 통일 사례를 활용하여 통일 비용 분담 방식과 재정 정책을 실제적으로 이해하도록 돕고, 이를 한국 상황에 적용하는 방안을 고민하게 한다. 또한, 통일 비용과 관련된 모의 정책결정 프로그램을 통해 학생들이 직접 가상의 통일 정부 예산을 편성하고, 세금 인상이나 국제 지원, 민간 투자와 같은 다양한 재원 조달 방법을 논의할 기회를 제공할 수 있다. 이와 함께, 재정 시뮬레이션 게임과 같은 체험형 학습을 도입하는 것도 효과적이다.

또한 가상의 시나리오를 통해 학생들이 통일 과정에서 발생할 경제적 상황을 체험하게 하고, 정책 결정이 재정에 미치는 영향을 시각적으로 이해하게 한다. 이를 통해 통일 비용과 세금 부담에 대한 현실적 인식을 심화할 수 있다.

결론적으로, 대학은 이러한 프로그램을 통해 학생들이 통일 비용을 단순히 부담으로만 인식하지 않도록 돕고, 통일의 경제적 가치와 필요성을 설득력 있게 전달할 수 있어야 한다. 이러한 노력은 학생들이 통일의 현실적 문제를 주체적으로 이해하고 해결할 수 있는 기반을 마련하는 데 기여할 것이다.

이 연구는 몇 가지 한계를 가지고 있다. 첫째, 통일선도대학교육을 받은 학생과 그렇지 않은 학생 간의 효과 차이를 비교 분석하지 않았다는 점이다. 이로 인해 사업의 전반적인 성과(직접적 성과와 간접적 성과를 포함한)는 어느 정도 평가할 수 있었으나, 교육의 직접적인 효과를 명확히 검증하는 데에는 한계가 있었다.

둘째, 연구 과정에서 4회에 걸쳐 설문조사를 수행했지만, 매회 조사대상자가 동일하지 않아 표본이 일관성을 유지하지 못했다. 이로 인해 분석 과정에서 표본오차가 발생할 가능성을 완전히 배제할 수 없었다는 점도 한계로 지적된다.

따라서 향후 연구에서는 통일교육의 직접적인 수혜자 집단을 대상으로 초점을 맞추고, 동일한 집단을 지속적으로 추적하며 데이터를 수집하는 패널분석(Panel Analysis)을 활용하여 교육 효과를 보다 정확히 측정할 필요가 있다. 이를 통해 교육 프로그램의 직접적 효과를 보다 명확히 파악할 수 있을 것이다.

제3절 통일교육의 기본구조와 통일교육 활성화를 위한 법제도 개선방안

I. 통일교육의 기본구조

1. 통일교육의 의의

통일교육이란 무엇인가? 「통일교육지원법」은 "자유민주주의에 대한 신념과 민족공동체의식 및 건전한 안보관을 바탕으로 통일을 이룩하는 데 필요한 가치관과 태도를 기르도록 하기 위한 교육"이라고 정의하고 있다(「통일교육지원법」 제2조 제1호).

일선 통일교육 현장에서는 「통일교육지원법」이 규정한 통일교육을 실현하기 위한 구체적 방법이 중요하다. 이명박 정부와 박근혜 정부에서는 통일부 국립평화통일민주교육원이 발행한 「통일교육 지침서」가 통일교육의 나침반 역할을 해 왔다. 그러나 문재인 정부가 들어서면서 2018년에 「평화·통일교육 - 방향과 관점」으로 통일교육의 방향이 큰 틀에서 변경되었고, 2023년 윤석열 정부에서는 다시 「2023 통일교육 기본방향」으로 변경되었다.

문재인 정부의 「평화·통일교육 - 방향과 관점」에서 말하는 "평화·통일교육"의미에 대해서는 논란의 여지가 있을 수 있다. 만약 "평화·통일교육"의 의미가 평화교육과 통일교육을 함께 등가성의 가치로 의미하고 해석한다면, 「통일교육지원법」 위반의 논란이 있을 수 있다. 왜냐하면 평화교육과 통일교육은 다른 의미이기 때문이다.[21]

---

21) 소성규, "통일교육지원법의 개정방향," 『법과 정책연구』 제19집 3호, 2019. 9. 288면.

「통일교육지원법」이 규정하는 "통일교육"의 정의는 동일하지만, 대통령이 바뀔 때 마다 각 정부가 추구하는 통일교육의 방향 매번 변경되고 있다. 통일교육에 대한 근본적 논의가 필요하다.

이 글에서는 법률적, 행정적 의미에서는 「통일교육지원법」 상의 "통일교육"으로 사용하고, 통일교육에서 평화의 중요성을 강조하는 의미에서 통일교육은 통상적으로 "평화와 통일교육", "평화통일교육", "평화·통일교육"이란 용어를 혼용하여 사용하기로 한다.

2. 통일교육의 법적 근거

통일교육에 관한 법적 근거로서 가장 중요한 것은 「헌법」이다. 「헌법」 전문은 조국의 평화적 통일 사명을 선언하고, 「헌법」 제4조는 "대한민국은 통일을 지향하며, 자유민주적 기본질서에 입각한 평화적 통일정책을 수립하고 이를 추진 한다"라고 하고 있다 「헌법」 제3조는 "대한민국의 영토는 한반도와 그 부속도서로 한다" 라고 하고 있고, 「헌법」 제4조는 "대한민국은 통일을 지향한다" 라고 규정하고 있다. 「헌법」 제3조와 「헌법」 제4조와의 관계에 대해서는 논외로 한다.

「헌법」 제31조는 "모든 국민은 능력에 따라 균등하게 교육을 받을 권리를 가진다" 라고 하여 교육을 받을 권리와 교육의 방향을 정치적 중립성, 평생교육 등을 규정하고 있다. 「헌법」 제66조와 제69조는 대통령에게 조국의 평화적 통일 의무를 부여하고 있다. 그리고 「헌법」 제92조에서는 "평화통일정책의 수립에 관한 대통령의 자문에 응하기 위하여 민주평화통일자문회의를 둘 수 있다"고 하여 통일정책을 헌법적으로 뒷받침하기 위한 법적 근거를 두고 있다.

「헌법」에 기초하여 통일교육에 대하여 구체적으로 규정하고 있는 것은 「통일교육지원법」이다. 「통일교육지원법」의 법체계는 제1조(목적), 제2조(정의), 제3조(통일교육의 기본원칙), 제3조의2(통일교육 기본사항), 제3조의3(통일교육주간), 제4조(국가 및 지방자치단체의 책무), 제5조(삭제), 제6조(통일교육기본계획의 수립), 제6조의2(공공시설의 이용), 제6조의3(지역통일교육센터의 지정·운영), 제6조의4(통일관의 지정), 제6조의5(통일관에 관한 시정명령), 제6조의6(통일관의 지정취소 등), 제6조의7(공무원 등에 대한 통일교육의 실시), 제7조(통일교육의 반영), 제8조(학교의 통일교육 진흥), 제9조(통일교육의 수강요청 등), 제9조의2(통일교육 전문강사의 양성), 제10조(통일교육협의회), 제10조의2(통일교육위원), 제11조(고발 등), 부칙 등으로 구성되어 있다. 비교적 간결하게 규정되어 있다.

통일교육 일선 현장에서는 「헌법」과 「통일교육지원법」의 정신을 반영하고 있는 통일부 국립평화통일민주교육원이 발간하고 있는 「평화·통일교육-방향과 관점」(구 「통일교육지침」)에 따라 통일교육을 실시하고 있다.

3. 통일교육의 추진체계

우리나라 공공기관 통일교육 추진체계를 도식화 하여 보면 다음과 같다.

[그림 1-13] 공공기관 통일교육 추진체계

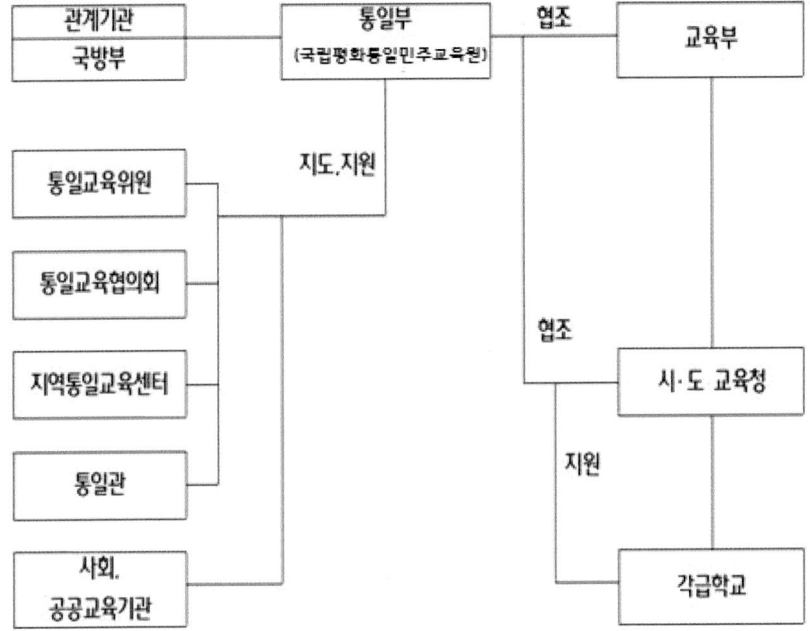

우리나라 통일교육은 통일부 국립평화통일민주교육원이 가장 중요한 역할을 하고 있고, 학교통일교육 등과 관련하여 교육부와 유기적 협조체계를 유지하고 있다. 그 밖에 일부 중앙 부처별로 통일교육이란 이름은 아니지만 안보교육, 나라사랑 교육 등으로 통일교육과 유사한 교육을 하고 있다.

통일부 국립평화통일민주교육원은 통일교육을 원활하게 실시하기 위하여 지역 거점에 따라 권역별로 지역통일교육센터를 지정·운영하고 있다. 허가나 신고가 아닌 지정이다. 그리고 「통일교육지원법」 제10조에 근거한 통일교육협의회와 「통일교육지원법」 제10조의2에 근거한 임기 2년의 통일교육위원 제도를 운영하고 있다.

4. 정책 대상별 통일교육 유형

「통일교육지원법」은 통일교육의 유형에 대하여 독자적인 분류기준을 열거하고 있지는 않지만, 법 규정으로 학교통일교육과 공무원 통일교육에 대해서 규정하고 있다. 반면에 사회통일교육에 대해서는 명문 규정은 없지만 지역통일교육센터를 통한 사회통일교육을 실시하고 있다.

중앙정부와는 달리 지방정부인 경기도는 「경기도 평화통일교육 활성화 조례」에 따라 평화통일교육의 주요 대상으로 학교통일교육, 사회통일교육, 공무원 통일교육 이외에 이주배경 도민 통일교육을 추가하여 통일교육의 정책적 관심대상으로 분류하고 있다. 이주배경 도민 통일교육 대상자는 북한이탈주민과 다문화가족 등을 말한다(「경기도 평화통일교육 활성화 조례」 제2조).

<표 1-14> 대상별 통일교육 대상자

대상별 교육	통일교육 대상자
학교통일교육	학교통일교육 대상자는 초등학교, 중학교·고등공민학교, 고등학교·고등기술학교, 특수학교, 각종학교에 입학하여 소속된 학생들을 말한다(「초·중등교육법」 제2조). 특히, 「교육기본법」에 따르면 국가 및 지방자치단체는 학생 또는 교원이 자유민주적 기본질서를 확립하고 평화적 통일을 지향하는 교육 또는 연수를 받을 수 있도록 필요한 시책을 수립·실시하여야 한다고 규정하고 있다(「교육기본법」 제17조의6)
사회통일교육	사회통일교육 대상자는 학교, 공무원과 달리 연령적, 성향적 다양성을 지닌다. 대상자는 교사, 공무원, 군인에서부터 일반 사기업의 직장인이나 주부에 이르기까지 직업별 특성도 다양하다. 사회통일교육은 국민의 평생교육을 위한 모든 행태의 교육의 일환으로 추진된다고 규정한 「교육기본법」에 기초하여 이루어진다고 할 수 있다(「교육기본법」 제10조).
공무원 통일교육	공무원 통일교육 대상자는 중앙행정기관, 지방자치단체 및 「공공기관의 운영에 관한 법률」 제4조에 따른 공공기관에 소속된 공무원 및 직원을 말한다(「통일교육지원법」 제6조 제7항).

이주배경 국민 (도민) 통일교육	이주배경 도민(국민) 통일교육 대상자는 북한이탈주민과 다문화가족을 말한다(「경기도 평화통일교육 활성화 조례」 제2조). 북한을 탈출하여 한국으로 넘어온 사람들을 일컫는 말로서의 북한이탈주민이라는 용어는 1997년 「북한이탈주민의 보호 및 정착지원에 관한 법률」이 제정되면서 본격적으로 사용되었다. 다문화가족은 「다문화가족지원법」에 따라 결혼이민자와 출생, 인지 또는 귀화에 의하여 대한민국 국적을 취득한 자로 이루어진 가족이거나 인지 또는 귀화에 의하여 대한민국 국적을 취득한 자와 출생, 인지 또는 귀화에 의하여 대한민국 국적을 취득한 자로 이루어진 가족으로 정의된다.

[그림 1-14] 경기도 조례상 대상별 통일교육 유형

II. 「통일교육지원법」의 주요내용과 법제도 개선방안

1. 「통일교육지원법」 개정 필요성과 방향

정부(통일부)는 국민들의 평화통일 의지를 높이고 정책추진 기반을 넓히기 위해 통일교육을 꾸준히 실시해 오고 있다.

통일부 통일교육원 원내 통일교육은 전문과정, 공직자 교육과정, 학교통일 교육과정, 사회통일 교육과정, 글로벌 교육과정, 특별교육과정의 6개 과정을 운영하고 있고, 사이버통일교육은 공무원과 교원, 일반국민을 대상으로 통일교육을 진행하고 있다.

특히 정부(통일부)는 지역사회 통일교육을 효율적으로 실시하기 위하여 2004년부터 지역통일교육센터를 지정하여 운영하고 있다(「통일교육지원법」 제6조의 3(지역통일교육센터의 지정·운영) 및 동법 시행령 제5조(지역통일교육센터의 지정 등). 이 센터들은 전국 각 시·도 통일교육위원협의회를 중심으로 운영되고 있으며, 지역사회의 특성을 반영한 다양한 통일교육 프로그램을 기획·운영하고 있다. 즉, 지역사회의 거점이 되는 대학을 중심으로 전국 17개 지역통일교육센터를 지정[22]하였으며, 지정된 전국 17개 지역통일교육센터는 2018년 3월부터 기본 및 자율사업을 통해 지역시민과 학생들에게 통일교육을 실시하고 있다. 기본사업은 체험학습, 열린 통일강좌, 통일순회강좌, 전문가 포럼 등으로 구성되었다. 자율사업은 지역별 특성과 자율성을 살린 맞춤형 프로그램으로 창작뮤지컬, 토크콘서트, 퀴즈대회, 북한 문화체험 등 다양한 사업들로 진행되었다.

그러나 2020년 통일부는 지역통일교육센터 사업을 개편하였는데, 이는 기존의 지역사회 통일교육의 중요성이 증대함에도 기존 광역 시·도 기반 지역통일교육센터 운영에 여러 가지 어려움 발생하였다고 판단하였다. 즉, 소규모 예산으로 17개 센터를 운영함에 따라 사업비가 부족하여 다양한 사업추진이 어렵고, 지역사회 역량 있는 기관들의 참여도 제한적이라 판단되어 지역통일교육센터가 지역 통일교육 허브로서의 역할을 할 수 있도록 권역별 지역통일교육센터로 운영체계를 개편하였다. 즉 2020년에는 종래 전국 17개 센터에서 7개 권역 센터 체계로 개편하였고,

---

[22] 그동안은 지역별 거점을 중심으로 17개 통일교육센터를 지정하고, 이를 총괄하는 중앙통일교육센터를 두고 있어, 실제 통일부 통일교육원은 18개 통일교육센터를 운영하고 있었다.

2022년에는 10개 권역별로 10개 센터를 운영하고 있다. 2024년 역시 10개 권역별 10개 센터 형태를 그대로 유지하고 있다. 사업 주체를 기존의 대학 중심에서 대학·NGO 등이 함께하는 컨소시엄 형태로 다양화하고, 전담인력 확충 등 지역 통일교육 활성화 기반을 마련하였다. 권역센터를 중심으로 평화·통일 지역거점, 유관기관과 협력 네트워크를 강화하고, 권역별 특성에 맞는 통일교육 모델 개발 및 사업 시행하고자 하고 있다.

또한 정부(통일부)는 이러한 지역통일교육센터들이 지역사회 통일교육의 거버넌스를 구축하는데 중추적으로 기능할 수 있도록 지방자치단체 및 교육청, 민간단체와의 공동사업을 추진하였다. 더불어 통일교육주간 등을 계기로 정부행사와 지역사업도 연계하였다. 정부는 지역통일교육센터의 역량을 강화하기 위하여 워크숍과 실무자 대상 교육을 실시하고 센터 운영 매뉴얼을 제작·보급하였다.[23]

그밖에 사회통일교육을 지원하기 위하여 통일교육위원 교육활동 지원과 통일관 운영 및 통일교육 민간단체를 지원하고 있다(「통일교육지원법」 제4조(국가 및 지방자치단체의 책무) 및 동법 시행령 제3조(경비의 지원 등).

---

23) 통일부, 「2019년 통일백서」, 2019. 3, 278-279면.

[그림 1-15] 지역통일교육센터 목표 및 사업구조

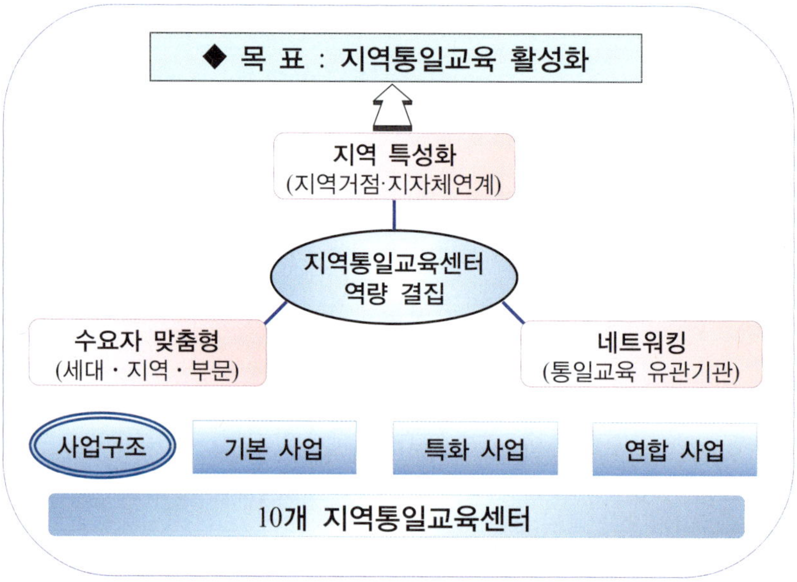

◆ 목표 : 지역통일교육 활성화

지역 특성화
(지역거점·지자체연계)

지역통일교육센터
역량 결집

수요자 맞춤형
(세대·지역·부문)

네트워킹
(통일교육 유관기관)

사업구조 | 기본 사업 | 특화 사업 | 연합 사업

10개 지역통일교육센터

<표 1-15> '24~'26 지역통일교육센터 지정 공모 권역(10개소)

연번	센터명	권역
1	서울통일교육센터	서울
2	경인통일교육센터	경기·인천
3	경남통일교육센터	부산·울산·경남
4	경북통일교육센터	대구·경북
5	전남통일교육센터	광주·전남
6	전북통일교육센터	전북
7	충남통일교육센터	대전·세종·충남
8	충북통일교육센터	충북
9	강원통일교육센터	강원
10	제주통일교육센터	제주

정부(통일부)의 이러한 노력에도 불구하고 통일교육 현장에서는 몇 가지 애로사항이 있다.

첫째, 지역통일교육센터 지정 공모 권역이 너무나 광범위하다는 점이다. 예를 들면, 경기도의 경우, 31개 시·군(경기북부지역 10개, 경기남부지역 21개 시·군)도 광범위해서 통일교육의 효과성을 발휘할지가 의문인데, 인천광역시와 권역을 통합하여 운영하고 있다. 경남통일교육센터 역시 마찬가지이다. 부산광역시, 울산광역시, 경상남도를 통합하여 운영하고 있다. 과연 실효성있는 통일교육이 가능한지에 대한 의문을 제기하고 있다.

둘째, 통일교육을 위한 예산의 부족이다. 지역통일교육센터 추진사업은 크게 기본사업, 특화사업, 연합사업으로 분류할 수 있다. 광범위한 권역에서 다양한 사업을 할 수 있음에도 불구하고, 예산부족을 호소하고 있다. 통일교육 활성화를 위해서는 예산의 증가가 필요하다. 통일교육 활성화를 위하여, 예산이 충분하다면 보다 더 효율적이고 바람직한 통일교육을 할 수 있다는 점은 부정할 수 없는 사실이다. 따라서 통일교육 활성화를 위해 가장 먼저 해야 할 일이 지역통일교육센터 사업예산 확충이다.

<표 1-16> 지역통일교육센터 추진사업

구분	사업명	사업 내용
기본사업	열린 통일강좌	o 지역 주민의 통일문제 관심 유발, 올바른 통일관·북한관 정립 - 전통적인 강의 방식 외 토크쇼, 팀티칭, 토론식 시민강좌, 학부모 교육, 인문학 강좌 등 다양한 형태로 추진 - 가급적 연속형 강좌로 진행하여 교육 효과 제고 - 주민 접근성을 고려하여 강의 장소 선정(주민회관 등) - 지자체·지역언론사·유관기관 등과 협업을 통해 공동 기획 장려

	통일 순회 강좌	o 지역 내 기관·단체·학교 등을 대상으로 찾아가는 통일교육 - 통일문제 및 북한 이해, 북한 인권, 국제정세, 남북관계, 통일·대북정책, 안보, 통일 미래상 등 * 초중고·대학생보다는 시민 대상 강좌 비중을 단계적 확대
	통일안보 체험학습	o 지역주민 통일안보의식 고취를 위한 현장방문 체험형 교육
	통일교육위원 워크숍	o 통일담론 창출, 지역통일 교육 선도 및 홍보역할 등 지역통일 교육센터 위상 제고 o 통일교육위원의 전문성 강화와 사기 진작을 위해 통일교육위원 지역협의회 워크숍 개최
	운영위 및 지역위 운영·지원	o 센터별 운영위원회(권역별 40명 내외, 협의회별 15명 내외) 설치·운영 o 지역통일교육 사업 발굴 등을 위해 권역 내 광역 시·도 단위 지역위원회 설치·운영(지역협의회별 15명 내외)
특화 사업	권역별 특성화 사업	o 권역 특성을 반영한 통일교육 모델 개발 o 지역별 특성에 맞게 다양한 내용과 형식으로 실시 o 지방자치단체, 지역 언론사 등과 공동으로 주관, 신문·방송 기획기사 보도 홍보 병행
연합 사업	권역별 연합사업	o 권역단위 경연·행사·축제 등 지역 간 연계 사업 o 지방자치단체·교육기관·민간단체와 MOU 체결 등 협력 네트워크 구축·강화를 통해 맞춤형 통일교육 추진 o 지역통일교육 생태계 구축과 연계하여 추진 - 지역센터 중심으로 권역 내 통일관, 선도대학, 연구학교, 민간단체가 참여하는 협의체를 구성·운영하여 기관·단체 간 교육사업 연계 활성화 * 행사 콘셉트·일정이 유사한 경우 공동개최, 기관(단체) 간 참여·후원 병행

* 특화사업은 권역별 특성에 맞게 자유롭게 구성 가능하며, 연합사업은 권역 내 광역시·도, 통일교육기관(선도대학, 연구학교), 민간단체와 협력하여 규모 있게 추진

셋째, 통일교육에서 실무적으로 가장 난관에 처하는 것 중의 하나가 바로 사회통일교육 수강생 모집의 문제이다. 교육대상자 모집이 어려운 이유는 교육자의 문제부터 수강생의 문제 등에 이르기까지 여러 가지

원인이 있을 수 있다. 보다 중요한 것은 사회통일교육을 할 수 있는 기본 인프라가 미미하다는 점이다. 학교통일교육과의 차이점이다. 이러한 점에서 사회통일교육에 대한 국민들의 인식전환이 필요하다. 그럼에도 불구하고 현 시점에서 가장 효율적으로 사회통일교육을 활성화하기 위한 방안 중의 하나로 오프라인 교육도 중요하지만 TV 등의 방송매체를 통한 사회 통일교육 활성화 방안이 필요하다. 이를 위해서는 TV 등의 방송매체를 통한 통일교육의 법적근거 마련을 위한 「통일교육지원법」의 개정이 필요하다.

넷째, 중앙정부(통일부)가 추진하는 통일교육에 대하여 실효적 효과를 거두기 위해서는 지방정부와의 협력적 거버넌스가 필요하다. 그러나 통일교육 일선에서는 정권이 바뀔 때 마다 변화된 통일교육의 방향을 일선 지방정부가 그대로 협력한다면 문제가 없지만, 지자체 장이 추구하는 정치노선과 이념에 따라 통일교육 노선을 달리하거나, 중앙정부가 추진하는 통일교육 방향에 무관심한 경우가 많다. 「통일교육지원법」에 사회통일교육 진흥에 대한 규정이 없는 것은 별론으로 하더라도, 통일교육에 관한 조례가 제정되어 있지 않는 지자체가 많은 실정이다.

이러한 「통일교육지원법」의 기능과 중요성에 비추어 볼 때, 현행 「통일교육지원법」이 추구하는 본래의 통일교육에 관한 지원법으로서의 기능을 다 할 수 있도록 법 개정이 필요하다. 이하에서는 법 조문 순서에 따라 검토해 보고자 한다.

2. 「통일교육지원법」의 주요내용과 법제도 개선방안

(1) 통일교육의 목적(제1조) : 통일교육에 대한 기본법으로서의 기능

현 행
제1조(목적) 이 법은 통일교육을 촉진하기 위하여 필요한 사항을 규정함을 목적으로 한다.

「통일교육지원법」 제1조는 "이 법은 통일교육을 촉진하기 위하여 필요한 사항을 규정함을 목적으로 한다"라고 규정하고 있다.

일반적으로 모든 법률은 제1조에 입법목적을 명시하고 있다. 법 시행령에는 법률에서 위임한 사항과 그 시행에 필요한 사항을 규정하고 있다. 그런데 통일교육지원법은 헌법적 가치를 반영한 규정은 없고, 곧바로 통일교육의 촉진을 위하여 필요한 사항을 규정한다고 규정하고 있다. 마치 시행령에 가까운 표현을 하고 있다. 통일교육에 대한 헌법적 가치를 반영한 새로운 규정 개정이 필요하다.

개정안[24])을 제시하면 다음과 같다.

현 행
제2조(정의) 이 법에서 사용하는 용어의 뜻은 다음과 같다. 1. "통일교육"이란 자유민주주의에 대한 신념과 민족공동체의식 및 건전한 안보관을 바탕으로 통일을 이룩하는 데 필요한 가치관과 태도를 기르도록 하기 위한 교육을 말한다. 2. "지역통일교육센터"란 지역주민을 대상으로 통일교육을 하고, 통일교육에 관한 정보를 수집·제공하는 기능 등을 수행하기 위하여 제6조의3에 따라 통일부장관이 지정하는 기관·단체 또는 시설을 말한다. 3. "통일관"이란 북한 및 통일에 관한 자료 전시나 체험 등을 통하여 북한에 대한 이해의 폭을 넓히고 국민의 통일의식을 함양하기 위하여 제6조의4에 따라 통일부장관이 지정하거나 설치하는 시설을 말한다.

---

[24]) 음선필, "「통일교육지원법」에 대한 입법론적 검토", 「입법학연구」 제15집 제1

현 행	개 정 안
제1조(목적) 이 법은 통일교육을 촉진하기 위하여 필요한 사항을 규정함을 목적으로 한다.	제1조(목적) 이 법은 통일교육을 촉진하기 위하여 필요한 사항을 규정함으로써 국민들로 하여금 통일에 대한 긍정적 인식과 바람직한 태도를 함양하고 통일에 대한 열망과 각자 통일을 준비하는 능력을 갖도록 하여 통일과 그 이후 통합의 토대를 구축함을 목적으로 한다.

(2) 다양한 통일교육 정의 규정 보완 및 통일교육 진흥 및 활성화를 위한 규정 신설(제2조)

현행 사회통일교육 실시 주체 공공기관으로는 통일부 통일교육원, 교원연수원, 공무원교육원, 법무부, 국방부, 정부기관 및 지방자치단체, 해외동포 교육기관, 그리고 헌법기관으로 민주평화통일자문회의 등이 있다. 통일부 통일교육원의 지도·지원을 받는 기관 및 단체로는 통일교육위원 지역별협의회, 통일교육협의회, 지역통일교육센터, 통일관 및 사회·공공교육기관이 있다. 민간단체로는 시민사회단체, 청소년단체, 대학부설 평생교육원 등이 통일교육을 실시하고 있다.

현행 통일교육은 학교통일교육 중심으로 이루어지고 있다. 실제 사회통일교육은 여러 가지 현실적 어려움이 있기도 하다. 그러나 학교통일교육이 아무리 훌륭하게 진행된다고 하더라도, 가정에서 내지 사회에서의 통일교육이 제대로 이루어지지 않는다면 어떨까? 사회통일교육 활성화 방안모색이 필요한 이유이다.

「통일교육지원법」의 제정당시에는 사회통일교육과 학교통일교육을 분리하여 통일교육 활성화를 위한 시도를 한 바 있었다.[25] 그러나 최종

호, 한국입법학회, 2018. 2. 28, 10면.
25) 2008.3.28. 제정되어 2008.6.29.부터 시행되고 있는 「법교육지원법」에서는 학교 법

입법과정에서 사회통일교육 진흥 규정은 삭제되었다. 입법당시 의도했던 사회통일교육 진흥 내지 활성화가 되지 않고 있는 현 시점에서 법 개정을 통한 사회통일교육 활성화 방안을 다시한번 진지하게 고민해 보아야 할 것이다. 현재 지역별 통일교육센터는 적은 예산으로 해당 지역사회 통일교육 활성화를 위해 최선의 노력을 하고 있고, 예산 대비 적지 않은 효과를 거두고 있는 점은 부인할 수 없는 사실이다. 그리고 지역통일교육센터의 통일교육방향이 학교통일교육에서 사회통일교육으로 통일교육방향이 변화하고 있다. 바람직한 현상이지만, 사회통일교육 진흥 내지 활성화를 위해서는 지역통일교육센터 전체 예산 확충이 절실한 시점이다. 아울러 통일교육 민간단체 예산 지원을 위해서라도 「통일교육지원법」 상의 사회통일교육 진흥을 위한 법적 근거 마련이 필요하다고 본다.[26]

사회통일교육의 진흥과 함께 북한이탈주민 및 이주배경 국민 등에 대한 통일교육의 실시 규정 신설도 필요하다. 이를 위하여 현행 「통일교육지원법」 상 통일교육의 유형으로서 학교통일교육과 사회통일교육에 관한 개념 정의 규정 신설[27]이 필요하다.

교육의 지원(동법 제7조)과 사회 법교육의 지원(동법 제9조)을 분리하여 규정하고 있는 점은 참고할 만하다. 즉, 「법교육지원법」에서는 "학교 법교육"이란 「초중등교육법」 제2조 및 「고등교육법」 제2조에 따른 학교에서 교육과정의 일환으로 행하는 모든 법교육을 말하고(동법 제2조 제2호), "사회 법교육"이란 법교육 관련 단체와 「평생교육법」 제2조 제2호에 따른 평생교육기관 등에서 행하는 모든 법교육을 말한다(동법 제2조 제3호). 그 밖에 「문화예술교육지원법」 제3장(학교문화예술교육의 지원)과 제4장(사회문화예술교육의 지원) 역시 좋은 예가 될 것이다.
26) 같은 취지: 김창환, "통일교육지원법 개선방안 연구", 「통일교육연구」, Vol. 3, 2003, 58면 ; 음선필, 앞의 논문, 13면.
27) 김병연, "통일교육지원법의 쟁점과 개정방안 연구 - 제2조 정의, 제3조 통일교육의 기본원칙 조항을 중심으로", 「도덕윤리과교육」 제58호, 한국도덕윤리과교육학회, 2018. 2, 124면.

개정안을 제시하면 다음과 같다.

현 행	개 정 안
제2조(정의) (생략)	제2조(정의) (현행과 같음)
1. "통일교육"이란 자유민주주의에 대한 신념과 민족공동체의식 및 건전한 안보관을 바탕으로 통일을 이룩하는 데 필요한 가치관과 태도를 기르도록 하기 위한 교육을 말한다.	1. "통일교육"이란 자유민주주의에 대한 신념과 민족공동체의식 및 건전한 안보관을 바탕으로 국민들의 통일의식과 평화의식을 함양하고 민주시민의식을 고양할 수 있는 능력을 기르도록 하기 위한 교육을 말한다.
<신설> 2.	2. "학교통일교육"이란 초·중·고 학생들로 하여금 한반도 분단의 과정과 현실에서 발생하는 다양한 삶의 문제들을 탐구함으로써 평화통일의 필요성과 방법에 대해 토론하고 일상에서의 평화를 실천하기 위한 의지와 능력을 기르는 교육을 말한다
<신설> 3.	3. "사회통일교육"이란 지역사회의 시민을 대상으로 분단으로 인해 발생하는 지역사회와 국가적 차원의 현안문제를 이해하고 문제 해결을 위한 방안으로서 평화통일의 필요성에 대해 검토하며 일상에서의 평화를 실천하기 위한 의지와 능력을 기르는 교육을 말한다.
2.3.(생략)	4.5.(현행과 같음)
<신설> 제6조의8(사회통일교육의 진흥과 북한이탈주민 및 이주배경 국민 등에 대한 통일교육의 실시)	제6조의8(사회통일교육의 진흥과 북한이탈주민 및 이주배경 국민 등에 대한 통일교육의 실시) ① 정부는 공공단체 및 민간 사회교육기관에서의 통일교육의 진흥을 위하여 노력하여야 한다.
<신설>	② 정부는 북한이탈주민 및 이주배경 국민의 통일교육을 진흥하기 위하여 노력하여야 한다.
<신설>	③ 통일부장관은 제1항에 따른 통일교육을 효과적으로 실시하기 위하여 필요한 교재를 개발·보급할 수 있다.
<신설>	④ 제1항 내지 제3항에서 규정한 사항 외에 통일교육의 방법 및 실시 시기 등 통일교육 실시에 필요한 사항은 대통령령으로 정한다.

사회통일교육에서 간과할 수 없는 부분은 우리사회에서 중요한 부분을 차지하고 있는 다문화가정 내지 다문화가족을 위한 통일교육 프로그램 개발이다.28) 아울러 통일교육이 통일을 이룩하기 위한 교육뿐만 아니라 통일이후 사회통합을 위한 교육이라면, 북한이탈주민을 대상으로 한 특별한 통일교육 프로그램 개발에도 관심을 가져야 할 것이다.29)

특히 북한이탈주민의 경우, 북한이탈주민만을 대상으로 하는 통일교육도 필요하겠지만, 그것보다는 남북한 주민이 함께 할 수 있는 통일교육 프로그램 개발이 바람직하다.

다문화가정 내지 다문화가족, 북한이탈주민들과 같은 이주배경 국민들의 경우, 무엇보다 이들을 교육 프로그램에 참여하게 하는 다양한 방법에 대한 노력이 필요하다. 특히 이들에게는 '강의중심 유형'과 '강연회·세미나·포럼 유형' 방식보다는 '캠프 및 기행 유형'과 '문화·행사 유형'과 같이 참여에 기반한 방식이 적절할 것이다.

이러한 의미에서 남북한 주민들이 함께 만드는 '환대 선언문'30)사례는 의미가 있다. 이 프로그램은 '체험교육'과 '이론교육'이 혼합된 유형이다. 남북한 '환대 선언문' 취지는 환대하는 삶과 환대받는 삶이 주요 내용이다.

---

28) 통일교육의 다문화적 인식의 강화를 주장하는 견해(박찬석, "민주 사회에서의 통일교육의 발전 방안", 「초등도덕교육」 제56집, 한국초등도덕교육학회, 2017. 6., 76면)와 맥락을 같이 한다고 볼 수 있다.
29) 「경기도 평화통일교육 활성화 조례」는 "이주배경 도민"을 북한이탈주민과 다문화가족을 정의하고(조례 제2조), 조례 제6조에서는 "이주배경 도민" 등에 대한 맞춤형 평화통일교육 방안을 주문하고 있는 점은 이러한 현실을 반영하고 있다.
30) "남북한 출신 주민들이 함께 만드는 '환대 선언문'은 한양대 모춘흥 교수와 한양대학교 평화연구소 연구진들이 함께 발간한 연구를 참고해서 만들었음을 밝힌다(최진우 엮음 2020). 아울러 소성규/장욱/모춘흥, 「한반도통일미래센터 일반성인 대상 통일체험 프로그램 강화 방안 연구」, 통일부 한반도통일미래센터, 2021. 9.에도 제안한 바 있다.

(3) 통일교육의 기본원칙(제3조)

현 행
제3조(통일교육의 기본원칙) ① 통일교육은 자유민주적 기본질서를 수호하고 평화적 통일을 지향하여야 한다. ② 통일교육은 개인적·당파적 목적으로 이용되어서는 아니 된다. 제3조의2(통일교육 기본사항) ① 통일부장관은 제3조의 기본원칙에 따른 통일교육을 하기 위한 기본사항을 정한다. ② 통일부장관은 통일교육에 관한 기본사항을 정할 때에 미리 관계 중앙행정기관의 장과 협의를 하여야 한다. 제3조의3(통일교육주간) 국민의 통일의지를 높이기 위하여 매년 5월 넷째 주를 통일교육주간으로 한다.

「통일교육지원법」은 통일교육의 기본원칙[31]으로서 평화적 통일을 지향하고, 통일교육이 개인적·당파적 목적으로 이용되어서는 안 된다고 규정[32]하고 있음에도 현실은 그렇지 않다. 대통령이 바뀔 때마다, 그 정권이 추구하는 바에 따라 통일교육의 세부내용이 달라지고 있다.

독일은 통일 14년 전인 1976년 보수와 진보 등 정치적으로 입장을 달리하는 서독의 정치교육학자들이 교육지침을 만들었다. 강압적인 교육과 교조(敎條)화 금지, 균형성 또는 대립적 논점의 확보, 학생을 먼저 생각하는 교육 등의 원칙을 견지하였다. "보이텔스바흐 합의(Beutelsbacher

---

[31] 통일교육의 보편적 원칙으로서 자유민주주의 강조(통일교육지원법 제3조 제1항 개정), 이주민을 포용하는 새로운 공동체 의식 형성 강조(통일교육지원법 제3조 제3항 신설), 인간안보의 관점에서 통일과 안보의 관계 설정(통일교육지원법 제3조 제4항 신설)을 강조하면서 통일교육지원법 제3조의 개정을 주장하는 견해(김병연, 앞의 논문, 125면, 127면, 128면)가 있다.

[32] 현행 통일교육지원법에서 규정한 통일교육의 기본원칙은 교육의 내용에 관하여 '자유민주적 기본질서 수호'와 '평화적 통일 지향' 두 가지를 제시하고 있으며, 교육의 동기(의도)에 관하여 '개인적‧당파적 이용 금지'를 제시하고 있다. 따라서 통일교육지원법에서도 교육의 내용과 동기 외에도 대상, 방법 등에 관한 교육원칙을 선명하게 제시함으로써 통일교육의 일관성과 체계성 및 지속성을 보장할 필요가 있다는 견해(음선필, 앞의 논문, 13면)도 있다.

Konsens)"라고 부르고 있는 이 합의는 정치 이데올로기적 갈등을 일거에 제거하려는 일종의 사회적 대타협이라고 평가하고 있다.33)

우리나라 통일교육 일선에서는 정부가 추진하는 통일교육과 일부 지방자치단체와 교육청(교육감)이 생각하는 통일교육에 대한 이견으로 통일교육에 어려움을 호소하기도 한다. 이는 지난 이명박, 박근혜 정부가 추진했던 「통일교육지침」과 문재인 정부가 추진하고 있는 「평화·통일교육 - 방향과 관점」으로도 알 수 있다.

동일한 통일교육에 대해 바라보는 시각차는 뚜렷하다. 예를 들면 박근혜 정부의 통일교육의 목표는 미래지향적 통일관, 건전한 안보관, 균형 있는 북한관으로 설명하고 있다. 반면에 문재인 정부는 박근혜 정부의 미래지향적 통일관 대신에 평화통일의 실현의지 함양과 평화의식 함양, 민주시민의식 함양을 강조하고 있다. 지난 정부와는 달리 평화의식과 민주시민의식을 강조하고 있다. 통일을 추구하는 방법에서 차이가 있기 때문일 것이다. 통일교육의 다른 분야(통일교육의 방향, 방법, 내용)에서도 차이가 있다.

어느 정권이 들어서더라도 누구나 수긍할 수 있는 통일교육의 기본방향 수립이 필요하다. 즉, "한국형 보이텔스바흐 합의" 노력이 필요하다.34) 이를 위하여 한국의 정치인, 정치학자, 교육학자를 포함한 학계 및 정부, 통일 관련 단체들의 역할이 필요하다.35) 이를 위하여 「통일교육지원법」 제3조에 이러한 취지를 규정하는 방향으로 법 개정이 필요하다.

---

33) 소성규, 앞의 논문, 113면.
34) 박찬석, 앞의 논문, 80면 ; 소성규, 앞의 논문, 113면.
35) 통일교육의 방향에 대한 소비적인 논쟁의 가능성을 차단하고, 국민적 합의에 의한 통일을 준비하기 위하여 여·야 정치인 및 시민단체 대표가 통일교육의 책임 있는 구성원으로 참여하는 제도적 장치가 필요하다는 견해(김창환, 앞의 논문, 51면)도 있다.

> **독일 보이텔스바흐 합의(Beutelsbacher Konsens)[36]**
>
> 1. 강제금지(Überwältigungsverbot)
> 어떠한 수단을 통해서든 교사는 자신이 원하는 견해를 학생이 받아들이도록 강제하여 "자율적 판단 형성(Gewinnung eines selbständigen Urteils)"을 방해하는 것은 허용되지 않는다. 바로 이것이 정치교육(Politischer Bildung)과 사상주입(내지 교화, Indoktrination)의 경계선이다. 사상주입은 민주주의 사회에서 교사의 역할이나 보편적으로 인정되는 목표인 학생의 성숙과도 부합하지 않는다.
> 2. 학문과 정치에서 논쟁의 여지가 있는 것은 수업에서도 논쟁의 여지를 두어야 한다. 이러한 요청은 위에서 언급한 것과 밀접한 연관이 있다. 왜냐하면 서로 다른 입장이 무시되고 선택 가능성을 주지 않고 대안들을 논의하지 않는다면, 사상주입으로 가는 길을 걷게 된다. 오히려 교사는 교정 기능을 수행해야 하지 않는지가 문제된다. 다시 말하면, 학생들(과 정치적 교육행사의 참가자들)에게 자신들의 정치적·사회적 배경으로 인해 잘 알지 못하는 입장이나 대안을 특별히 부각시켜 주어야만 하는 것은 아닌지를 검토할 필요가 있다.
> 이 두 번째 원칙을 확립함으로써 왜 교사의 개인적 관점, 학문적 배경, 정치적 견해에 대해서 굳이 관심을 가질 필요가 없는지가 분명해진다. 이미 언급한 예를 다시 설명하자면, 교사가 민주주의를 어떻게 이해하고 있는지는 아무런 문제가 되지 않는다. 왜냐하면 그것과 상충되는 다른 견해들도 함께 논의되기 때문이다.
> 3. 학생은 정치 상황과 자신의 이해관계를 검토할 수 있는 기회를 주어야 한다.
> 마찬가지로 학생은 자신의 이익과 연관된 당면한 정치 상황에 영향을 줄 수단과 방식을 모색할 수 있도록 해야 한다. 이러한 목표 설정은 앞에서 언급한 두 원칙의 논리적 귀결이기도 한 수행능력을 매우 중시하게 된다. 이러한 맥락에서 때때로, 이를테면, 헤르만 기에제케(Herman Giesecke)와 롤프 슈미더러(Rolf Schmiederer)에 반대해서 제기되는 비판, 즉 자신의 고유한 것들을 수정할 필요가 없도록 하는 '형식성에로의 회귀'라는 것은 적절치 못하다. 왜냐하면, 여기서 중요한 것은 최대한의 합의 도출이 아니라 최소 합의의 도출이기 때문이다.

개정안을 제시하면 다음과 같다.

현 행	개 정 안
제3조(통일교육의 기본원칙) ①. (생략)	제3조(통일교육의 기본원칙) ①. (현행과 같음)
② 통일교육은 개인적·당파적 목적으로 이용되어서는 아니 된다.	② 통일교육은 개인적·당파적 목적이 아닌, 국민적 합의에 기초해야 한다.

---

36) https://www.lpb-bw.de/beutelsbacher-konsens/의 독일어 원문을 참고.

(4) 국가 및 지방자치단체의 책무(제4조) : 통일교육에 대한 중앙정부(통일부)와 지방정부간의 업무 추진체계

　　현행 통일교육 업무 추진체계의 큰 틀은 중앙정부(통일부 등) 중심의 행정체계이다. 우리나라 행정부 구조는 중앙정부와 지방정부[37], 그리고 지방정부에 대하여 현행 「지방자치법」 제2조는 지방자치단체의 종류를 다시 특별시, 광역시, 특별자치시, 도, 특별자치도와 시, 군, 구의 두 가지로 분류하고 있다. 이런 점에서 우리나라는 크게 보면 3단계 행정구조를 취하고 있다. 이러한 행정 구조에서는 중앙정부 중심의 통일교육 업무 추진체계가 타당성이 있기도 하다. 현행 통일교육지원법에서도 통일부(통일교육원)가 중심이 되고, 통일교육의 원활한 체계를 구축하기 위하여 지방자치단체의 통일교육 조례 제정, 중앙행정기관·지방자치단체 상호간 통일교육 협력체제 구축, 기본계획 수립사항 구체화 등의 내용을 규정하고 있다.

　　그렇다면 중앙행정기관·지방자치단체 상호간 통일교육 협력체제 구축의 현실은 어떨까? 협력체제 구축은 강행규정으로 되어 있음에도 불구하고, 지방자치단체 차원에서의 조례제정과 예산지원의 근거는 임의규정이다. 그러다 보니 지방자치단체장의 재량에 따라 통일교육은 실시하지 않을 수도 있다.

---

[37] 지방정부의 법적 개념으로는 "지방자치단체"라는 용어를 사용하고 있다. 현행 법령을 변경하기 위해서는 헌법에서 사용하고 있는 지방자치단체라는 명칭을 먼저 개정해야 할 것이다. 해당 규정은 제헌헌법에서부터 사용해 왔는데, 명칭의 사용 유례를 보면, 일본의 법률에서 기인한다. 일본의 경우, 헌법과 지방자치법에서 지방정부를 "지방공공단체"란 명칭으로 사용하고 있다. 향후 지방자치단체의 공공성과 권위를 향상시키기 위해 "지방정부"로의 명칭 사용은 긍정적 효과가 있을 것으로 보여, 이 글에서는 법령상 지방자치단체로 명시된 경우 이외에는 지방정부란 용어를 사용하고자 한다. 다만, 지방정부로의 명칭변경으로 인해 전체 법령과 자치법규 뿐만 아니라 각종 공문서 등이 모두 변경되어야 할 것이다.

통일교육은 국가의 비전으로 중앙정부차원뿐만 아니라 지방정부 차원에서도 적극적 관심을 가지고 추진할 필요가 있다. 통일교육은 지방정부를 포함하여 범정부적으로 실시될 필요가 있다. 지방정부의 경우 주민생활에 직접적 영향을 미치는 지역개발·문화·예술과 같은 가시적 사업에 비해 통일교육은 역점사업에서 제외되는 경향이 있다. 이러한 점을 감안할 때, 법 규정을 통해 통일교육 활성화 시책을 마련하거나 통일교육 추진을 의무화할 경우 지역통일교육이 보다 활성화 될 수 있을 것이다.

이러한 차원에서 공무원 개인의 통일교육 의무화와 더불어 지방정부 차원의 특성화된 통일교육 장려가 필요하다. 지방정부 차원에서 통일교육을 장려하기 위해서는 중앙정부 차원의 인센티브 부여 방안[38]이 강구될 필요가 있다.

우리나라 행정 구조의 특징을 감안할 때, 중앙정부와 지방정부가 함께 통일교육에 관심을 가질 때 그 시너지 효과는 배가될 수 있다. 이 점은 전국 지방자치단체의 통일교육 관련 조례 제정 현황을 살펴보면 짐작할 수 있다. 아직 조례조차 제정하지 않은 지방자치단체가 많은 실정이다.[39]

법 개정과 함께 지방자치단체의 조례 제·개정을 통하여 통일교육을 활성화할 필요성이 있다. 이를 위하여 「통일교육지원법」 제4조의 임의 규정(제2항, 제3항, 제4항)을 강행규정으로 개정할 필요성이 있다. 일부

---

[38] 예를 들면, 행안부의 정부합동 평가지표에 통일교육 지표를 반영하면(현행 평가지표에는 교육항목이 없음), 의지가 있는 각 시·도는 정부 합동평가를 위하여 통일교육을 강화할 것으로 예상된다. 정부합동평가에서 좋은 성적을 받으면 해당 지자체에 많은 교부금을 지원받을 수 있기 때문에 통일교육 의무 실시와 함께 시너지 효과를 낼 수 있을 것으로 본다. 행안부와 통일부 사이의 협의가 필요한 사항이다.
[39] 물론 조례를 제정하지 않고 통일교육지원법을 근거로 통일교육 예산을 배정할 수는 있다. 그러나 해당 지방자치단체의 현실과 특징을 반영한 조례 제정은 필요하다고 본다.

예산이 수반되기도 하겠지만, 국가시책으로 인한 재정소요는 불가피한 측면이 있다. 정부의 의지 문제이기도 하다.

개정안을 제시하면 다음과 같다.

현 행
제4조(국가 및 지방자치단체의 책무) ① 국가는 이 법에서 정하는 바에 따라 통일교육의 실시, 통일문제연구의 진흥, 통일교육에 관한 전문인력의 양성·지원, 통일교육에 관한 교재의 개발·보급, 그 밖의 방법으로 통일교육을 활성화하여야 한다. ② 국가는 통일교육을 하는 자(법인 또는 단체를 포함한다. 이하 같다)에게 예산의 범위에서 대통령령으로 정하는 바에 따라 필요한 경비의 전부 또는 일부를 지원할 수 있다. ③ 지방자치단체는 국가의 시책과 지역적 특성을 고려하여 지역별 시책을 수립·시행하여야 한다. 이 경우 그 시책의 수립·시행에 필요한 사항은 조례로 정할 수 있다. ④ 지방자치단체는 지역주민을 대상으로 통일교육을 하는 자에게 예산의 범위에서 필요한 재정적·행정적 지원을 할 수 있다. ⑤ 국가 및 지방자치단체는 이 법에 따른 시책을 효율적으로 수행하기 위하여 상호협력체제를 구축하여야 한다. ⑥ 국가 및 지방자치단체는 이 법에 따른 통일교육을 국내와 국외, 학교와 학교 밖에서 모두 장려하여야 한다.

현 행	개 정 안
제4조(국가 및 지방자치단체의 책무) ① (생략)	제4조(국가 및 지방자치단체의 책무) ① (현행과 같음)
② 국가는 통일교육을 하는 자(법인 또는 단체를 포함한다. 이하 같다)에게 예산의 범위에서 대통령령이 정하는 바에 따라 필요한 경비의 전부 또는 일부를 지원할 수 있다.	② 국가는 통일교육을 하는 자(법인 또는 단체를 포함한다. 이하 같다)에게 예산의 범위에서 대통령령이 정하는 바에 따라 필요한 경비의 전부 또는 일부를 지원하여야 한다.
③ 지방자치단체는 국가의 시책과 지역적 특성을 고려하여 지역별 시책을 수립·시행하여야 한다. 이 경우 그 시책의 수립·시행에 필요한 사항은 조례로 정할 수 있다.	③ 지방자치단체는 국가의 시책과 지역적 특성을 고려하여 지역별 시책을 수립·시행하여야 한다. 이 경우 그 시책의 수립·시행에 필요한 사항은 조례로 정하여야 한다.
④ 지방자치단체는 지역주민을 대상으로 통일교육을 하는 자에게 예산의 범위에서 필요한 재정적·행정적	④ 지방자치단체는 지역주민을 대상으로 통일교육을 하는 자에게 예산의 범위에서 필요한 재정적·행정적 지원을 하여야 한다.

지원을 할 수 있다.	
⑤ (생략)	⑤ (현행과 같음)

(5) 통일교육 기본사항에 대한 심의기구의 신설

현행 「통일교육지원법」은 통일부장관이 어떠한 심의기구를 거치지 않고 통일교육 기본사항(「통일교육지원법」 제3조의2)과 통일교육기본계획의 수립(「통일교육지원법」 제6조)을 하도록 하고 있다. 통일부장관이 통일교육의 핵심적인 사항을 주도적으로 결정하는 행정체계를 취하고 있다. 이러한 행정체계의 변화는 2008년 12월 31일의 「통일교육지원법」 제3차 개정(2009년 2월 1일 시행)에서 "통일교육심의위원회"(구 「통일교육지원법」 제5조)가 폐지된 결과이다. 당시는 부처 중심의 책임행정체제를 확립하고 의사결정의 신속성을 높이기 위한 정부위원회 정비계획에 따른 것이라고 하나, 실제로는 통일교육 업무 추진체계를 정부주도하에 두겠다는 의도로 보아야 할 것이다. 다른 교육지원 관련법의 경우, 법교육위원회(「법교육지원법」 제4조), 경제교육관리위원회(「경제교육지원법」 제8조의2), 인성교육진흥위원회(「인성교육진흥법」 제9조), 문화예술교육지원위원회(「문화예술교육지원법」 제8조) 등을 두고 있는 것처럼, 통일교육의 기본사항과 통일교육의 주요정책을 결정하는 별도의 심의위원회를 두는 것이 바람직하다고 본다.[40]

---

40) 음선필, 앞의 논문, 14면.

개정안을 제시하면 다음과 같다.

현 행
<삭제>

현 행	개 정 안
제5조<삭제>	제5조(통일교육심의위원회의 설치) ① 통일교육에 관한 기본정책 기타 중요사항을 심의하기 위하여 통일부에 통일교육심의위원회(이하 "위원회"라 한다)를 둔다.
	② 위원회는 위원장 1인 및 부위원장 2인을 포함하여 25인이내의 위원으로 구성한다.
	③ 위원회의 위원장은 통일부장관이 되며, 위원은 통일교육에 관한 학식과 경험이 풍부한 자중에서 통일부장관이 위촉하는 자(이 경우 위원중 7인은 국회의장이 추천하는 자로 한다), 대통령령이 정하는 관계 중앙행정기관의 차관급공무원 및 국무총리실 소속공무원중 당해 기관의 장이 지명하는 자가 된다.
	④ 위원회의 구성·운영 등에 관하여 필요한 사항은 대통령령으로 정한다.
	⑤ 위원회로부터 위임받은 사무를 처리하기 위하여 위원회에 실무위원회를 두며, 실무위원회의 구성·운영등에 관하여 필요한 사항은 대통령령으로 정한다.

(6) 통일교육기본계획(제6조) 수립시기의 보완

현행 「통일교육지원법」 제6조는 통일부장관은 통일교육을 효율적으로 추진하기 위하여 통일교육기본계획을 수립한다고만 규정하고 있고, 이를 구체화하는 시행계획에 대하여는 규정하지 않고 있다. 다만, 통일부 통일교육원 자체적으로 2019년 3월 「통일교육기본계획(2019-2021) 및 2019년도 시행계획」을 발표하였다. 종래 매년 통일교육 기본계획을 수립하던 것을 기본계획은 3년, 시행계획은 매년 수립하는 것으로 개편하였다. 기본계획 수립연도(3년마다)에는 시행계획을 포함하여 수립하도록 변경하였다.

　일반적으로 교육지원 관련법은 교육기본계획의 수립시기를 5년마다 하도록 관련법에 정하고 있다.[41] 그런데 「통일교육지원법」에는 구체적으로 규정하지 않고, 통일부 통일교육원 자체적으로 3년마다 통일교육기본계획을 수립하고 있다. 통일교육에 관한 기본계획으로서의 성격을 유지하고, 통일교육을 보다 안정적으로 추진하기 위해서는 통일교육지원법에 통일교육기본계획 수립시기를 규정하는 것이 바람직하다. 그 기간 역시 다른 교육지원 관련법과의 형평성 차원에서 5년으로 하는 것이 타당하다고 본다.[42] 5년 단위의 장기계획을 세워야 통일교육 계획자의 변동 또는 정권교체에 따른 불필요한 변화를 최소화하고, 안정적인 통일교육을 추진할 수 있기 때문이다. 통일교육의 기본방향은 국제정세 특히 남북관계에 따라 영향을 받을 수 있다. 그러나 적어도 기본계획에 포함되어야 할 내용은 통일에 이르는 과정뿐만 아니라 통일이후의 사회통합과정에 해당하는 사항들이어야 하므로, 통일교육의 기본계획은 5년 정도의 지속성과 일관성을 유지하는 것이 필요하다고 본다.[43]

---

[41] 예를 들면 인성교육 종합계획(「인성교육진흥법」 제6조), 문화예술교육 종합계획(「문화예술교육지원법」 제6조), 발명교육 기본계획(「발명교육의 활성화 및 지원에 관한 법률」 제4조) 등이다.
[42] 「통일교육지원법」을 근거로 제정된 「경기도 평화통일교육 활성화 조례」 제6조(평화통일교육계획의 수립)는 경기도 평화통일교육계획을 5년마다 수립·시행하도록 하고 있고, 조례 제7조(평화통일교육위원회)는 경기도 평화통일교육에 대한 주요사항을 심의하는 기구인 "평화통일교육위원회"를 두고 있는 점은 주목할 만하다.
[43] 음선필, 앞의 논문, 16면.

개정안을 제시하면 다음과 같다.

현 행
제6조(통일교육기본계획의 수립) ① 통일부장관은 통일교육을 효율적으로 추진하기 위하여 통일교육기본계획(이하 "기본계획"이라 한다)을 수립한다. ② 기본계획에는 다음 각 호의 사항이 포함되어야 한다. 1. 통일교육의 기본원칙·추진목표와 방향 2. 통일교육과 관련하여 각 부처 및 기관·단체의 협조에 관한 사항 3. 통일교육에 관한 국민의식 제고 4. 통일교육실태의 조사·평가 및 시정에 관한 사항 5. 통일교육에 관한 전문인력의 양성·지원에 관한 사항 6. 「초·중등교육법」 제19조제1항 각 호에 따른 교원에 대한 통일교육관련 전문성 강화에 관한 사항 7. 통일교육 관련 교재의 개발·보급에 관한 사항 8. 국내외 통일교육 기관 및 단체의 육성·지원에 관한 사항 9. 통일교육에 필요한 시설 및 장비의 확충·관리에 관한 사항 10. 통일문제 및 통일교육에 관한 연구의 진흥에 관한 사항 11. 통일교육 협력체제의 구축 및 운영에 관한 사항 12. 그 밖에 통일교육의 진흥을 위하여 필요한 사항 ③ 통일부장관은 기본계획을 수립할 때에 미리 관계 중앙행정기관의 장과 협의하여야 한다. ④ 통일부장관은 기본계획을 수립할 때에 통일교육에 관한 학식과 경험이 풍부한 전문가의 의견을 들을 수 있다. **제6조의2(공공시설의 이용)** 통일교육을 하는 자는 통일교육을 위하여 필요한 경우에는 공공시설을 그 본래의 용도에 지장이 없는 범위에서 대통령령으로 정하는 바에 따라 이용할 수 있다. **제6조의3(지역통일교육센터의 지정·운영)** ① 통일부장관은 통일교육을 주된 목적으로 하거나 통일교육을 할 능력이 있다고 인정되는 기관·단체 또는 시설(이하 "기관등"이라 한다)을 지역통일교육센터로 지정할 수 있다. ② 지역통일교육센터로 지정된 기관등의 장은 그 지정된 내용 중 대통령령으로 정하는 중요 사항이 변경된 경우에는 통일부장관에게 그 사실을 신고하여야 한다. ③ 통일부장관은 지역통일교육센터로 지정된 기관등이 다음 각 호의 어느 하나에 해당할 때에는 그 지정을 취소할 수 있다. 다만, 제1호에 해당할 때에는 그 지정을 취소하여야 한다. 1. 거짓이나 그 밖의 부정한 방법으로 지정을 받았을 때 2. 통일교육을 할 능력이 크게 부족하다고 인정될 때 ④ 통일부장관은 지역통일교육센터로 지정된 기관등이 다음 각 호의 어느 하나에 해당할 때에는 6개월 이내의 범위에서 기간을 정하여 업무정지를 명할 수 있다. 1. 제3조에 따른 통일교육의 기본원칙을 위반하여 통일교육을 하였을 때 2. 거짓이나 그 밖의 부정한 방법으로 경비지원을 받거나 지원받은 경비를 목적 외의

용도에 사용하였을 때
3. 제2항에 따른 변경신고를 하지 아니하였을 때
⑤ 통일부장관은 제3항에 따라 지역통일교육센터의 지정을 취소하려면 청문을 하여야 한다.
⑥ 그 밖에 지역통일교육센터의 지정 및 운영 등에 필요한 사항은 대통령령으로 정한다.

제6조의4(통일관의 지정 등) ① 통일부장관은 국민에게 북한 및 통일에 관한 정보를 제공하고 통일교육의 장으로 활용하기 위하여 통일관을 설치·운영하거나 북한 및 통일에 관한 교육·체험활동을 하는 시설을 통일관으로 지정할 수 있다.
② 제1항에 따라 통일관으로 지정받으려는 시설의 장은 시설, 예산, 인력, 교육운영 계획 등 대통령령으로 정하는 지정요건을 갖추어 통일부장관에게 지정을 신청하여야 한다.
③ 제1항에 따라 통일관으로 지정된 시설의 장(이하 "통일관장"이라 한다)은 제2항에 따른 지정요건 중 대통령령으로 정하는 중요 사항이 변경된 경우 통일부장관에게 그 사실을 통보하여야 한다.
④ 제1항부터 제3항까지에서 규정한 사항 외에 통일관의 지정신청 및 변경통보의 절차와 방법 등은 대통령령으로 정한다.

제6조의5(통일관에 관한 시정명령) 통일부장관은 통일관이 다음 각 호의 어느 하나에 해당하는 경우 기간을 정하여 통일관장에게 시정을 명할 수 있다.
1. 제3조에 따른 통일교육의 기본원칙에 위반되는 통일교육을 실시한 경우
2. 제6조의4제2항에 따른 지정요건을 충족하지 못하게 되거나 운영 의지를 명백히 상실하였다고 인정되는 경우
3. 제6조의4제3항에 따른 변경통보를 하지 아니한 경우

제6조의6(통일관의 지정취소 등) ① 통일부장관은 다음 각 호의 어느 하나에 해당하는 경우에는 통일관의 지정을 취소할 수 있다. 다만, 제1호에 해당하는 경우에는 그 지정을 취소하여야 한다.
1. 거짓이나 그 밖의 부정한 방법으로 통일관의 지정을 받은 경우
2. 제6조의5에 따른 시정명령을 받고도 정당한 사유 없이 정한 기간에 이를 이행하지 아니한 경우
② 통일부장관은 제1항에 따라 통일관의 지정을 취소하려면 청문을 하여야 한다.

제6조의7(공무원 등에 대한 통일교육의 실시) ① 중앙행정기관의 장, 지방자치단체의 장 및 「공공기관의 운영에 관한 법률」 제4조에 따른 공공기관의 장은 소속 공무원 및 직원 등에게 제2조제1호에 따른 통일교육을 실시하고, 그 결과를 통일부장관에게 제출하여야 한다.
② 통일부장관은 제1항에 따른 통일교육을 효과적으로 실시하기 위하여 필요한 교재를 개발·보급할 수 있다.
③ 제1항 및 제2항에서 규정한 사항 외에 통일교육의 방법 및 실시 시기 등 통일교육 실시에 필요한 사항은 대통령령으로 정한다.

현 행	개 정 안
제6조(통일교육기본계획의 수립) ① 통일부장관은 통일교육을 효율적으로 추진하기 위하여 통일교육기본계획(이하 "기본계획"이라 한다)을 수립한다.	제6조(통일교육기본계획의 수립) ① 통일부장관은 통일교육을 체계적이고 지속적으로 실시하기 위하여 통일교육기본계획을 5년마다 수립·시행하여야 한다.
②. (생략)	②. (현행과 같음)
1,2,3,4,5,6,7,8,9,10,11. (생략)	1,2,3,4,5,6,7,8,9,10,11. (현행과 같음)
12. 그 밖에 통일교육의 진흥을 위하여 필요한 사항	12. 그 밖에 통일교육의 진흥과 홍보를 위하여 필요한 사항

(6-1) 지역통일교육센터의 지정·운영(제6조의3)과 통일교육위원협의회 운영

통일부는 지역별로 지역통일교육센터를 지정하고, 통일교육위원협의회를 운영하고 있다. 현행 「통일교육지원법」 상 통일교육의 가장 핵심 축 두가지가 바로 "지역통일교육센터"와 "통일교육위원협의회"이다. 「통일교육지원법」 상 지역통일교육센터는 통일부장관이 지정[44]·운영하는 기관·단체이다(제6조의3). 그렇다면 지정의 법적 의미가 무엇일까? 현행법상 지정은 빈번하게 사용되는 용어 중 하나이다. 그러나 다양한 성격과 형태로 사용되고 있어 일관된 원칙을 찾기는 어렵다. 현행 지정 제도는 ① 허가·인가·특허로서의 지정,[45] ② 행정업무의 부여로서의 지정,[46] ③ 공용제한으로서의 지정,[47] ④ 지원·육성대상 선정으로서의 지

---

[44] 지정 제도는 이론적으로 정립되어 있지 않을 뿐만 아니라 여러 가지 성격들이 지정이라는 같은 명칭으로 사용되고 있어 해석이나 운영상 논란이 될 수 있으므로 입법과정에서 지정 제도 도입을 확대하는 것은 문제가 있다.

[45] 「담배사업법」 제16조에 따른 담배소매인의 지정, 「공인중개사법」 제24조에 따른 부동산거래정보망의 지정 및 운영, 「원자력안전법」 제35조의 핵연료주기사업의 허가 등이다.

정48), ⑤ 규제대상 선정으로서의 지정49) 등으로 다양하게 사용되고 있고,50) 여러 가지 성격이 혼합되어 규정되어 있는 경우도 있다.

지역통일교육센터는 행정업무의 부여를 위한 지정과 지원·육성 대상의 선정을 위한 지정의 의미를 동시에 지니고 있다고 볼 수 있다. 즉, 통일부 통일교육원의 통일교육을 위한 수탁기관으로서의 성격과 통일부 차원의 통일교육 활성화를 위한 예산지원을 받고 있는 기관이다. 이를 위하여 통일부는 전국을 거점 지역별로 지역통일교육센터를 지정하여 운영하고 있다. 지정·운영의 목적은 통일교육 인프라가 중앙에 집중되어 있지만, 통일교육을 지방으로 확산시키기 위함에 있다.

그러나 2020년 종래 전국 17개 센터로 지정 운영51)하던 지역통일교육센터를 2020년에는 전국 7개 광역 권역별 센터로, 2022년에는 10개 광역 센터별 체계로 개편하였다. 종래 17개 지역통일교육센터로 운영할 때에도 지역 범위가 넓고, 예산과 인력 부족으로 어려움을 겪고 있었다. 이러한 점은 경기도 지역통일교육센터 1개로 운영하던 것을 경기남부와 경기북부 지역통일교육센터로 분리 운영한 것을 보아도 알 수 있다. 이러한 점에서 2020년 이후 개편된 경기도 전체와 인천광역시를 1개 권역

---

46) 「도로교통법」 제104조에 따른 자동차운전 전문학원의 지정, 「산업표준화법」 제13조에 따른 인증기관의 지정 등이다.
47) 「지하수법」 제12조에 따른 지하수보전구역의 지정, 「문화재보호법」 제27조에 따른 보호물 또는 보호구역의 지정 등이다.
48) 「가족친화 사회환경의 조성 촉진에 관한 법률」 제19조에 의한 가족친화지원센터의 지정, 「문화예술진흥법」 제7조에 따른 전문예술법인·단체의 지정, 「도서개발촉진법」 제4조에 따른 개발대상도서의 지정 등이다.
49) 「독점규제 및 공정거래에 관한 법률」 제14조에 따른 상호출자 제한 기업집단 등의 지정 등이다.
50) 이상윤, 「각종 지정제도의 분석과 개선방안 연구」, 한국법제연구원, 2012. 10. 31, 21면.
51) 종래 전국 17개 지역통일교육센터(중앙통일교육센터 제외)는 현행 「지방자치법」 제2조 제1호의 광역 단위 행정구역을 기준으로 지정한 것으로 보인다.

인 경인통일교육센터로 운영하는 것이 타당한 것인지? 17개 센터 중심 운영의 한계를 극복해야 함에도 불구하고 17개 센터에서 7개 센터 내지 10개 센터로 축소 개편한 것이다. 7개 센터 내지 10개 센터의 예산은 종래 17개 센터의 예산을 통합하는 수준의 구조이기 때문에 통일교육 수혜자의 입장에서는 통일교육 수혜 범위에는 차이가 없고, 운영체계만 변경된 것이다. 문제는 이러한 운영체계가 과연 효율적이고 타당한가 라는 점이다. 그리고 통일부는 「통일교육지원법」 제10조의2 및 「동법 시행령」 제8조에 따라 임기 2년의 통일교육위원을 위촉하고 있다. 이러한 통일교육위원은 지역별협의회가 있고, 이를 총괄하는 통일교육위원 중앙협의회가 별도로 존재한다. 지역별 통일교육센터는 주로 지역별로 통일관련 기본사업과 자율사업을 하고 있지만, 통일교육위원협의회는 그렇지 않다. 즉, 통일교육위원협의회는 통일부 장관이 위촉하는 통일교육위원 중심의 모임이다. 따라서 현행법은 통일교육의 지원과 활성화를 지역별 통일교육센터 지정과 지역별 통일교육위원협의회라는 조직의 2개 체제를 통해 운영하고 있다.

2020년 이전에는 지역별 통일교육센터장과 지역별 통일교육위원협의회가 법적 근거는 다르지만, 센터장과 협의회장은 겸직하고 있었다. 겸직이 타당한지에 대한 논란(즉, 행정체계 내지 조직 일원화 또는 이원화)이 있을 수 있었다. 왜냐하면 통일교육센터는 주로 지역별로 통일관련 기본사업 이외에 특화사업, 연합사업(이른바 자율사업)을 하고 있지만, 통일교육위원협의회는 통일부 장관이 위촉하는 통일교육위원 중심의 모임이기 때문이다.

이러한 기구의 중복으로 인한 예산 및 업무의 비효율성으로 인해 지역통일교육센터를 폐지하고 통일교육위원과 통합하여 통일교육위원협의회로 일원화하려는 취지의 「통일교육지원법」 일부개정안이 의원입법52)으로 발의된 적이 있으나 국회를 통과하지는 못했다. 두 기관의 법적 근거가 다름에도 사실상 동일한 기능을 수행함에 따라 별도로 예산을 편성하는 것이 불합리하다는 지적에 따른 것이다.53) 그러나 현실적으로 2020년 이전 지역통일교육센터는 지역별 활동거점 및 인프라로서 역할을 담당하고 기본사업비와 자율사업비를 지원받고 있었다. 통일교육위원의 지역별 협의회는 인건비와 임차료 등 경상경비를 지원받고 있었다. 예산 자체가 소규모일 뿐만 아니라 단순히 예산사업의 중복성이라는 관점에서 지역통일교육센터를 폐지하는 것이 바람직한지에 대해서는 신중한 검토가 필요하다는 지적54)에 따라 2020년 이전까지 지역통일교육센터 제도를 유지하고 있었다. 이러한 측면에서 지역 거점별로 효과적이고 효율적인 통일교육 업무수행을 위하여 지역통일교육센터와 통일교육위원협의회를 일원화하여 운영(겸직 운영)하는 것은 적절하다고 본다.

그러나 2020년과 2022년에 개편된 7개 내지 10개 권역별 지역통일교육센터에서는 상황이 다르다. 예를 들면, 2022년의 경우, 영남통일교육센터는 대구·울산·경북·경남·부산 지역의 통일교육을 경남대학교에서 운영하고 있다. 따라서 경남지역에는 영남통일교육센터장 및 통일교육위원협의회장을 겸직 내지 일원화 하여 운영하는 것은 효율적이지만, 다른 지역, 예를 들면, 대구, 경북지역에서는 지역통일교육센터장은 영남통일교

---

52) 2012. 12. 6. 정청래의원 등 10인에 의해 지역통일교육센터를 폐지하고자 하는 통일교육지원법 일부개정안이 입법발의가 된 적이 있었다.
53) 국회예산정책처(2013년 예산안 검토보고서) : 지역통일교육센터의 경우 실질적으로 지역별 통일교육위원협의회장에 의해 운영되고 있는 등 기구의 중복으로 인한 예산 및 업무의 비효율성에 대해 지적받은 바 있다.
54) 외교통일위원회 전문위원(이용준), 통일교육지원법 일부개정안 검토의견서, 2013. 4. 참조.

육센터장이 맡고, 대구, 경북 지역 통일교육위원협의회장은 다른 위원이 맡고 있어, 이원적으로 지역 통일교육 사업을 운영하고 있다. 이와 같이 전국적으로 지역통일교육센터장과 통일교육위원협의회장을 일원화(겸직)하는 지역과 이원화된 지역이 병존하는 구조이다. 종래 17개 센터 운영체계보다 7개 센터 내지 10개 센터 운영체계가 효과적 내지 효율적이고, 합리적인지에 대한 논란이 있을 수 있다. 정책판단의 몫이겠지만, 지방자치 내지 지방분권, 지방화라는 시대 흐름과 역행하는 것은 아닌지 검토가 필요한 부분이다.

현행 지역통일교육센터 설치의 기본취지는 타당하다고 본다. 문제는 운영조직과 지정기간의 문제이다.

일반적으로 지역통일교육센터는 센터장, 사무처장, 간사에 의해 소규모 사업예산으로 운영되고 있다. 통일교육 확산이란 측면을 고려하여 지역별 거점 센터 형식으로 운영되고 있다. 이런 거점 조직을 운영함에 있어서 사업비 예산 자체가 적을 뿐만 아니라 열악한 예산상 문제로 사무처장과 간사의 처우개선에 대한 목소리가 높다. 근본적으로는 이들의 처우개선과 사업예산 확충이 필요하다고 본다.

아울러 2년이란 센터 지정기간의 문제도 있다. 「통일교육지원법」 제6조의3 제3항에 의하면, 거짓이나 그 밖의 부정한 방법으로 지정을 받았을 때에는 취소하여야 하고(강제조치), 통일교육을 할 능력이 크게 부족하다고 인정될 때에는 그 지정을 취소할 수 있도록 하고 있다는 규정(임의조치)을 생각해 본다면, 지역통일교육센터의 지정·운영 기간을 좀 더 늘리는 운영의 묘를 강구해 볼 필요가 있다.[55] 법 개정을 통하여 센터 지정기간을 2년에서 3년이나 4년으로 연장하는 방안과 정책적 측면

---

55) 소성규, 앞의 논문, 107면.

에서 센터 운영기간을 늘리는 방안이 필요하다.

(6-2) 공무원 등에 대한 통일교육의 실시(제6조의7)

정부(통일부)는 국가와 지방자치단체의 공무원 및 「공공기관 운영에 관한 법률」 제4조에 따른 공공기관 직원 등에 대하여는 2018년 9월 14일부터 통일교육을 의무화 하는 통일교육지원법을 개정하였다.[56] 2019년부터 본격적으로 시행된다. 통일과정에서 공무원의 역할이 크다는 점을 감안하면, 바람직한 법 개정이라 생각한다. 법 개정 당시 참고한 유사 입법례는 성희롱 예방교육, 성매매 예방교육, 성폭력 예방교육, 안전·보건교육, 소방안전교육, 개인정보보호교육, 교통안전교육, 실종·유괴의 예방·방지교육, 약물오남용 예방교육, 재난대비 안전교육, 학교폭력 예방교육, 장애이해 및 장애학생 폭력예방교육, 가정폭력 예방교육, 퇴직연금교육, 안전·보건교육, 건설업 기초안전·보건교육, 관리·책임자 등에 대한 교육이다.[57]

문제는 직장교육 사례를 그대로 통일교육에도 적용하고 있다는 점이다. 직장교육은 조직 내의 개인 간의 문제 내지는 조직과 개인 사이에서 발생할 수 있는 문제이다. 이러한 직장교육 사례를 참고는 할 수 있지만, 국가시책인 통일교육에 그대로 적용하고 있다는 점은 검토의 여지가 있다고 본다.

현재 의무 통일교육의 대상기관으로 지정된 기관들은 「통일교육지원법」 제6조의7에 따라 중앙행정기관의 장, 지방자치단체의 장 및 공공기관의 운영에 따른 법률 제4조에 따른 공공기관의 장은 통일교육을 실

---

56) 2016. 11. 14. 20대 국회에서 황주홍 의원이 대표발의안 통일교육지원법 일부 개정안(안 제6조의4 신설)도 유사한 취지이다.
57) 소성규, 앞의 논문, 102면.

시할 의무를 지게 된다. 중앙행정기관은 「정부조직법」 등 법률에서 중앙행정기관임을 명시한 기관과 중앙행정기관임을 명시하지 않았으나 중앙행정기관에 준하는 기관을 의미한다. 지방자치단체는 지방자치법 등에 따른 시·도(17개), 시·군·구(226개), 행정시·자치구가 아닌 구(34개), 읍면동(3,500개), 출장소(78개)와 지방교육행정기관인 시도교육청(17개) 및 각 지역 교육청을 의미한다. 공공기관은 공공기관의 운영에 따른 법률 제4조에 따라, 2018년 기준 338개의 공공기관이 교육의무 대상기관이다.

교육방법은 매년 1회(1.1-12.31) 이상, 1시간 이상으로 하되, 그 내용은 통일교육지원법 제2조 제1호에 따라 자유민주주의에 대한 신념, 민족공동체 의식, 건전한 안보관을 바탕으로 '통일을 이룩하는 데 필요한 가치관과 태도를 기르는 교육'으로 구성되어 있다. 교육방식은 집합교육(대면강의, 시청각 교육), 사이버 강의, 기관 특성에 맞는 기타 방법 중 선택할 수 있도록 하고 있다.

<표 1-17> 통일교육의 내용

과 목	내 용 요 소
통일 문제	· 통일의 의의와 필요성· 남북관계의 전개·국제질서와 한반도 통일 · 통일노력(통일방안 비교)·통일의 비전과 과제·남북관계와 대북정책 등
북한 이해	· 북한을 보는 시각·북한 분야별 실상(정치·외교·군사·경제·교육·문화 예술·주민생활 등)·북한 변화 전망 등

이러한 형태의 통일교육 방식이 과연 실효성이 있을까? 통일의 이해와 북한에 대한 이해도를 높이는 측면이 있는 것도 사실이다. 그러나 보다 더 실효성 있는 통일교육이 되기 위해서는 교육시간과 교육방법의 조정이 필요하다. 공무원 통일교육 의무화 조치에서 특히 논란이 되는 것은 공무원 통일교육을 실시하지 아니한 경우에 대한 제재조치가 없다

는 점이다. 매년 중앙·지자체장 및 공공기관의 장에게 소속 공무원과 직원에게 매년 1회, 1시간 이상 통일교육을 실시하고 그 결과를 통일부장관에게 제출하도록 규정하고 있을 뿐, 이행하지 않을 경우 제재수단 등은 규정되어 있지 않다. 공무원 통일교육 실효성 확보를 위하여 「통일교육지원법」 개정을 통한 제재수단을 마련할 필요가 있다. 즉, 「남녀고용평등과 일·가정 양립지원에 관한 법률」에는 사업주가 년 1회 이상 성희롱 예방교육을 실시하지 아니할 경우, 500만원 이하의 과태료를 부과하도록 하고 있다(동법 제39조 제2항). 또한 「부패방지 및 국민권익위원회의 설치와 운영에 관한 법률」에는 공직자 부패방지교육을 하도록 하고(동법 제81조의2 제1항), 부패방지교육 실시 여부에 대한 점검을 실시하도록 하고 있다(동법 제81조의2 제2항). 아울러 점검결과를 평가에 반영하도록 해당 기관·단체의 장에게 요구할 수 있도록 하고 있는 점은 참고할 만하다(동법 제81조의2 제3항)[58] 오히려 공무원 통일교육의 실효성 확보를 위해서는 과태료 부과방법 보다는 「부패방지 및 국민권익위원회의 설치와 운영에 관한 법률」에 의한 공직자 부패방지교육 미이수에 대한 제재방법을 적용하는 방안이 적절할 수 있다.

통일부장관은 통일교육에 관한 교재의 개발·보급, 그 밖의 방법으로 통일교육을 활성화하여야 하고(「통일교육지원법」 제4조 제1항), 통일교육을 효과적으로 실시하기 위하여 필요한 교재를 개발·보급할 수 있도록 규정(「통일교육지원법」 제6조 제2항)하고 있다. 이러한 교재개발

---

[58] 1. 「정부업무평가 기본법」 제14조제1항 및 제18조제1항에 따른 중앙행정기관 및 지방 자치단체의 자체평가와 같은 법 제21조제1항에 따른 지방자치단체 합동평가
2. 「공공기관의 운영에 관한 법률」 제48조제1항에 따른 공기업·준정부기관의 경영실적 평가
3. 「지방공기업법」 제78조제1항에 따른 지방공기업의 경영평가
4. 「초·중등교육법」 제9조제2항에 따른 시·도교육청평가

에서 지역별 특성에 맞게 교재개발을 할 수 있도록 통일교육 교재개발비 등을 일부 국가(통일부)가 부담하는 방안을 고려할 필요가 있다. 아울러 증가하는 통일교육 수요에 부합하게 통일부 차원의 통일교육 전문강사와는 별개로 지방정부 차원의 통일교육 전문강사를 배출하여야 할 것이다. 이를 위하여 해당 지역에서 통일교육을 실시할 수 있도록 전문강사 양성비용 등을 국가가 일부 부담하는 방안이 있다. 아울러 공공기관의 특성에 맞는 특화된 내지는 특성화된 통일교육이 필요하다고 본다.[59] 예를 들면, 집경지역 일부 시·군(경기도 양주시·포천시·동두천시·연천군)의 경우, "평화통일대비 전문행정인 양성과정"이란 특성화된 공무원 통일교육을 실시하고 있다. 이론교육과 현장체험으로 나누어, 이론교육에는 통일에 대비한 공무원으로서 갖추어야 할 역량교육에 방점을 두고, 남북한 비교에 주안점을 두고 있다.

2017년, 경기도 연천군과 포천시는 전국 기초 지방자치단체 가운데에서는 처음으로 공무원 대상 특화된 통일교육 프로그램을 실시한 바 있다. 「통일교육지원법」에 의한 공무원 통일교육이 의무화되기 이전이다. 이후 양주시는 2018년부터 현재까지 계속해서 특성화된 공무원 대상 통일교육 프로그램을 실시하고 있는 사례는 참고할만하다.

공무원 개인이 특성화된 통일교육 수강 의지가 있더라도 해당 조직이 프로그램 개발을 하지 않는다면 통일교육은 퇴색될 수밖에 없다. 통

---

[59] 일례로 지방자치단체별 상황이 다르겠지만 경기북부지역 접경지역 지방자치단체(양주시, 포천시, 연천군, 동두천시)의 경우, 대진대학교와 연계하여 해당 지방자치단체 공무원을 대상으로 특성화된 교육 프로그램인 "평화통일 대비 전문 행정인 양성과정"을 실시하고 있는 점이나 농식품공무원교육원의 경우, 남북농업협력의 이해 과정을 운영하거나, 경찰대학교의 경우, 학사학위과정 중 북한학 강의나 북한 경찰의 이해 등의 교과목 개설 등은 참고가 될 것이다(통일부 통일교육원, 「통일교육기본계획(2019-2021) 및 2019년도 시행계획」, 2019. 3, 38면).

일부를 포함한 중앙부처 차원이나 해당 기관에서 특성화된 통일교육 프로그램 마련을 위해 연구하고 노력해야 할 것이다. 이를 위하여 「통일교육지원법」 제6조의7 제2항을 강행규정으로 개정하고, 기관별 특성에 맞는 교재개발을 위한 규정 개정을 검토할 필요가 있다.

공무원 통일교육이 실효성을 가지기 위해서는 현행 강사초청 위주의 강의중심에서 벗어나 자체 워크숍이나 세미나 참여, 동아리 활동, 통일관련 유적지 현장체험 등 체험 위주 방법으로 교육형태가 변화되어야 할 것이다. 특히 「지방공무원 교육훈련법」에 따라 시행 중인 상시 학습에 통일교육이 필수과정으로 포함된다면, 통일교육의 실효성은 더욱 배가되리라 본다.

개정안을 제시하면 다음과 같다.

현 행	개 정 안
제6조의7(공무원 등에 대한 통일교육의 실시) ① 중앙행정기관의 장, 지방자치단체의 장 및 「공공기관의 운영에 관한 법률」 제4조에 따른 공공기관의 장은 소속 공무원 및 직원 등에게 제2조제1호에 따른 통일교육을 실시하고, 그 결과를 통일부장관에게 제출하여야 한다. ② 통일부장관은 제1항에 따른 통일교육을 효과적으로 실시하기 위하여 필요한 교재를 개발·보급할 수 있다. ③ 제1항 및 제2항에서 규정한 사항 외에 통일교육의 방법 및 실시 시기 등 통일교육 실시에 필요한 사항은 대통령령으로 정한다.	제6조의7(공무원 등에 대한 통일교육의 실시) ① (현행과 같음) ② 통일부장관은 제1항에 따른 통일교육을 효과적으로 실시하기 위하여 전문강사를 양성하고 교재 및 교육프로그램을 개발·보급하여야 한다. ③ 통일부장관은 매년 제1항에 따른 통일교육 실시 결과에 대한 점검을 하여야 한다. ④ 통일부장관은 제3항에 따른 점검결과를 다음 각 호의 평가에 반영하도록 해당 기관·단체의 장에게 요구할 수 있다. 1. 「정부업무평가 기본법」 제14조 제1항 및 제18조 제1항에 따른 중앙행정기관 및 지방자치단체의 자체 평가 2. 「공공기관의 운영에 관한 법률」 제48조 제1항에 따른 공기업·준정부기관의 경영실적 평가 ⑤ 제1항에 따른 교육 내용·방법, 결과 제출 및 제3항에 따른 점검 등에 필요한 사항은 대통령령으로 정한다.

(7) 통일교육의 반영(제7조)

현 행
제7조(통일교육의 반영) 국가나 지방자치단체가 설립한 교육훈련기관 및 대통령령으로 정하는 사회교육기관을 설치·운영하는 자는 대통령령으로 정하는 바에 따라 교육훈련과정에 통일교육(제3조의2제1항에 따른 통일교육에 관한 기본사항을 포함한다)을 반영하도록 노력하여야 한다.

(8) 학교의 통일교육진흥과 통일교육 홍보규정 신설(제8조)

현 행
제8조(학교의 통일교육 진흥) ① 정부는 「초·중등교육법」 제2조에 따른 학교(이하 "초·중등학교"라 한다)의 통일교육을 진흥하기 위하여 노력하여야 한다. ② 통일부장관은 대통령령으로 정하는 바에 따라 통일교육(제3조의2제1항에 따른 통일교육에 관한 기본사항을 포함한다)이 초·중등학교의 교육과정에 반영될 수 있도록 국가교육위원회 또는 특별시·광역시·특별자치시·도 및 특별자치도 교육감(이하 "교육감"이라 한다)에게 요청할 수 있으며, 요청을 받은 국가교육위원회 또는 교육감은 교육과정에 통일교육을 반영하여야 한다. ③ 정부는 대학 등 「고등교육법」 제2조에 따른 학교를 설립·경영하는 자에게 통일문제와 관련된 학과의 설치, 강좌의 개설, 연구소의 설치·운영 등을 권장하여야 하며, 대통령령으로 정하는 바에 따라 통일에 관한 체험교육 및 강좌에 필요한 경비의 전부 또는 일부를 지원할 수 있다. ④ 통일부장관은 교육부장관과 협의하여 대통령령으로 정하는 바에 따라 매년 초·중등학교의 통일교육에 대한 실태조사를 실시할 수 있다. ⑤ 통일부장관은 대통령령으로 정하는 바에 따라 초·중등학교의 통일에 관한 체험교육 및 강좌에 필요한 경비의 전부 또는 일부를 지원할 수 있다.

「통일교육지원법」은 학교통일교육에 많은 비중을 두고 있다. 그러나 총론적으로는 강행규정화 하면서도 각론적으로 임의규정화 하여 자율적으로 실시할 수 있도록 규정하고 있다. 자율적인 것 같지만, 실제적으로는 애매모호한 측면이 있다. 기관별 특성과 자율을 강조하지만, 실제로는 그렇지 못한 측면이 있다. 이 규정 역시 일부 예산 소요가 문제가 되겠지만, 기관별 특성에 맞는 학교통일교육 진흥을 위한 강행규정

방안을 검토해 보아야 할 것이다.

　아울러 통일교육에 대한 인식개선과 홍보를 위한 법적 근거 마련 규정이 필요하다. 현행 「통일교육지원법」 제8조는 실태조사와 각종 경비 지원에 관한 사항을 규정하고 있다. 통일교육의 실효성을 확보하기 위해서는 통일교육에 대한 인식개선과 홍보를 위하여 방송사업자의 독자적인 홍보영상 제작을 독려하고 이에 적극적으로 협조·지원할 법적 근거가 마련됨으로써 보다 적극적이고 실효성 있는 정책의 수립과 집행이 가능하도록 할 필요성이 있다. 그러나 반대론이 있을 수 있다. 즉, 방송통신위원회는 「방송법」 제73조 제4항 및 「동법 시행령」 제59조 제3항 및 제4항에 공익광고에 대해 이미 규정하고 있다. 이에 따라 각 부처에서 필요한 경우 공익광고를 제작하여 지상파방송사나 전광판방송 사업자 등을 통해 방송하고 있으므로 별도의 공익광고 관련 규정이 불필요하다는 의견이 있을 수 있다. 그러나 이와는 별도로 관련 조항을 「통일교육지원법」 에 규정할 경우 통일교육에 대한 이해를 증진하는 홍보영상의 필요성에 대한 관심이 제고될 수 있으므로 개별법에 관련 규정을 두는 것이 타당하다고 본다.

　참고로 「결혼중개업의 관리에 관한 법률」, 「가정폭력방지 및 피해자보호 등에 관한 법률」, 「아동복지법」 등에서도 위와 유사한 조항이 규정되어 있다. 특히 2015. 12. 1. 개정된 「다문화가족지원법」에서 다문화가족의 이해증진을 위하여 홍보영상을 제작하고, 이것을 「방송법」 제2조 제3호에 따른 다른 방송사업자에게 배포하도록 하는 규정(「다문화가족지원법」 제5조)을 신설한 것은 「통일교육지원법」 개정에도 참고할 만하다.[60]

---

60) 소성규, 앞의 논문, 104-105면.

우리사회에 다문화가족의 이해증진을 알리기 위해 개별법인 「다문화가족지원법」에 홍보 규정을 신설한 점은 통일교육에 그대로 적용될 수 있다. 다문화가족에 대한 이해증진 못지않게 통일교육의 중요성을 알리는 것도 필요하기 때문이다.

개정안을 제시하면 다음과 같다.

현 행	개 정 안
제8조의2(학교의 통일교육 진흥) ①,②,③,④,⑤. (생략)	제8조의2(학교의 통일교육 진흥) ①,②,③,④,⑤. (현행과 같음)
<신설>	⑥ 통일부장관은 교육부장관과 협의하여 대통령령으로 정하는 바에 따라 초·중등학교의 통일교육 인식개선과 홍보를 위해 필요한 경비의 전부 또는 일부를 지원하여야 한다.
<신설> 제8조의3(홍보영상의 제작·배포·송출)	제8조의3(홍보영상의 제작·배포·송출) ① 통일부장관은 통일교육 등에 관한 홍보영상을 제작하여 「방송법」 제2조제3호의 방송사업자에게 배포하여야 한다.
<신설>	② 통일부장관은 「방송법」 제2조제3호가목의 지상파방송사업자에게 같은 법 제73조제4항에 따라 대통령령으로 정하는 비상업적 공익광고 편성비율의 범위에서 제1항의 홍보영상을 채널별로 송출하도록 요청할 수 있다.
<신설>	③ 제2항에 따른 지상파방송사업자는 제1항의 홍보영상 외에 독자적인 홍보영상을 제작하여 송출할 수 있다. 이 경우 통일부장관에게 필요한 협조 및 지원을 요청할 수 있다.

(9) 통일교육의 수강 요청 등, 통일교육 전문강사의 양성(제9조)

현 행
제9조(통일교육의 수강 요청 등) ① 통일부장관은 통일교육을 하는 자, 남북교류·협력사업에 종사하는 자, 통일대비업무에 종사하는 자, 그 밖에 통일교육을 받을 필요가 있다고 인정되는 자에게 통일교육을 받도록 요청할 수 있다.   ② 통일부장관이 제1항에 따라 통일교육대상자를 선정하려면 미리 해당 행정기관 또는

단체의 장과 협의하여야 한다.
제9조의2(통일교육 전문강사의 양성) ① 통일부장관은 통일교육 전문과정을 개설하여 그 과정을 수료한 사람에게 통일교육 전문강사 자격을 부여할 수 있다.
② 통일부장관은 제1항에 따라 자격을 부여한 전문강사를 대상으로 재교육 등 지속적인 관리를 하여야 한다.
③ 제1항에 따라 개설되는 통일교육 전문과정의 운영 및 제2항에 따른 재교육 등에 관한 구체적인 사항은 통일부장관이 정한다.

(10) 통일교육위원 역할론(제10조의2)

현 행

제10조(통일교육협의회) ① 통일교육을 하는 자는 효율적인 통일교육을 위한 협의·조정, 그 밖에 상호 간의 협력증진을 위하여 통일부장관의 인가를 받아 통일교육협의회(이하 "협의회"라 한다)를 설립할 수 있다.
② 협의회의 조직과 운영 등에 필요한 사항은 대통령령으로 정한다.
제10조의2(통일교육위원) ① 통일부장관은 통일교육 활동을 통하여 대국민 통일의지와 역량을 강화함으로써 평화통일 기반조성에 기여하기 위하여 통일교육위원을 위촉한다.
② 통일부장관은 다음 각 호의 어느 하나에 해당하는 사람 중 성별을 고려하여 통일교육위원으로 위촉한다.
1. 각급 교육기관 및 지역사회에서 통일교육 활동에 적극 참여하고 있는 사람
2. 제9조의2에 따라 통일교육 전문과정을 수료한 사람
3. 그 밖에 통일문제에 관한 지식과 경험이 풍부한 사람으로 통일부장관이 인정하는 사람
③ 통일교육위원은 다음 각 호의 활동을 수행한다.
1. 통일교육의 실시
2. 통일교육 관련 행사의 지원
3. 그 밖에 통일교육 활성화를 위한 사항으로 통일부장관이 필요하다고 인정하는 활동
④ 통일부장관은 통일교육위원에게 예산의 범위에서 통일교육 활동에 필요한 경비를 지원할 수 있다.
⑤ 이 법에 따른 통일교육을 실시하는 기관, 단체 등은 통일교육위원의 활동을 장려하기 위하여 각종 행정적 지원을 할 수 있다.
⑥ 통일부장관은 통일교육위원으로 위촉된 사람이 다음 각 호의 어느 하나에 해당하는 경우 해촉할 수 있다.
1. 제3조에 따른 통일교육 기본원칙에 위배되는 통일교육을 실시한 경우
2. 직무와 관련된 비위사실이 있는 경우
3. 직무태만, 품위손상, 그 밖의 사유로 인하여 위원으로 적합하지 아니하다고 인정되는 경우
4. 심신장애로 인하여 직무를 수행하기 어려운 경우

> 5. 위원 스스로 직무를 수행하는 것이 곤란하다고 의사를 밝히는 경우
> ⑦ 통일교육위원의 위촉 및 해촉 등에 필요한 사항은 대통령령으로 정한다.

통일교육 업무 추진체계에서 중앙정부(통일부)의 역할과 함께 통일부는 「통일교육지원법」상 통일교육위원을 위촉하여 통일교육 업무에 역할을 하도록 하고 있다. 즉, 통일부장관은 통일교육지원법 제10조의2에 따라 통일교육 활동을 통하여 대국민 통일의지와 역량을 강화함으로써 평화통일 기반조성에 기여하기 위하여 임기 2년의 통일교육위원을 위촉하고 있다.

문제는 헌법기관으로서의 민주평화통일자문회의 위원들과의 형평성 문제이다. 민주평화통일자문회의 위원의 위촉 근거는 「헌법」이고, 대통령이 임명한다. 반면에 통일교육위원은 「통일교육지원법」에 따라 통일부장관이 임명하고 있다. 「헌법」과 법률이란 위촉근거가 다르다고 하여 예산 및 제도적 지원에서 차이가 있는 것은 문제의 소지가 있다.

아울러 통일교육위원들은 그들의 정체성에도 의문을 제기하고 있다. 통일교육위원으로 위촉되는 사람은 "각급 교육기관 및 지역사회에서 통일교육 활동에 적극 참여하고 있는 사람, 제9조의2에 따라 통일교육 전문과정을 수료한 사람, 그 밖에 통일문제에 관한 지식과 경험이 풍부한 사람으로 통일부장관이 인정하는 사람"이다. 법적 표현상으로는 통일교육을 하는 위원 내지 통일교육 강사라고 생각할 수 있다. 실제 통일교육위원들의 추천과 위촉과정을 살펴보면 해당지역 각 분야에서 통일교육과 관련하여 훌륭하신 분들을 위촉하고 있다. 그러나 위촉 후 실제 일선에서 통일교육 관련 강의를 하는 사람들은 많지 않다. 통일부의 통일 관련 행사에 참여하거나 통일교육에 관한 의견을 건의하는 사람들 정도로

생각하고 있는 것 같다. 현실적으로는 통일교육자문위원 역할 정도로 여기고 있는 듯하다. 만약에 통일교육자문위원 정도의 역할이라면, 「통일교육지원법」 개정을 통하여 통일교육위원이란 명칭 대신에 통일교육자문위원으로 명칭을 변경하는 방안도 생각해 볼 수 있다. 만약 현재대로 통일교육위원이란 명칭을 사용한다면, 통일교육위원들이 통일교육에 보다 적극적으로 참여하고, 자기 역할을 할 수 있는 방안 마련이 필요하다.

한편 「통일교육지원법」에는 통일교육을 실시함에 있어서 그간 통일교육의 기본원칙에 위배되는 부적절한 교육을 실시하거나 교육수행에 문제가 있는 통일교육위원의 해촉 근거를 만들었다. 「통일교육지원법」에는 통일교육위원의 해촉 근거는 있지만, 통일교육위원들의 활성화를 위한 제도적 지원 규정은 제10조의2 제4항, 제5항의 임의규정 성격의 규정이 있는 정도이다. 실제 통일교육위원으로서의 역할을 다할 수 있는 법 규정 개정과 정책적 배려가 필요하다.

개정안을 제시하면 다음과 같다.

현 행	개 정 안
제10조의2(통일교육위원) ①, ②, ③. (생략)	제10조의2(통일교육위원) ①, ②, ③. (현행과 같음)
④ 통일부장관은 통일교육위원에게 예산의 범위에서 통일교육 활동에 필요한 경비를 지원할 수 있다.	④ 통일부장관은 통일교육위원에게 예산의 범위에서 적극적인 통일교육 활동과 역량강화를 위해 필요한 경비를 지원하여야 한다.

(11) 고발 등(제11조) : 통일교육에 대한 지원법으로서의 기능

「통일교육지원법」 제11조는 "통일교육을 하는 자가 자유민주적 기본질서를 침해하는 내용으로 통일교육을 하였을 때에는 수사기관에 고발하여야한다"는 규정을 두고 있다.

법 명칭에 나타나 있듯이 「통일교육지원법」은 통일교육에 대한 지원법으로서의 성격을 지니고 있다. 따라서 「통일교육지원법」의 취지에 위반하여 통일교육을 하는 자는 다른 관련법을 적용해 처벌이 가능하다. 통일교육 활성화 차원과 통일교육에 대한 지원법으로서의 기능을 다하기 위해서 「통일교육지원법」 제11조는 삭제되어야 할 것이다.[61]

현 행	개 정 안
제11조(고발 등) 통일부장관은 통일교육을 하는 자가 자유민주적 기본질서를 침해하는 내용으로 통일교육을 하였을 때에는 시정을 요구하거나 수사기관 등에 고발하여야 한다.	삭제

---

61) 같은 취지: 김창환, 앞의 논문, 50면 ; 김병연, 앞의 논문, 125-126면.

제2장 38선의 역사와 변천

제1절 38선의 정의

> 북위 38도의 한반도 분할선(38선(三八線, 38th parallel)은 일본제국의 항복직후인 1945년 8월부터 1950년 625 한국전쟁시 북한의 남침으로 무효화될 때까지 미군과 소련군이 일본의 항복접수와 무장해제 그리고 한반도 분할 통치를 위해 북위 38도 위선을 기준으로 설정한 총 길이 312Km의 경계선이다. 이후 1953년 7월 27일 정전협정으로 설정된 휴전선이 현재의 남북분단의 경계선이 되면서 역사적 지명으로 남게 되었다.

[그림 2-1] 38선의 옛모습

(사진출처 : 충청메시지 2018.04.30. 저주의 38선 누가 왜 그었을까?)

제2절 38선의 현재와 역사

38선의 현재성

역사는 과거에 속박된 채 머물러 있는 것이 아니라 그 역사와 역사적 공간을 경험하고 있는 사람들의 현재적 삶에도 직·간접적인 영향력을 행사하는 '현재성'을 담고 있다. 대다수 역사적 사건에 관한 연구들은 역사적 사건에 붙박여 연구가 진행되어왔는데 이러한 점에서 포천시 38선 연구와 관련 고증도 예외가 아니다. 기존의 포천시 38선 연구와 관련 역사 고증들은 역사적 사료와 생존자 및 전문가 등을 통한 자문 등을 토대로 포천시 38선을 둘러싼 해방, 분단, 전쟁 등에 대한 복합적인 역사성 분석하는 데 집중되어 있다.

본 연구는 포천시 38선이 갖는 평화적 가치를 현대적으로 계승하기 위한 기초 작업이다. 다만 포천시 38선의 복합적인 역사성을 연구할 때, 여전히 규명되지 않고 있는 지점은 포천시 38선에 대한 지역민의 기억 양상과 그에 따른 의미이다.

이러한 연구 경향은 최근 역사학에서 주목받고 있는 역사적 사건을 둘러싼 아래로부터의 기억과 기록되지 않은 경험이 갖는 위상과 관련된 것이다. 이 연구에서는 국가 중심, 기록중심의 역사가 아닌, 포천시 38선의 복합적인 역사성을 직·간접적으로 경험한 지역민과 현시대를 살아가는 시민들은 포천시 38선을 둘러싼 분단·통일·평화적 가치를 어떻게 인식하며, 이러한 인식을 어떻게 구성해 나가는지를 분석하였다. 또한 역사적 사건의 의의를 이미 주어진 사료에 대한 분석에 그치지 않고, 그 역사적 사건의 현재적 의의를 현시대의 맥락과 의미를 중시하는 해석론적, 발견론적 관점에서 규명하고자 한다. 위의 두 가지 문제의식과 방법론에 기초하여 포천시 38선 평화공원 컨텐츠를 개발하고, 다양한 활용방안을 제시하는 것은 의미가 있다.

기억으로써의 역사

한 개인이 생애사에서 경험하는 역사는 '개인적' 경험과 '간접적' 경험이라는 두 가지 층위가 혼재되어 있다. 대개 사람들이 경험하는 역사적 사건은 특정 역사와 관련된 것과 상관없이 동일하게 개인화된 간접적인 역사이며, 이러한 경험은 한 개인의 생애사에서 나타난다. 물론 일반인들이 텍스트로 접하게 되는 개인적이고도 직접적인 역사경험은 증언(록)과 체험담 등에 기초하고 있고, 이러한 자료들은 '기억 서사(memory narrative)'라는 작업을 거치게 된다.

어떠한 경험은 '은폐'되거나 아니면 '미화' 혹은 '확대·과장'되곤 한다. 특히 전쟁과 식민화에 대한 역사경험은 이데올로기적 정체성 문제와 뒤엉켜 표출되며, 이러한 경험들은 취사선택의 기억으로 남게 될 가능성이 높다.(도날드 A. 리치 엮음, 선동유 외 역, 2016; 145)

전쟁과 식민화에 대한 역사가 텍스트화된 판본으로 선택되는 과정에는 국가가 개입 혹은 국가의 개입을 필요로 하게 된다. 국가는 특정 역사석 사건의 발생 배경과 전개 양상, 그 사건의 의미 등을 제시하며, 그 과정에서 역사체험(경험)은 편집되게 됨. 이런 맥락에서 얀 반시나(Jan Vansina)는 역사적 기억작업에 활용되는 구술자의 기억을 "편집된 판본"이라고 평가한다.(얀 반시나 저, 윤택림 편역, 2010: 61)

망각과 기억투쟁의 산물로서의 역사

역사는 상징투쟁 양상으로 전개되는 "기억투쟁의 산물"이기도 하다. 나탕 바슈텔(Nathan Wachtel)의 표현을 빌리면, 역사적 기억을 두고 많은 집단들은 "위로부터 강요된 하나의 기억을 인정하기를 거부하고 그들의 뿌리를 다시 발견하려고 노력"했으며 그 과정에서 "공적인 역사에 반대함으로써 자신들을 주장하는 대안적 기억들이"나타난다고 하였다.(나탕 바슈텔 저, 윤택림 편역, 2010: 115) 기억투쟁의 관점으로서의 역사서술이 갖는 중요성이 부각되기 시작한 배경이다.

1980년대에 본격화된 독일 나치즘으로 인해 희생된 유대인 학살에 대한 재평가 문제를 둘러싸고 생존자들이 간직한 '기억'의 중요성과 1990년대 전후 독재국가들에서 나타났던 '과거청산운동' 때문이다.

1980년대 말부터 시작된 세계사적 변화와 그 과정에서 구소련 사회주의체제의 해체와 유럽연합(EU)의 확장도 역사서술을 기억이라는 렌즈에 비춰 재조명하는 데 기여했다.(육역수, 2013: 266-267) 1980년대 말부터 국내 역사학계에서도 역사적 기억을 둘러싼 논쟁에 주목하기 시작하기 시작했으며, 특히 전쟁, 식민화, 민주화 등을 경험했었던 사람들의 증언들이 구술사(oral history) 형식으로 채집되면서 역사적 기억에 대한 관심이 촉발되었다. 1987년 민주화의 열망과 함께 희생자의 입장에서 역사를 재평가하는 아래로부터의 역사학이 자리잡을 수 있는 계기가 마련되었다. 이와 관련하여, 육영수는 "냉동된 기억을 햇빛 속"으로 나오게 했다고 평가했으며, 이와 관련된 대표적인 사례가 '제주 4·3 사건', '한국전쟁 당시 민간인 학살사건', '광주민주화 운동', '일본군인의 성노예를 강요받았던 위안부 할머니들의 사례' 등이다.(육영수, 2013: 268)

국내외적으로 기억투쟁으로서의 역사서술이 주목을 받으면서, 기존의 역사서술에서 크게 주목받지 않았던 개인의 인권문제에 주목하기 시작하였다. 지금까지 역사적 사건이 발생 배경, 진상, 피해, 담론, 기억 문제를 중심으로 이루어졌다면, 최근에는 개인이 경험한 인권 유린, 성폭력, 생존노동 등에 대한 분석이 이루어지고 있다. 물론 기록의 형태로 남게 되는 역사서술 역시 기억과 망각의 문제에서 결코 자유롭지 않다.(박상란, 2019: 310)

이렇듯 승자의 입장이 아닌, 희생자의 입장에서 과거 역사를 재평가하는 '아래로부터의 역사학'이라는 시각이 주목하고 있다는 점은 역사서술의 측면에서 볼 때 긍정적이라고 평가할 수 있다. 특히 아래로부터의 역사는 역사를 '남겨진 과거'의 문제로 남겨두는 것이 아니라 사회 구성원들 사이에서 소통되고 목적의식적으로 구축하는 문제로 이해할 수 있다.(Foote, Kenneth E., 1990: 340)

기억투쟁으로서의 포천시 38선이 갖는 의의는 해방, 분단, 전쟁이라는 '역사적 사건(historical event)' 그 자체에 주목하는 것이 아닌, 해방, 분단, 전쟁이 포천시 38선 인근의 지역민들의 삶에 미친 영향과 그 과정에서 살아남기 위해서 발버둥쳤던 지역민들의 삶의 궤적에 주목하는 것과 포천시 38선 인근의 지역민들이 말하는 삶의 이야기에서 포천시 38선이 갖는 평화적 가치를 발굴하는 것이다. 이러한 작업들은 포천시 38선 평화공원 컨셉 제시와 관련 컨텐츠를 제시하는 데 있어서 반드시 검토해야 하는 작업이다.

생성적 관점으로서의 역사

현재 포천시 38선에 대한 역사에서 주목해야 하는 또 다른 지점은 '생성'이다. 현 시대를 살아가는 일반인들에게 역사(경험)란 무엇인가?라는 물음에 새로운 답을 찾기 위해서는 "기억과 망각"사이의 도식이 아닌, 또 다른 측면에 주목할 필요가 있다. 최근 역사적 기억에 대한 이론적 논의의 주된 관심이 공식적으로 서술된 기억과 공식적 기억에 포함되지 못한 '대안적 기억(counter-memory)'이 이데올로기적으로 올바른 역사서술을 둘러싼 문제라면, 이 연구를 관통하는 또 다른 문제의식은 오늘날 새롭게 인식되어야 할 역사는 일반인들에게 "생성되는 역사(기억)과 생성된 역사(기억)의 재구성"이다.

이는 역사경험이 합리적이거나 목적의식적 방식으로 이루어지지 않고, 개인적 경험 혹은 감정을 따른다는 것을 전제하며, 이제까지 "역사적인 것"이라고 생각하고 받아들여왔던 통념에 대한 재고를 요하는 것이다. 이 문제는 대안적인 자기 생성적 역사(경험)에 대해 이미 존재하는 가시적 사례를 발견하고, 이를 '역사-나'라는 관점에서 새롭게 사유하는 것이다. 물론 "이것이 진짜 역사인가"라는 질문이 제기될 수 있다. 그렇지만 역사를 '과거에 대한 기억하기(remembering the past)'로 남겨두는 것이 아니라 '현재와 소통하기(communication the present)'로 본다면, 새롭게 생성되는 관점으로 역사(경험)를 다루는 일은 매우 자연스러운 현상이라고 할 수 있다.

현재 포천시 38선이 갖는 의미를 기억과 망각이 아닌, 생성적 관점에서 보면, 현시대를 살아가는 사람들의 개인사에서 포천시 38선이 차지하는 의미에 주목하는 것이다. 이는 해방, 분단, 전쟁이라는 과거의 역사적 의미에 함몰되는 것이 아닌, 포천시 38선의 현재적 가치에 주목하는 것이다. 이러한 측면들을 고려하여, 포천시 38선 평화공원의 주요 컨셉으로 평화적 공간의 재발견과 도시적 공간의 재창조에 주목하고 있다. 포천시 38선 평화공원의 주된 컨셉은 평화적 공간의 재발견과 도시적 공간의 재창조, 분단성을 넘어서는 공간화, 공적 공간의 사적 공간화 그리고 새로운 평화적 공간의 발명이다.

제3절 38선의 역사 고증

원한의 상징이자 분노의 표상 38선

　38선은 한반도를 양분화하여 분단국가가 된 가장 결정적인 계기이자 시발점이며 6·25전쟁의 원인이다. 식민지 한국은 독립을 원하였지만 광복과 함께 찾아온 것은 38선에 의한 분할이었다. 한국인은 한국의 동의 없이 미국이 일방적으로 획정한 38선으로 인하여 분단과 6·25전쟁을 겪었으며 한반도를 현재에 이르기까지 분단국가가 되어버린 것에 대해 원망스럽고 불만족하고 있다. 그리고 누가 왜 북위 38도선을 선정했을까에 대한 의문도 가지고 있다.

　38선은 하나였던 한반도의 허리를 관통하며 12개의 강과 75개 이상의 샛강을 단절시키고 수많은 높은 산봉우리를 가로질렀으며 181개의 작은 우마차로·104개의 지방도로·15개의 전천후 도로·8개의 상급 고속도로·6개의 남북간 철도도 단절하였다.

　38선 획정에 있어서 한국의 의견이 미반영되었을 뿐 아니라 분할에 대한 계획 없이 강대국의 입장에서 급하게 획정되었기 때문에 자연지형을 고려한 일반적인 국경과는 달리 분할에 의한 문제점이 발생하였다. 한국인에게는 38선은 긍정적 이미지보다는 부정적 이미지가 강하게 나타나게 되었다.

　38선 획정에 대해 학계의 견해도 나뉘어지는데 한국측 학자들은 분단의 원인이 누구에게 책임이 있느냐에 주목하고 있다. 반면 외국의 학자들은 어떤 이유에서 행해진 상황일까에 대해 주목하고 있다. 누구에게 책임을 물어야 한다는 것은 한국민족의 피해의식이 표현된 것으로 분단

의 원인을 상황논리에 따라 검토되어야 한다는 견해가 타당하다.[1]

38선의 획정에 대해서 알아보기 위해서는 당시의 주요 사건과 국내외 상황을 살펴볼 필요가 있다. 무엇이 사실일지 왜 그랬는지 무엇이 중요했는지 몰라도 당시의 사건과 상황을 통해 '38'에 대해 추론해 보는 것이 가장 합리적이기 때문이다.

38선관련 주요 회담 - 카이로회담

카이로 선언(Cairo Declaration)은1943년 11월 27일 미국, 영국, 중화민국의 3개의 연합국이 이집트에서 발표한 공동선언이다. 연합국의 승리가 예견되는 가운데 태평양전쟁을 일으킨 일본에 대하여 군사적 대응을 하기로 의견합치한 회담으로 승전이후 일본이 점령한 영토 및 식민지에 대한 방안을 논의하였다. 주요내용으로는 일본에 대한 전략과 승전후 자국의 영토확장을 도모하지 않겠다는 것, 중국의 영토회복, 일본의 무조건적 항복[2], 일본이 탈취 또는 점령한 식민지 박탈, 그리고 한국의 독립을 보장한 것이다. 한국과 관련해서는 조선인들이 노예상태에 있음을 유의해 적절한 절차를 거쳐 조선을 자유롭게 독립시킬 것임을 결의한다는 특별조항을 넣었는데 조선의 자유독립국가보장조항(Pledge Free Korea)이다. 우리나라의 독립문제가 처음으로 국제적으로 논의된 것에 큰 의미가 있다.

태평양과 대서양에서 전쟁을 수행중인 미국의 입장에서는 소련에 의

---

1) 신복용, "한반도 분할의 내용"-왜 하필이면 38선이었을까?", 현대이념연구 제5집, 1987년, 50면.
2) 일본은 1945년 5월 한국과 대만을 식민지로 갖는 것을 조건으로 전쟁중지를 요청한 바가 있다. 이후 일본의 무조건적 항복이라는 조항은 우리나라 광복의 중요한 근거가 되기도 한다.

해 전장이 정리되어가는 대서양쪽보다는 항복없이 자결을 선택하며 저항하는 태평양전쟁의 적군인 일본이 문제였다. 미국은 자국국인들의 피해를 줄이기 위해서 일본군을 미얀마에 묶어두고 싶었던 속내에 의해 카이로 회담이 진행하였다고 보는 것이 합리적인 의심이다. 미얀마는 중국과 국경을 맞대고 있고 영국의 식민지였던 인도와도 국경을 접하고 있으며 대서양에서도 가장 가까운 지형적 특성을 반영하여 미얀마에 일본군과의 전장을 좁히고 싶었기 때문이었을 것이다.

회담에서 장제스는 조선의 독립을 주장하였지만 반면 처칠은 조선의 독립에 대해 반대의 의견을 냈다. 처칠은 전후 식민지를 통해 경제복구를 해야 하는 입장에서 식민지를 독립시킨다는 것은 부담이었을 것이기 때문이다. 처칠은 반대하였으나 장제스가 강력히 요구함에 따라 루즈벨트는 즉시라는 표현 대신 적절한 시기로 수정을 제안했고 결국 처칠의 의견인 적절한 절차에 의해로 수정안이 반영된다. 왜 장제스가 조선의 독립을 이토록 주장하였는가에 대해 김구(임시정부) 주도설과 이승만 주도설[3]로 견해가 나뉘지만[4] 임시정부의 기록과 대만의 기록에 의해 입증된 임시정부의 개입설이 타당하다고 생각된다.

---

[3] 이승만 주도설을 주장하는 입장은 조선의 독립이 선언문에 기입된 것은 초안을 작성한 미국인 해리 홉킨스에 의한 것이으로 약소국들을 구하는 전쟁을 벌인 루즈벨트의 철학과 그의 측근인 해리 홉킨스가 결합한 기적이라는 것이다. 이에 대한 근거로 백악관 문서기록관인 코넬리우스의 기록에 의하면 자신은 홉킨스 특별보좌관이 부르는대로 타이프를 받아 찍었다고 증언이 있다는 것이다. 장제스는 청일전쟁이전으로 중국의 영토와 식민지를 되돌려 받기를 원했기 때문이라고 평가하고 있다고 평가한다. 이승만과 홉킨스가 미의회내 감리교 출신 의원들과 왕성한 교류가 있었던 점을 감안하면 친분이 있었다는 점과 이승만이 루즈벨트 대통령의 부인인 일리노어 루스벨트 여사가 미국적십자 총재를 맡고 있던 때에 토론회에서 일본의 거짓 증언을 밝히는 데 앞장서 일본에 대한 좋지 않은 인상을 갖도록 정보를 제공했다는 것을 근거로 제시하고 있다.

[4] 동아일보, 카이로 선언의 '한국 독립 결의' 누가 이끌었나. 2014.3.19.

1943년 7월 26일 김구를 포함한 임시정부[5] 요원들은 장제스를 만나기로 하고 한국독립을 지지해달라 요청하였으며 특히 외교부장인 조소앙은 독립을 지지하고 반드시 관철시켜줄 것을 요구하였다.

장제스는 일본을 상대로 그렇다할 전과를 내지 못했던 중국군에 비해 윤봉길 의사와 같이 일본을 상대로 큰 성과를 거둔 조선의 투쟁에 큰 관심을 가지고 있었기 때문에 임시정부의 요청을 보다 신중히 반영하였을 것이다.

이후 1943년 11월 카이로회담을 마치고 미국과 영국은 테헤란 회담을 위해 이동한다. 테헤란 회담은 중국이 빠지고 소련이 참가하게 된다. 미국의 루즈벨트 대통령은 테헤란 회담에서 한반도를 40년간 신탁통치가 필요하다고 주장하는데 미국은 소련을 위시한 사회주의를 견제하여야 했고 식민지 독립운동세력의 세력을 차단할 필요가 있는 입장이었음을 반영하고 있다고 생각된다.

38선관련 주요 회담 - 얄타회담

얄타회담(Yalta Conference, Crimea Conference)은 1945년 2월 미국, 영국, 소련이 크림반도 얄타에서 전후 패전국 독일에 관한 문제, 폴란드, UN설립, 일본과의 전쟁에 관한 의견을 나눈 회담이다. 소련의 스탈린은 도청을 통해 미국과 영국의 정보를 사전에 확보하여 전후 자국의 이익을 챙기고자 하였고 결국 원하는대로 회담은 진행되었다. 미국의 루즈벨트 대통령은 독일과의 전쟁에서 소련의 역할을 인정할 수밖에 없었던

---

[5] 1940년 9월 창설된 임시정부의 광복군은 중국국민당과 동맹군이라 할 수 있으며 1941년 12월 임시정부는 일본을 상대로 선전포고를 한다.

점과 태평양전쟁에서 미군의 피해를 줄이기 위해서라도 소련의 참전이 필요하였기에 소련의 요구에 상대적으로 응하게 된다. 회담후 2달후 사망한 루즈벨트 대통령이 체력적인 문제점도 있었겠지만 종전과 평화를 위해 미국과 소련의 협력이 필요하다는 생각도 원인으로 보인다.

미국은 소련의 태평양전쟁 참전을 요구하는데 소련은 이에 사할린과 쿠릴열도 영유권, 만주의 철도이용권, 뤼순과 다렌의 항만 이용권을 요구한다. 미국은 장개석의 동의없이 약정하기 어려운 부분이었지만 동의해버린다. 사견으로 일본의 영토를 분할하는 안을 대신하여 한반도를 독일과 같이 분할하고자 한 것에 대한 밀약이 있었지 않았을까하는 생각도 해본다.

얄타회담으로 미국은 UN창설과 소련의 태평양전쟁의 참전을 얻었낸 것으로 만족했다. 얄타회담은 서류상 존재하는 것이었기에 소련은 협상 3주만에 루마니아를 공산화하였으며 폴란드 선거에서도 약속을 지키지 않았다. 하지만 스탈린은 1945년\ 8월 8일 얄타회담의 약속대로 일본에게 선전포고를 하고 만주군을 공격하고 9일에는 한반도에 진힙하게 되는 계기가 되는데 이는 미국도 생각하지 못한 결과이다.

루즈벨트는 사망했고 처칠은 낙선하면서 당사자가 없어진 회담이 되었고 이후 냉전의 시작점이 된다.

38선관련 주요 회담 - 포츠담회담

포츠담 회담(Potsdam Conferen ce, Berlin Conference of the Three Heads of Government of the USSR, USA, and UK)은 1945년 7월 17일 소련, 영국, 미국등이 독일 포츠담에서 항복한 독일의 통치문제를 포함한

제2차 세계대전 이후의 유럽의 전후질서 구축문제를 논의한 회담이다. 이 회담의 결과는 포츠담협정으로 문서화되었다. 이와 별도로 미국의 주도로 일본에 대한 처리문제가 논의하여 포츠담선언을 공포하였다. 포츠담 선언의 주요 내용은 일본의 항복에 대한 13개 항목이다.

38선관련 주요 회담 - 모스크바 삼국외상회의

모스크바 삼국외상회의(모스크바 三相會議)로 알려져있다. 모스크바 삼국외상회의는 1945년 12월 미국, 영국, 소련의 외무장관 회의이다. 제2차 대전이후 일본의 점령지구에 대한 관리문제와 함께 얄타회담에 따른 조선의 독립문제를 거론하였다. 합의문에는 조선에 관한 문단은 4개의 항으로 이루어져있다. 1) 조선을 독립국가로 재건설하며 일본의 통치의 참담한 결과를 청산하기 위하여 공업, 교통, 농업과 민족문화의 발전에 필요한 모든 시책을 취할 조선 임시 민주주의 정부를 수립할 것, 2) 조선 임시정부 구성을 원조 및 적절한 방책의 초안 구체화를 위하여 남조선 미합중국 사령부, 북조선 소련사령부의 대표자들로 공동위원회를 조선의 민주주의 정당 및 사회 단체와 협의하여 설치하여 위원회가 작성한 건의서는 공동위원회에 대표를 둔 두 정부의 최후 결정전 미, 영, 소, 중 정부의 참작을 위해 제출. 3) 조선의 정치적, 경제적, 사회적 진보와 민주주의적 자치 발전 및 조선 독립국가 수립을 돕고 협력하기 위한 방안을 만드는 것은 조선 임시 민주주의 정부 및 조선 민주주의 단체의 참여하에 공동위원회가 할 역할이며 최고 5년 기간의 4개국 신탁통치 협약을 작성하는데 미, 영, 소, 중 정부와 공동으로 참작할 수 있게 조선 임시 정부와 협의후 제출, 4) 남북 조선과 관련된 긴급한 제 문제 고려 및 남조선의 미합중국 사령부와 북조선의 소련 사령부 사이의 행정, 경제 문제의 영원한 조화를 확립하는 조치의 구체화를 위해 2주 이내에 미국과 소련 사령부 대표회의를 소집

조선에 관한 결정은 결국 신탁통치안이다. 모스크바 3상회의의 결정은 12월 28일과 29일에 국내에 전달되었는데 보도내용6)은 5년동안 신탁통치를 하게 되었다는 점과 미국은 즉각적인 독립을 제의했으나 소련이 신탁통치를 고집하여 그렇게 되었다는 미국의 오보가 반영되었다. 이로 인하여 한반도는 좌우익의 극심한 분열을 가져온다.

1945년 미국과 소련의 상황

제2차세계대전에서 일본의 가장 큰 오판은 미국의 태평양 참여를 제한하기 위해 진주만을 공습한 것이다. 이를 계기로 미국은 2차 세계대전에 참전하게 되었기 때문이다. 미국은 1942년 6월 미드웨이 해전(Battle of Midway)에서 돌이킬 수 없는 피해를 입히며 크게 승리하였고 일본이 본토수호를 위해 절대국방권(絶対国防圏)이라 사수하고자 하였던 미라아나 제도의 사이판7)을 1944년 6월 점령하면서 일본은 사실상 미국의 상대가 되지 않음을 입증되었다.

---

6) 『東亞日報』, 1945년 12월 27일 ; 『新朝鮮報』, 1945년 12월 7일 ; 『中央日報』, 1945년 12월 27일.
7) 사이판이 절대국방권과 함께 중요시 되는 것은 사이판을 내어줄 경우 미군의 B-29 폭격기에 의해 일본본토가 사정거리에 들어오기 때문이다. 사이판 전투는 일본군과 구분이 어려웠던 특성상 민간인의 희생이 많았는데 비극적인 것은 일본의 히로히토 천황은 민간인에게도 자살하라고 칙명을 내리면서 사후 전사자와 같은 예우와 명예를 누릴 것이라고 하였다. 이는 방송으로 전달되었으며 옥새가 찍힌 명령서로 확인되었다. 민간인들은 히로히토의 약속을 믿으며 사이판의 자살절벽과 만세절벽에서 뛰어내렸으며 특히 가족단위로 투신하는 경우도 있었다.

미국은 일본의 주요 도시를 포함하여 공습하였고 포츠담 선언에서 일본에게 무조건 항복을 강요했으나 일본은 대만과 한반도를 잃고싶지 않아서인지 대만과 한반도를 포기하지 않은 조건을 내걸어 무조건 항복을 받아들이지 않았다.

1945년 8월 6일 히로시마시에 리틀보이와 8월 9일 나가사카시에 팻맨이 떨어지면서 사실상 태평양전쟁(Pacific War)에서 미국이 승리하게 된다.

[그림 2-2] 미국의 핵무기 사용

좌(리틀보이 : 8월 6일 히로시마) 우(팻맨 : 8월 9일 나가사키)
출처 : 위키백과

이후 미국이 제시한 포츠담 선언(Potsdam Declaration)을 일본제국이 수용[8]을 발표함으로 종전된다. 1945년 9월 일본을 독일과 같이 분할점

---

8) 일본의 항복(영어: Surrender of Japan, 일본어: 日本の降伏)은 일본 제국이 1945년 8월 14일에 연합국에 통보하고, 8월 15일 낮 12시에 쇼와 천황이 연합국이 내민 포츠담 선언의 수용을 발표한 것을 말한다. 9월 2일에는 일본의 도쿄만 요코하마에 정박 중이던 미국 전함 USS 미주리 (BB-63) 선상에서 일본 대표 시게미쓰 마모루 외무대

령하려고 하였던 연합국은 일본제국의 빠른 항복으로 미국이 단독 점령하게 된다.

일본은 이로써 주권을 상실하고 연합군의 점령통치가 시작된다. 이로써 일본제국(日本帝國)에서 일본국(日本國)이 된다.

1945년 4월 12일 프랭클린 D. 루즈벨트 대통령의 뇌출혈로 사망함에 따라 해리 S. 트루먼이 미국의 33대 대통령이 된다. 국가주의자인 트루먼은 소련의 희생을 인정한 국제주의자인 루즈벨트에 비해 소련의 역할을 평가절하하였다. 독일이 항복한 1945년 5월 8일에는 대소무기대여를 급작스럽게 중단하였다. 소련의 승리는 미국의 도움이 있었기에 가능하다고 평가하였다. 트루먼정부는 루즈벨트에 의해 소련의 대일본전 참전 권유정책에 대해 회의적이었다[9].

미국의 주요 관심사는 유럽에서의 전황이었다. 한편으로는 진주만 공습으로 태평양전쟁에 참전한 미국에게 있어 항복없이 자결로 대항하는 일본군은 무모할지언정 두려움의 대상이었으며 미군의 피해를 주고 있었기 때문에 조속한 정리가 필요한 상황이었다. 하지만 루즈벨트에 비해 트루먼은 소련의 참전을 원하지 않았으나 특별한 계략이 없었기에 소련의 참전을 요구하고 있었다. 포츠담 회담이 개최되기 전 미국은 일본의 암호 해독을 통해 일본과 소련의 접촉을 알게 된다. 미국은 일본의 조기 항복과 소·일 밀월협약을 통하여 얄타에서 제시된 소련의 이권을 일본이 제시할 경우 소련이 참전하지 않을 수 있다고 판단하였다. 미국은

신이 정식으로 나와서 연합국이 내민 항복 문서에 서명을 하였다. 이런 연합국의 지칭한 일본의 무조건적인 항복문서 서명으로 제2차 세계 대전은 완전 종결되었다.(출처 위키백과)

9) 이완범, "트루먼과 동북아 냉전: 미국의 원폭실험 성공에 따른 소련의 대일전 참전 배제 구상, 1945년 4월 ~ 1945년 8월", 미국사연구 제21집, 2005, 73면.

소·일 밀월협약을 방지하기 위해 소련의 참전과 일본 본토와 한반도를 점령할 계획을 검토하게 된다[10].

원자폭탄 실험성공 소식을 접한 7월 16일 트루먼은 자신감을 가지게 되었고 마셜 육군참모총장과 스팀슨 장관에게 소련의 도움없이 미국만의 힘으로 일본을 굴복시킬 수 있음을 확인하고 7월 25일에는 맥아도에게 일본의 조기항복에 대비하라고 지시한다. 원자폭탄의 힘으로 소련참전을 배제할 수 있다는 확신이 들었기 때문에 소련이 8월 중순이나 참전이 가능하다 판단하고 있었기에 그전에 전쟁을 종결시키고자 하였다.

일본은 원폭과 소련의 참전으로 항복을 해야 했으나 국체호지(천황제의 유지와 일본의 주권을 보장)의 조건으로 항복을 통보하게 된다. 미국은 천황제는 인정하되 포츠담 선언에서 요구한 내용(연합국의 일본점령과 일본정부개편, 무장해제, 전범재판)을 실시한다는 절충안을 선택하였지만 이에 중국과 영국은 이견없이 동의했으나 소련은 소련극동군 사령관인 바실레프스키도 참여해야 한다고 주장하였다.

트루먼은 이를 거부하고 더글라스 맥아더를 연합군 최고 사령관으로 임명하고 얄타회담을 깨고 소련을 배제하기로 결정한다. 트루먼은 승리의 모든 이권을 차지하고 싶었다. 이는 루즈벨트의 협력외교와 달리 열강들의 이익을 챙기기 시작한 것을 의미한다.

일본의 항복할 즈음 미군은 오키나와에 주둔하고 있었다. 소련의 급속한 한반도의 진입은 한반도에 진입조차 하지 못한 미국의 입장에서는 저지해야할 급박한 상황이었다. 미군은 소련의 남하를 저지하기 위한 군사경계선이 필요하게 된다.

맥아더 장군이 소련의 남하에 대한 위협에 대응하기 위해 북한지역

---

10) 이완범, 앞의 논문, 81면.

은 소련군이 남한지역은 미군이 38선을 경계로 무장해제와 항복을 받기 위해서 규정한 '일반명령1호(General Order No. One)'에 의해 공식적으로 선언된 남북한의 경계선으로 발표된다. 이로써 한반도는 더 이상 남과 북의 교류의 자유는 사라진 분단국가로 새로운 역사가 시작된다.

미국의 2차례의 원폭은 일본못지 않게 소련에게도 큰 위기의식을 갖게 하였다. 미국의 원폭은 예측하기 힘들만큼 일본을 무력하게 만들었기 때문이다. 소련은 트루먼 대통령의 포츠담에 의해 얄타에서 약속받은 소련의 몫[11]을 챙기기 위해 급히 일본을 상대로 선전포고를 하고 전쟁에 참여하게 된다[12]. 소련은 얄타에서 독일과의 종전후 2~3개월후 대일전에 참전하겠다는 약속을 하였다.

일본의 패망이 임박했음과 미국의 신무기(원자폭탄)가 투하 예정이라는 사실을 포츠담에서 확인하게 된 스탈린은 참전에 대해 조급하게 된다. 소련이 참전하기 전 일본이 항복하게 되면 소련의 이권확보가 무산될 수 있기 때문이다.

1945년은 소련과 일본이 1941년 4월에 5년 유효의 불가침조약을 체결함에 따라 조약에 의한 불가침이 유효한 시기였음에도 소련외무상 몰로토프는 일본대사를 조치해 대일 중립조약의 폐기를 통고하였으며 조약을 파기하고 일본을 공격하게 된다. 이에 일본은 불법참전국이라 비판

---

[11] Внешняя политика Советского Союза в период Отечественной войны.Т.3,М.,1947, с.111~112.단,외몽고와 위의 항구들 및 철도에 대한 협정은 중국 국민당 정부의 동의가 필요하다는 전제가 제시되었다 소련의 몫이라고 함은 외몽고의 현상(現狀)유지, 사할린 남부 및 그 부속도서의 반환, 소련의 우선권 보장하에 다롄(大連)항의 국제화, 소련의 해군기지로서 뤼순(旅順)항 조차 부활, 중국과 공동으로 중동·남만 철도 이용 재개, 쿠릴열도의 소련 할양이다.
[12] 표도르 째르치즈스키, "1945년 소련의 대일참전과 한반도", 「북한」, 북한연구소, 2017.10, 121~122면, 1945년 8월 8일 23시(일본시간)에 공식적인 선전포고를 하고 바로 공격이 개시하였다.

하고 이를 근거로 남쿠릴 열도 4개 섬에 대한 영유권 문제로 연결지어 영유권을 주장하고 있다. 이와 관련하여 소련은 연합국의 상호동맹이 양국간 불가침조약에 우선한다는 점과 소련을 침공한 독일의 추측 동맹이라는 점 그리고 독소전 개전 당시 소련침공을 염두에 두었다는 점을 내세워 무효조약이라고 선언했다.

1945년 7월 16일 소련의 극동사령관인 바실레프스키 장군에게 참전을 당길 수 있는지 하명한다. 바실레프스키장군은 8월 9일이나 10일 경에 참전할 수 있다고 하지만 스탈린은 8월 7일 9일자 공격명령에 서명한다. 이에 1945년 8월 9일 0시를 기해 소련군은 만주와 조선에 주둔한 일본군에 대해 전면공격을 실시하였다. 소련은 선전포고와 함께 공격하지만 일본대사가 본국에 이를 전달하지 못하였고 추방되었으며 만주침공 29시간뒤에 말리크 소련대사가 일본외무성에 통보함으로 알게 된다. 소련은 로켓과 야포를 비롯한 중화기가 아직 시베리아 횡단철도 위에 있는 상태로 전쟁준비가 완전히 이루어지지 않았음에도 무리한 공격을 시작하게 된다[13].

9일과 10일 소련 태평양함대 소속 공군은 웅기, 나진, 청진 소재 일본 해군기지를 폭격하였으며 11일 태평양 함대 소속 정찰대원들이 웅기항에 상륙한다. 소련은 미국의 예상과 달리 100만 명이 넘는 일본 관동군을 1주일만에 무너뜨리게 된다. 일본군의 저항은 청진에서 있었는데 4일간에 걸쳐 소련은 15일에 청진을 장악한다. 일본은 18일에 저항을 멈추게 되고 22일 소련군에 항복하게 된다. 이후 25일 일본은 무장해제가 완료된다. 24일에는 소련군은 평양에 입성했다.

소련군은 개전과 함께 조선인에게 일본에 맞서 싸울 것을 호소하는

---

[13] 이완범, 앞의 논문, 90~93면.

수많은 전단을 배포하였는데 조선인에게 '해방자'의 위상을 각인하고자 노력하였다. 소련군은 북한주민용 신문 「조선신문」을 발행하고 조직된 인민위원회를 인정하였다.14)

38선을 획정한 당사자

일본은 러일전쟁 이전 러시아 제국에 가상의 분할선을 기준으로 조선에서의 정치적 영향력을 양분하기 위해 "38선"을 구상하였다. 이에 일본은 1945년 5월 38선이북은 관동군이 이남은 조선주재 일본군이 관할하도록 하게 된다. 이 때부터 한반도를 양분한 정치적 경계선으로 인식되기 시작하였다.

실질적으로는 "38선"이 등장하게 되는 것은 1945년 9월 7일 맥아더 장군의 포고령 제1호(일반명령1호)에 의해서 미군이 북위 38도선을 기준으로 미소가 분할점령한다는 것과 38도선 이남의 조선지역을 미군정을 실시함을 발표함으로 공식화된다15). 실체가 없는 존재였지만 맥아더 장군의 포고령에 의해 '38선'은 사실상 한반도의 분할을 가져오게 된다.

결론적으로 실제로 38선을 설정한 사람은 '딘 러스크(Dean Rusk ·1909~1994)'와 '찰스 본스틸(Charles H. Bonesteel III·1909~1977)'이다.

---

14) 기광서, "소련군의 대일전 참전과 러시아에서 본 광복의 의의 및 평가", 학술저널 군사지 제96호, 2015.9, 84면.
15) 매일신보 1945년 9월 11일. 자료대한민국사제1권, 1945년 9월 9일, 태평양미국육군 총사령부, 포고 제1,2,3,호공포,

[그림 2-3] 38선을 획정한 딘 러스크와 찰스 본스틸

(출처 : 위키백과)

한반도를 분단의 상징인 '38선'은 1945년 8월 10일 러시아가 남하하기 시작했을 때 미군 전략회의에서 30분 만에 38선을 획정했다. 이 두 사람에 의해 짧은 시간에 즉흥적으로 한반도의 지도를 보고 중간쯤은 38선을 경계선으로 했다는 설이 거의 정설이다.

딘 러스크의 회고록(As I Saw It, 1990년 출판 124면)에 의하면 38선에 대한 국무부와 국방부의 다른 의견에 대해서 National Geographic 잡지사의 지도 한 장을 펴고 서울 바로 북쪽의 경계선을 찾았으나 자연적인 선을 찾지 못하여 38선을 결정하게 되었다고 밝히고 있다. 트루먼 회고록(444~445면)에 의하면 38선을 현실적으로 가능한 멀리 한반도의 북쪽에다 그어졌다고 생각했다. 한반도에 주둔하지 않았던 미군에게 한반도에 진입한 소련군의 문제제기에 대해 38선이면 소련군이 주장할 수 있는 경계선에 비해 훨씬 북으로 그어졌다고 판단하였다. 그랬기 때문에 수도 서울을 확보하였다고 생각하였다고 하였다.

이 두 사람에게 38선을 그어야 하니 찾아보라고 한 상급자와 왜 그

래야 했는지에 대한 의문이 생긴다.

맥아더 장군의 부관이었던 에드워드 로우니(1917~2017) 장군은 회고록 '운명의 1도(2013)'에서 당시 전략회의 목격담을 공개하였다. 회의에서 딘 러스크는 평양밑 북위 39도선을 주장하면서 근거로 "한반도에서 폭이 가장 좁아 방어가 용이하다"는 점을 들었다. 소위 평양원산라인을 주장한 것이다. 그러나 에이브 링컨 장군은 "세계 최고의 문학과 발명품 90%는 38도선 북쪽에서 창조됐다"는 니컬러스 스파이크만 예일대 교수의 저서 '평화의 지리학'을 언급한 뒤 38도선을 주장해 그렇게 결정됐다. 로우니 장군은 "39도선으로 결정했다면 방어가 쉬웠을 것이고 수많은 미군 생명도 구할 수 있었을 것"이라면서 "돌이켜보면 큰 실수였다"고 기록했다. 일본의 원로 한반도 연구가 오코노기 마사오(小此木政夫) 게이오(慶應)대 명예교수는 한발 더 나아가 39도선으로 결정됐다면 6·25전쟁도 없었을 것이라고 진단한다. 오코노기 교수는 지난해 출간한 '한반도 분단의 기원'에서 "39도선은 제정 러시아가 일본에 제안했던 선"이라면서 "실제 소련군 사령부는 평양 점령 전까지는 함흥을 북한의 중심 도시로 여겼고 남포항 접근권만 보장된다면 소련이 군이 39도선 설정에 반대하지 않았을 것"이라고 주장했다. 그러면서 "미국이 39도선 획정에 성공했다면 김일성이 북쪽에 '민주기지'를 건설하는 일은 불가능했을 것이고, 이오시프 스탈린이 남침을 허용하는 일도 없었을 것"이라고 했다. 역사에 가정은 없지만, 미국이 39도선을 택했다면 6·25 남침은 어려웠을 것이란 얘기다. 그 1도의 차이 때문에 수많은 이들의 운명이 바뀐 것이다.16)

---

16) 문화일보, <오후여담> '운명의 1도' 38선, 2020.06.23.

38선, 미소의 경비강화 그리고 군사경계선화

주한 미24군단 사령관 하지(John R. Hodge)는 남한 진주 후 1945년 9월 23일 38이북으로부터 모든 민간인 및 군인들의 출입을 방지하기 위해 38선을 따라 즉각 도로차단벽을 설치하라고 지시하였다. 미군은 9월 25일부터 본격적으로 38선에 도로차단벽을 세웠고, 10월 중순까지 약 20개의 도로차단벽을 설치하였다.

소련은 이미 9월초부터 38선 통행을 엄격히 금지했고, 남으로 향하는 짐을 실은 모든 교통수단을 제지했고, 미국의 접경초소들이 설치되기 이전에 이미 철도 교통은 완전히 중지되었다. 물론 이러한 소련군의 조치는 미군과 협의한 결과였지만, 1945년 가을 소련군 라닌(Lannin)중좌와 함께 38선 문제를 토론하면서 각각 미소점령지에 들어오는 부대는 현지사령부가 체포하여 가장 가까운 상대편 군사초소에 인계하기로 합의하였다. 이렇게 미소간의 합의로 38선을 미소는 불가침의 경계선처럼 강화하기 시작하였다.

소련은 미군의 도로차단벽 설치에 대항하여 18-20개의 도로차단벽을 설치했으며 소총과 기관총으로 무장한 6명이 각각 한 지점을 지켰다. 소련은 10월 치스차코프(Chistiakov)의 지시에 따라 38선을 따라 경비초소를 설립했는데, 그 위치는 이때 38선 경비를 막 담당했던 미국측 대표단들과 합의된 지형을 선정하였다.

1945-48년 동안 38선 이남의 경비책임은 미24군단 7사단 32연대와 31연대가 담당했고, 남한의 경찰과 우익청년단은 때때로 이러한 경비의 보조역할을 수행하였다. 1948년 기준 38선에는 중대급이 상주하는 미군 초소(감시 및 상주) 총 12개가 운영되었다. 중대급 초소 외에도 미군은

1947년 경계선 표지판(Parallel Marker: PM) 83개소가 설치된 주요 간선도로 및 통행로 등에 소대 혹은 분대급 병력을 상주시켰다. 이외에도 38선 경비와 관련해 미군정이 군대와 국립경찰을 창설했는데, 미국의 공식 대한정책이나 외국 점령지 통치에 관한 국제법 어디에도 미국이 한국군대를 창설한 근거는 없었다.

소련군 역시 북한에서 38선 경비를 담당하는 경찰부대를 창설했는데, 1946년 7월 '소련군 전초부대를 강화'시키기 위해 38경비보안대가 사리원에서 조직되었다. 북조선임시인민위원회 보안국 직속의 38경비보안대는 1947년 7월 내무국 산하 38경비대로 개편되었고, 1948년 1월에는 3개의 대대규모의 38선보안여단으로 발전했고, 1949년에는 38선경비제1여단, 제3여단, 제7여단으로 발전했다. 소련군이 철수할 무렵인 1948년 11월경 미군초소에서 관측한 북한군의 주둔지는 총 56개소였고, 1년 뒤인 1949년 10월 15일 기준 38선에 배치된 북한병력은 내무서 4개소, 38경비보안분주소 35개소, 기타 보안분주소 12개소 등 총 51개소인 것으로 확인되었다.

미소 양군은 법령으로 38선을 금지시키진 않았지만 실질적으로 38선 월경을 금지시켰다. 미소 양군은 여러가지 이유로 38선 통행에 제약을 가했고, 특히 소련군은 월경자들에게 약탈과 총격을 서슴치 않았다. 38선이 점령군간의 경계선이자 분활선으로 명백히 설정된 것은 1946년 5월 이후였다. 당시 미군과 소련군은 콜레라 만연을 표면적인 이유로 38선 통행을 법적으로 봉쇄했고, 그해 9월 콜레라가 자취를 감추게 된 이후로도 38선의 봉쇄는 풀리지 않았다. 정치적으로 볼 때 38선의 자유로운 통행이 완전히 단절된 1946년 5월은 제1차 미소공위가 무기휴회되는 한편 남북 양측에서 미소의 주도에 의한 독자적인 정권수립 시도가 본격화되기 시작한 시점이었다.

미군정의 38선 철폐공세와 행정단위 조정안

미군진주직후 하지는 38선을 따라 미국과 소련 점령지역 사이에 일종의 중립지대 설치를 고려했고, 이를 통해 지역적 차이를 조정할 수 있다고 생각하였다. 하지의 구상은 러일전쟁 이후 러시아가 제안한 북위38도선 이북지역 중립지대안, 혹은 1953년 한국전쟁 휴전협정 당시 비무장지대의 개념과 기본적으로 맥이 닿아있었다.

하지는 미군이 38선상에 경비초소를 설립할 때, 38도선 지점 남측에 약간의 중립지대를 남겨두라고 지시했다. 미소 양진영은 해주 남단에 있는 용당포항이 38이남인지 이북인지에 대해 논쟁을 벌였기 때문에 하지는 진주직후부터 미소간에 38선의 정확한 위치에 대한 합의 부재가 여러 문제를 일으킨다고 판단했기 때문이었다.

하지는 소련대표단이 모스크바3상회의에서 미소의 역할을 폭로하자 이에 대한 맞대응으로 38선 철폐론을 제출하는 한편 38도선의 행정구역별 재조정 문제를 제기했다. 이의 연장선에서 하지는 미소공위 소련측 대표 스티코프(Shitikov)에게 인위적이고 부자연스런 38선 분할 대신 정치적 계산에 따라 미소간의 군사분계선을 다음과 같이 조정하자고 제안하였다.

A. 38도선 이남에 위치한 황해도 지역을 소련군 사령관에게 이양한다.

B. 38도선 이북에 위치한 경기도 지역을 미군 사령관에게 이양한다.

C. 강원도 지역은 행정군계에 따라서 다시 조정한다.

강원도 지역의 조정은 군단위를 기본으로 하는 것이었으며 세부적으로 다음과 같은 분할방안이 제시되었다.

A. 소련통제하의 지역: 통천, 평강, 철원, 고성, 인제, 회양, 이천, 금화, 양주, 양양

B. 미국통제하의 지역: 화천, 홍천, 평창, 삼척, 정선, 원주, 춘천, 횡성, 강릉, 울진, 영월

미국무부·하지의 이러한 38선 행정단위별 구획은 이미 현존하는 도·군 단위의 행정 경계선을 통해 인위적이고 부자연스러운 38선 설정이 초래할 어려움을 덜 수 있는 효과가 있었다. 다만 이러한 행정 단위별 구획은 종국적으로 한반도의 분단을 보다 자연스럽고 지속적인 것으로 만들 위험성이 충분했다.

제1차 미소 38선 합동조사(1946년 5월)

제1차 38선 예비조사는 5월 11일 시작되어 5월 18일에 완료되었는데, 당시 조사단은 옹진에서 출발해서 동쪽으로 진행하면서 경계선을 따라 21개소의 통제지점에 번호를 부여했다. 당시 통제지점을 설정하는 방법으로 조사단이 채택한 방법은 간단했다.

(1) 개별 건마다 조사단은 38선이 통과하고 있음직한 도로가 있는 지

역으로 나아갔다.

(2) 측지장교가 일제시 제작된 1:50,000 지도를 활용해 대강 측량을 해서 양측이 38도선이라고 인정할만한 지역의 한 지점을 선택했다.

(3) 영어·러시아로 표시가 되어 있는 말뚝을 박았다. 이 말뚝에는 '잠정 북위 38도선(38°N temporary, ВРд МКНО)'이라고 표시했다.

(4) 현존하는 소련·미국 초소를 지상 및 지도 위에 표시했다.

(5) 현지 미군·소련군 지휘관에게 전진 혹은 철수와 관련된 필요한 명령을 하달했다.

총21개소의 통제지점은 모두 주요 도로 위에 설치되었다. 조사단의 예비조사 결과는 소련25군사령관과 미24군단사령관에 의해 승인되었다.

예비조사의 결과 소련측 도로차단벽(road blocks) 11개소가 38선 이남에, 미군초소 중 1개소가 38 이북에 존재하고 있다는 것이 밝혀졌다. 소련측 차단벽 중 5개소가 즉각 북측으로 이동되었고, 2개소는 폐기되었으며 영구시설물이던 2개소는 유지하도록 허락되었고, 나머지는 후에 조정되었다. 당시 소련측은 이 예비조사에 매우 협력적이고 우호적인 태도를 취했다.

조사활동이 끝난 직후인 1946년 6월 3일 24군단 작전참모부는 미군 사령부가 보다 상세한 38선 조사를 고려하지 않고 있다고 할 정도로 38선 예비조사에 만족했지만, 모든 분쟁을 일거에 잠재울 수는 없었다. 38선 전역에 걸친 철저한 조사가 아니라 '38선을 따라 주요지점에 대한 예비조사'로 21개소에 표식을 다는 정도로는 불충분했다.

제2차 미소 38선 합동조사(1947년 4월)

미군사령부는 1946년 9월 26일 재차 미소합동조사단의 구성을 제안했지만, 소련군측이 대답이 없자 미군은 10월 15일과 27일에 걸쳐 38선에 대한 정확한 조사를 촉구했다.

그 사이 미군과 소련군은 서로 상대방의 책임을 추궁하는 설전을 벌였고, 12월 30일 치스챠코프는 38선 합동조사에 동의하면서 1947년 1월 20일부터 조사를 개시하자고 제안했다.

1947년 1월 4일 하지는 답장을 통해 조사단의 목적을 다음과 같이 피력했다.

(1) 조사유형: 황해에서 동해에 이르는 전 경계선에 대한 측지조사

(2) 통제지점의 선정: 최소 매5마일 지점마다 모든 도로·오솔길·철도 혹은 기타 통행로에 정확하게 영구 표식을 설치

(3) 통제지점 선정방법: 조사단이 설치하는 통제지점은 영구 표식(콘크리트가 바람직)으로 표시

(4) 마을에 대한 표식: 38선의 1km 내의 모든 마을에 영어·러시아어·한국어로 38도선 이남 혹은 이북이라고 표시한 영구 표식을 설치

(5) 양단된 마을: 38선으로 마을이 양단된 모든 경우에 대해 이 마을이 소련지역에 속하는지 아니면 미국지역에 속하는지의 여부 및 이런 마을에 대한 명확한 규정에 대해 조사단은 양측의 공동승인을 위해 의견을 제시할 것

이후 1947년 3월 4일 다음과 같은 표지판 설립에 동의하였다.

(1) 조사단 미소책임자가 필요하다고 상호인정하면 "경계선임"이라는 표식을 두기로 함

(2) 경계선의 1킬로미터 내의 거주지에는 경계선의 남 혹은 북으로부터의 거리 및 방향을 보여주기 위해 표지판을 두기로 함. 38이북은 소련 조사단이 러시아어·한국어로 표지판을, 38이남은 미국조사단이 영어·한국어로 표지판을 설치하기로 함

(3) 모든 표식은 나무로 만들어 흰 바탕에 3개 언어의 검은 글씨로 제작

미소간의 합동조사 결과는 5월 7일 서울의 소련군연락사무소에서 개최된 회의에서 최종검토되었는데, 미소 양측은 1947년 5월 10일 협정에 최종 서명했으며, 주요한 5가지 합의주제는 다음과 같다.

(1) 옹진댐: 댐은 북위 38도 동경 127°17.8′에서 38선으로 분할됨. 38이북 소련지역으로 간주됨. 소련측은 계속 38이남에 무제한적 물공급을 약속하고, 미국측은 공정하고 정확한 물값 보상을 약속함

(2) 해주반도: (38선이 통과하는) 용당포반도와 해당 지역내 산업설비(해주시 남단)는 38이북으로 간주함. 용당포반도 끝에 38선 표식을 설치함

(3) 소련의 영구 초소: (38선 이남에 위치한) 8개 지역의 소련군 초소를 영구건물로 특별 인정함. 이는 1946년 5월 제1차 예비조사단의 합의사항임

(4) 연백댐: 연백댐에 대해선 협정이 없었음. 연백댐은 38이북지역이며, 소련측은 별도의 회담으로 문제를 다루자고 함

(5) 토지소유자: 38이남북에 농지를 소유한 농민들은 경작과 추수를 위해 38선 월경에 아무 장애를 조성하지 않을 것

조사과정에서 상호간에 양보가 필요한 지형이 존재했고, 해당 지역에 거주하던 주민들은 남이나 북으로 철수해야 했다. 당시 미군측 조사단원은 "거의 모든 경우에 있어서 이러한 이동은 남한에 유리한 것이었다"고 관측했으나, 남한 우익신문들은 소련측에게 남한땅을 빼앗겼다는 식으로 보도했다.

소련군과 미군은 이상과 같은 38선 합동조사단의 협정을 공식 승인했다.

38선은 미소 점령이 남긴 유산

앞서 살펴본 미소의 진주와 38선의 군사경계선화 과정에서 사실상 남한과 북한의 의사는 크게 중요하지 않았다. 38선 획정과 고착화는 미국과 소련의 이해관계에서 시작됐다.

말하자면 광복된 한반도에서 38선을 일종의 국경선으로 고착화시키고 사소한 월경이나 침범조차 용납하지 않는 태도를 취한 것은 미소 양군이었다. 미소 양측이 38선의 정확한 위치판정을 위해 조사활동을 벌이고, 월경·충돌사건에 민감한 반응을 보이면서, 이는 38선을 국가간의 국경선으로 고착화시키는 효과를 가져왔다.

이러한 충돌과정이 한국인들에게 알려지면서 한국인들도 점차 38선이 미소간의 경계선일 뿐만아니라 남북한간의 경계선이자 신성불가침의 국경선으로 상황을 인식하기 시작했다.

제4절 6·25전쟁 정전협정 체결과정

6·25전쟁 정전협정과 관련된 주요일정을 정리하면 다음의 <표2-1>과 같다.

<표 2-1> 6·25전쟁 정전협정 주요일정

일정	주요 내용	비고
1951. 7. 10.	휴전회담 의제설정을 위한 회담개시	개성
1951. 7. 26.	휴전회담 공식의제 확정	5개 의제
1951. 8. 15.	분과위원회 구성 제의	
1951. 8. 17 ~ 8. 22.	분과위원회 진행(1-6차)	
1951. 9. 27.	회담장소 변경제안(유엔군측)	개성 →판문점
1951. 10. 22.	공산측의 회담장소 변경 동의로 판문점회담 시작	판문점
1951. 10. 23.	쌍방 전투부대 접촉선을 군사분계선으로 합의	
1951. 11. 27.	군사분계선 설정협정 조인	
1951. 11. 28.	제3의제 협의 시작(휴전감시방법 및 그 기구 설치)	
1952. 2. 17.	제5의제 합의(쌍방의 관계 제국 정부에 대한 건의)	
1952. 2. 23.	제3의제 중 외국군 주둔 범위 합의	
1952. 3. 20.	남북한 감시대상 항구 지정	
1952. 5. 7.	중립국감시위원단 구성 합의(제3의제 협의 완료)	
1953. 3.	스탈린 사망	
1953. 6. 8.	포로송환협정 조인	
1953. 7. 22.	군사분계선 확정	
1953. 7. 27.	휴전협정 조인	판문점

개성회담(1951년 7월 10일 ~ 8월 23일)

1951년 7월 10일 개성에서 정전협정 의제협상을 위한 회담이 처음 실시되었는데, 당시 유엔군측 대표로 나선 조이 제독은 이번 회담의 목적을 군사적인 것에 한정하면서 공산군측이 이번 회담을 정치적 선전장으로 이용하지 못하게 하였다.

정전회담 공식의제가 확정된 것은 7월 26일 실시된 열 번째 본회의에서였는데, 이날 결정된 정전회담 공식의제는 모두 다섯 가지로 다음과 같다.

첫째, 회의 의제 채택
둘째, 한국에서의 적대행위 중지를 위한 기본조건으로서 기본조건으로서 쌍방이 비무장지대를 설치할 수 있도록 군사분계선을 설정.
  혹은 기타 통행로에 정확하게 영구 표식을 설치
셋째, 정전 및 휴전에 관한 조항 수행을 감독하는 기관의 구성, 권한 및 기능을 포함한 한국에서의 휴전을 실현하기 위한 구체적 합의
넷째, 포로에 관한 합의.
다섯째, 쌍방의 관계 정부에 대한 건의

1951년 8월 15일, 유엔군 측에서는 분과위원회를 설치해서 이 문제를 논의할 것을 공산군 측에 제안했고, 유엔군의 제안은 공산군 측에 의해 받아들여졌다. 분과위원회의는 1951년 8월 17일부터 8월 22일까지 모두 여섯 차례 진행됐는데, 당시 유엔군측에서는 공산군측이 주장하는 38선을 포기하면 유엔사는 합리적인 대안을 마련할 수 있다는 입장을 보였

지만, 공산군측은 원론적인 주장을 내세우며 유엔군측의 주장을 받아들이려 하지 않았다. 특히 여섯 차례 분과위원회에서는 군사분계에서는 설정하는 문제를 놓고 설전이 벌어졌다.

1951년 9월 27일 유엔군측은 새로운 회담 장소를 제안했지만, 다음날 공산측이 거부의사를 밝힘으로써 진전이 없었다. 1951년 10월 당시 전선상황이 유리해 바쁠 게 없었던 유엔군측은 자신들이 주장한 장소변경을 밀고 나갔지만, 공산측은 전선이 불리하고 유엔공군에 의한 폭격이 심해짐에 따라 유엔군의 제안을 받아들였고, 그것이 10월 22일이었다. 당시 공산군 측은 유엔군측의 '군사분계선 제안'안을 받아들였는데, 이것은 실제 쌍방 전투부대의 접촉선이었다.

실제 군사분계선 설정협정이 합의된 것은 1951년 11월 27일이었다. 다만 군사분계선 설정이 합의된 이후에도 정전협정이 조인되기 전까지 전투는 계속됨을 천명했다. 1951년 11월 28일부터 정전회담 제3의제인 '휴전감시방법과 그 기구 설치문제'에 관한 협상이 시작되었고, 거의 동시에 제4의제인 '포로문제'와 제5의제인 '관련국에 대한 건의문제'의 협의가 진행됐다.

판문점회담(1951년 10월 25일 ~ 1953년 7월 27일)

1951년 11월 28일에 논의된 제3의제 중 정전후 군사력 증강 규제 문제였는데, 이것은 1952년 3월 20일에 합의됐고, 중립국감시원단 구성 문제는 1952년 5월 7일 타결되었다. 1952년 2월 17일에는 제5의제는 해결되었다.

포로문제인 제4의제는 양측의 대립으로 쉽게 합의에 이르지 못했는데, 이는 공산측은 스탈린의 지시를 받고 있었기 때문에 이 문제에 있어서 소련의 요구를 무시한 채 협상에 임할 수 없는 형편이었다.

1953년 3월 스탈린이 사망하자 포로문제 협상은 신속하게 진행되었고, 4월 11일에 병상포로 협상이 완료되었으며, 6월 4일 본국 송환거부 포로 처리문제가 합의되었다. 6월 8일 포로송환협정이 조인됨으로써 포로교환문제는 일단락되었고, 6월 18일 한국정부의 반공포로 석방으로 한때 긴장 상황이 벌어졌지만, 전반적인 정전협정체결에 장애가 되지는 못했다.

이상의 지난한 협상 끝에 1953년 7월 27일 판문점에서 정전협정이 조인되었다.

제5절 남북한 수복지구와 신해방지구

6·25전쟁의 결과 '수복지구'와 '신해방지구'라는 매우 특이한 지역이 탄생하였다. 수복지구는 38선 이북이면서 군사분계선 남쪽인 지역이고, 신해방지구는 38선 이남이면서 군사분계선 북쪽인 지역이다.

6·25전쟁 전에 북한의 통치를 받았던 수복지구는 1950년 가을 유엔군의 점령통치를 겪었다가 1951년 초 북한에 탈환되었고, 1951년 여름 유엔군에 재점령되었다가 1954년 11월 17일 남한에 이양되었다. 반대로 한국전쟁 전에 남한의 통치를 받았던 신해방지구는 개전 초기 북한의 점령통치를 겪었다가 1950년 가을 남한에 탈환되었고, 1951년 봄 이후 북한에 재점령되었다.

수복지구와 신해방지구의 주민들은 피점령과 탈환 상황에 따라 남한 국민(유엔 군정 주민) 북한 인민이 되어야 했고, 마지막으로 수복지구 주민은 남한 국민으로, 신해방지구 주민은 북한 인민으로 편입되었다. 이곳 주민들의 국민/인민 전환은 거듭되는 (피)점령 상황만큼이나 순탄치 않았다.

6·25전쟁기 (피)점령과 잔혹행위라는 폭력 경험, 남북한의 인식과 정책, 그에 대한 주민들의 인식 및 대응, 또 지역 고유의 특성이나 정세 변화 등에 따라 국민/인민 전환의 양상, 결과, 성격 등은 달라질 수밖에 없었다.

전쟁과 분단, 포천의 변화

전쟁과 분단은 포천 지역에 급격한 변화를 가져왔는데, 가장 큰 변화는 625전쟁 이전에 북한 치하에 있던 포천 지역의 상당 부분이 남한 관할로 된 것이다.

1945년 해방과 함께 영북·이동·청산·창수·영중 등 5개 면 전역과 일동면 일부가 38도선 이북으로 이 군에서 제외되었다가 1954년 10월 관내 12개 면 88개 리가 완전 수복되었다.

해방, 전쟁, 분단, 그 과정에서 이루어진 수복을 거치면서 수많은 가족이 이산을 당했는데, 한때는 이북 지역이었으나 이제는 이남 지역이 되면서 수많은 사람이 사라졌다.

625전쟁 이전 38도선 일부 지역이 1954년 완전 수복되고, 그 과정에서 남쪽으로 내려온 북한 출신 사람들은 새로운 고향 만들기를 할 수밖에 없었다.

제3장 "포천 38선" 이야기

제1절 포천시 행정구역 변천사[1]

현재의 포천시는 경기동북부에 위치한 경기도의 기초자치단체 중에서는 양평군, 가평군에 이어 면적이 세 번째로 넓은 면적을 차지하는 시(市)이다.[2] 다만, 시영역의 상당 부분이 산지로 구성되어 있어 동 지역과 소흘읍을 제외한 다른 지역의 개발은 상대적으로 더딘 편이다.[3] 포천시는 남쪽으로 의정부시, 남양주시와, 동쪽으로 가평군, 서쪽으로 양주시, 동두천시, 연천군과, 북쪽으로는 강원특별자치도 철원군, 화천군과 경계를 이루고 있다.[4]

포천시 지형에 한민족이 정착한 것은 연천군에서 진행한 발굴 조사된 유적과 영중면 영송리에서 발견된 선사유적을 통해서 구석기 시대부터 시작된 것으로 추정된다.[5] 또한 포천읍 자작리, 가산면 금현리, 일동면 수입리, 창수면 추동리에서 발견되고 고인돌과 포천실업고등학교 부근에서 출토된 돌도끼와 화살촉 등으로 보아 청동기 시대에 이미 이 지역에 많은 인구가 거주하였을 것으로 생각된다.[6] 이를 입증할 수 있는 것은 가산면 금현리에 있는 고인돌 상석 무게는 약 32톤에 이르며, 이를

---

1) 포천문화원 누리집.
2) 행정안전부, 「2024년 전국 지방자치단체 통계연보」, 2024, 17면, 경기도청, 「경기도 일반현황」, 2024. ※ 포천시 면적: 약 826.4㎢ / 양평군: 877.0㎢ / 가평군: 843.5㎢로 확인됨.
3) 대한지리학회, 『대한지리학회지』 제49집 제4호, 2014, .289~290면.
4) 한국학중앙연구원, 『한국민족문화대백과사전』, "포천군",
   https://encykorea.aks.ac.kr (2025.7.8. 접속).
5) 포천시지편찬위원회, 『포천시지』, 포천시, 2009, 21-22면.
6) 이강재, 「수복지구의 행정편제 변천에 관한 고찰」, 『경기학연구』 제7권, 경기문화재단 경기학센터, 2020, 88-89면.

석실 위로 옮기기 위해 약 200여 명의 인력이 필요했던 것으로 보인다.[7] 이 정도 인원을 동원할 수 있는 집단이라면 인구는 최소 1,000명 이상으로 추정된다.[8] 이처럼 고인돌이 집중된 네 지역에는 포천읍 자작리, 가산면 금현리, 일동면 수입리, 창수면 추동리의 고인돌을 중심으로 각각 독립된 거주집단이 존재했고 이들을 통솔할 수 있는 협력체 또는 강력한 지배세력도 있었을 것으로 여겨진다.[9]

한편, 이하 본문에서는 역사시대 이후 이 지역의 내력에 주목하여 살펴보고자 한다.

청동기 문화를 기반으로 한 우리나라 최초의 국가 고조선(古朝鮮)은 포천 지역에도 일정한 영향력을 미쳤던 것으로 보이며, 이후 성읍국가의 하나인 진국(辰國)의 북방 경계 지역으로 기능하였다.[10] 그러나 이 지역은 이후 한(漢)의 분열 정책으로 인해 유력한 정치세력이 부재한 상태로 유지되었고, 철기문화를 기반으로 초기 국가 형성 단계에 접어들면서 마한(馬韓)의 세력권 아래 편입된 것으로 추정된다.[11]

이후 백제(百濟)의 성립과 발전에 따라 마한을 통합한 백제가 세력을 북방으로 확장하면서, 포천 지역은 백제의 통치 아래에 놓이게 되었다. 특히 백제는 한(漢)의 세력을 축출하고 그 위에 군림함으로써 이 지역을 실질적으로 지배하게 되었으며, 포천 역시 백제의 군현체제 하에 통합되었다.[12]

---

7) 이강재, 앞의 책, 89면.
8) 심정보, 「한국전쟁 이후 군정기 지역 행정체제 연구」, 『한국사연구』 제182집, 한국사연구회, 2018, 112면.
9) 포천시지편찬위원회, 앞의 책, 23면.
10) 국사편찬위원회, 『한국사』 제30권, 탐구당, 2003, 24면.
11) 경기도사편찬위원회, 『경기도사 제4권: 근현대사』, 경기도, 1998, 12-13면.
12) 동국여지승람간행위원회, 『신편 동국여지승람』, 경인문화사, 2000, 78면.

고대 삼국의 패권 경쟁 속에서 포천은 시대에 따라 지배 세력이 교차되던 전략적 지역이었다.

광개토대왕 이후 고구려는 지속적인 남진 정책을 추진하였으며, 장수왕 63년(475년) 한강 유역을 비롯한 중부 지역 일대를 점령하면서 포천도 고구려의 영향권에 포함되었다.[13] 이 시기에 포천은 처음으로 고유 지명을 부여받았는데, 바로 마홀군(馬忽郡)이라 불렸다.

이후 신라 진흥왕 대에는 포천이 견성군(堅城郡)으로 개칭되었고, 통일신라 경덕왕 16년(757년)에는 청성군(靑城郡)으로 이름이 바뀌었다. 그러나 신라 말기의 혼란기에는 진성여왕 때 반란 세력인 양길의 세력권 아래 놓였다가, 궁예가 후고구려를 건국하면서 포천은 다시 후고구려의 영향 아래 들어가게 되었다.[14]

고려 태조 23년(940년) 후삼국 통일후 포주로 개칭하였고 이후 성종 14년(995년)에는 십도제를 채택하여 도단련사를 두고 포천군으로 개칭하여 포천군의 이름이 처음으로 생겼다.[15]

조선 태종 13년(1413년) 팔도제의 실시와 더불어 포천현[16]이라 하고 현감을 두었다.[17] 광해군 10년(1618년) 포천과 영평을 합쳐 도호부를 두고 감영을 설치하였다. 인조 1년(1623년) 포천, 영평으로 분리하고 양주진관에 소속시켰다.[18] 조선 말기인 고종 32년(1895년) 지방관제 개정에

---

13) 포천시지편찬위원회, 앞의 책, 102면.
14) 한국학중앙연구원, 『한국민족문화대백과사전』, "포천군"
15) 국사편찬위원회, 앞의 책, 88면.
16) 주(州)자를 가진 도호부 미만의 군·현 명칭의 끝 글자를 산(山), 천(川) 두 글자 중 하나로 개정하도록 지시해 포천이라는 이름을 얻었고 오늘에 이른다. 이와 같은 작명 원리로 현재의 지명을 얻은 곳이 인주(仁州)라는 옛 이름을 가진 인천광역시와 괴주(槐州)라는 옛 이름을 가진 괴산군이 있다.
17) 동국여지승람 간행위원회, 앞의 책, 122면.
18) 경기도사편찬위원회, 앞의 책, 145면.

따라 영평현을 포천현에 병합하고 군(郡)으로 승격시켰으며 고종33년 (1896년) 포천군에서 영평을 다시 분할하였다.[19]

1910년 8월 일본의 강압적인 한일합방으로 인해 조선은 일제의 식민지로 전락하였고, 1914년 행정구역 개편에 따라 영평군은 포천군에 통합하였다.[20] 1945년 8월 일제의 패망으로 해방을 맞이하였으나, 미·소 양군의 진주로 북위 38도선을 기준으로 국토가 분할되며 포천 역시 남북으로 분리되었다. 창수·청산·영중·일동면 일부와 영북·이동면은 소련 군정하에 들어가고 나머지 10개 면 67개 리는 미군정에 속하게 되었다.[21] 1948년 8월 15일, 대한민국 정부 수립과 함께 미군정으로부터 행정권을 이양받았다.[22]

1950년 6월 25일 북한의 침공으로 포천군청은 부산으로 피난하였다가, 928 수복 작전 이후 10월 14일 복귀하였다. 1951년 1월 4일 중공군의 침공으로 다시 철수하였다가 6월 24일 복귀했으며, 청사 전소로 인해 포천면 어룡리에 임시 청사를 두었다가 같은 해 11월 14일 현 청사 소재지인 포천읍 신읍리로 이전하였다.[23] 당시 포천군은 10개 면 67개 리로 구성되어 있었다.[24] 1951년 UN군의 북진으로 38선 이북 지역의 5개 면을 탈환 수복하여 행정권을 이양할 때까지 군정하에 북포천이라 하여 북포천군수를 두었다가[25] 1954년 11월 17일 수복지구 행정권 이양으로 12개 면 88개 리로 구획되었다.[26]

---

[19] 포천시지편찬위원회, 앞의 책, 215-216면.
[20] 경기도사편찬위원회, 앞의 책, 241-243면.
[21] 김진수, 「6·25전쟁 이후 수복지구의 행정구역 변화 연구」, 『한국지방자치학회보』, 제25권 제3호, 2013, 84-85면.
[22] 『대한민국 지방자치 연표』, 중앙선거관리위원회, 2021, 25면.
[23] 이강재, 앞의 책, 172-174면.
[24] 포천시지편찬위원회, 앞의 책, 316면.
[25] 김진수, 앞의 책, 67면.

1963년 5월 10일 내촌면 화현출장소를 설치하고,[27] 1973년 7월 1일 행정구역 개편으로 포천면 탑동리가 양주군 동두천 읍으로 이속되었다.[28]

1979년 포천면이 포천읍으로 승격되었다.[29]

1983년 2월 15일 대통령령 제11027호로 내촌면 화현출장소가 화현면으로 승격되고[30] 청산면(삼정리, 갈월리, 덕둔리, 금동리 제외)이 연천군으로, 연천군 관인면이 포천군으로 편입되어 행정구역은 13개 읍면 89개 리로 구성되었다.[31] 1983년 2월, 연천군 관인면이 포천군에 편입되고, 그 대가로 삼정리, 갈월리, 금동리, 덕둔리를 제외한 청산면 전역이 연천군으로 이관되었다. 해당 4개 리는 포천군 신북면에 편입되었다.[32]

1996년 2월 소흘면이 소흘읍으로 승격되었으며[33] 2003년 10월 19일에는 포천군 전체가 도농복합 시로 승격되면서 포천읍이 포천동과 선단동으로 분리되었다.[34](동고시에 따라 양주군도 양주시로 승격되었다.)

특이한 점은, 당시 포천읍의 인구가 시 승격 기준인 5만 명에 미달했음에도 시로 승격된 점이다. 이는 당시 포천군이 「지방자치법」 제7조 제2항 제3호의 도농복합형태의 시 요건을 충족했기 때문이다. 실제로 당

---

26) 법제처 국가법령정보센터, 「수복지구임시행정조치법」, 제정 1954.11.17.
27) 포천시지편찬위원회, 앞의 책, 307면.
28) 행정안전부, 「행정구역 개편에 따른 행정지도 및 주민등록 편제 관련 자료」, 1973.
29) 포천시지편찬위원회, 앞의 책, 311면.
30) 대통령령 제11027호, 「시·군·구·읍·면·리의 명칭, 위치 및 관할구역에 관한 규정」, 1983.2.15.
31) 경기도사편찬위원회, 앞의 책, 412면.
32) 대통령령 제11027호, 「시·군·구·읍·면·리의 명칭, 위치 및 관할구역에 관한 규정」, 1983.2.15.
33) 행정자치부 고시 제1996-1호, 「읍·면·동의 명칭 및 구역에 관한 규정」, 1996.2.1.
34) 행정자치부 고시 제2003-31호, 2003.10.6.

시 소흘읍에도 상당한 인구가 거주하고 있었으며, 포천읍 35,045명과 소흘읍 31,718명을 포함한 포천군 전체 인구는 150,240명으로 시 승격 기준인 총인구 15만 명을 상회하였다.35) 그러나 2024년 현재는 포천동·선단동 등 구 포천읍 지역의 인구가 3만 명대에서 정체된 반면, 소흘읍은 5만 명을 넘어 포천시 내 인구수가 역전된 상태다.36)

<표 3-1> 포천시 행정구역 변천사

포천군 (抱川郡, 1895)37)	영평군 (永平郡, 1895)38)
▼	
포천군 (抱川郡, 1914)	
▼	
포천군 (抱川郡, 남한)39)	영평군 (永平郡, 1945, 북한)40)
▼	
포천군 (抱川郡)41)	북포천군 (北抱川郡, 1953)42)
▼	
포천군 (抱川郡, 1954)	
▼	
포천시 (抱川市, 2003)	

---

35) 통계청, 「2003년 시·군·구 행정구역별 인구현황」, KOSIS 국가통계포털, https://kosis.kr (2025.7.12. 접속).
36) 포천시청, 「주민등록인구 통계」, 2024년 기준, https://www.pocheon.go.kr
37) 동지역, 소흘읍, 신북면, 군내면, 가산면, 내촌면, 화현면.
38) 영중면, 영북면, 이동면, 일동면, 창수면.
39) 38선 이남지역.

제2절 영평현의 행정구역 변천사[43]

　영평군(永平郡) 또는 영평현(永平縣)은 조선시대와 대한제국 시대에 경기도 북동부에 있던 행정구역이다. 동쪽으로는 가평군과 강원도 김화군, 서쪽으로는 연천군 및 양주군 영근면 및 청송면, 산내면, 남으로는 포천군 외북면(현, 신북면 고일리, 삼성당리, 계류리 일대), 북쪽으로는 철원군 관인면 등과 인접하고 있다.

　1914년 4월 1일 조선총독부령 제111호에 따라 영평군은 포천군에 병합되었으며, 이는 현재의 포천시 영중면, 영북면, 이동면, 일동면, 창수면에 해당한다.[44]

　영평의 옛 이름이 양골(梁骨)이었다고 한 것은 「삼지연(三地硏)」에서 '터겄골'을 음차한 것이라고 설명하고 있다. 골 양(梁)은 터(基)의 음차이고 골(骨)은 '곧'이므로 '겄'(거칠다 즉 황(荒)의 어음)의 음차이다. 따라서 '터가 거칠다'는 뜻의 '터겄골'을 한자를 빌어서 양골현(梁骨縣)으로 쓴 것이라고 설명하고 있다.[45]

　영평은 원래 백제 및 고구려 시기에 양골현(梁骨縣)이었으나, 통일신라 경덕왕 대에는 동음현(洞陰縣)으로 개칭되어 견성군(堅城郡)의 진현(鎭縣)으로 편제되었다. 고려 현종 9년에는 철원(東洲)에 영속되었다가,

---

40) 영중면, 영북면, 이동면, 일동면, 창수면, 청산면.
41) 38선 이남지역.
42) 영중면, 영북면, 이동면, 일동면, 창수면, 청산면(1983년 연천군으로 이관), 사내면(1954년 화천군으로 이관).
43) 포천문화원 누리집, 위키백과.
44) 『조선총독부 관보』 제545호, 1913년 12월 29일자, 「조선총독부령 제111호: 도·군·면의 명칭 및 위치에 관한 건」 ; 국토지리정보원, 『행정구역 변천 일람』, 수원: 국토지리정보원, 2009, 85면, 경기도사편찬위원회, 『경기도의 역사』, 수원: 경기도, 1999, 441-442면.
45) 『삼지연』, 「양골현 지명고」, 한국지명총서 편찬위원회, 1995, 23면.

예종 원년에 감무가 파견되며 독립적인 지방 행정 단위로 기능하기 시작하였다.46)

고려 원종 10년에는 위사공신 강윤소(康允紹) 장군의 본향(本鄕)이었기 때문에 영흥현(永興縣)으로 승격되었으며, 1394년(조선 태조 즉위년) 태조의 고향을 기념하여 영흥부로 개칭되었다가 다시 영평현으로 환원되었다. 문종 대에는 화주(和州)로 승격되었으며, 이후 영평군으로 재개칭되었다. 광해군 시기에는 포천현과 통합되어 영흥부가 되었고 감관이 파견되었으나, 인조 때 다시 영평현으로 개칭하였다.47)

『동국여지승람』에 따르면, 영평현은 양주진관에 소속되었으며, 관직은 현령(縣令)이다. 현 북쪽 30리 지점에는 옛 지명 유석향(乳石鄕), 현재는 화적연(禾積淵)이라 불리는 마을이 있었고, 현 동쪽 30리에는 옛 용곡소(龍谷所), 지금은 와룡암(臥龍岩)이라 불리는 마을이 있었다. 행정 구역은 현내면, 하리면, 서남면, 조양면, 주침면, 북면의 6개 면으로 구성되어 있으며, 총 호구 수는 1,435호, 인구는 남자 3,014명, 여자 3,067명으로 기록되어 있다. 이 수치는 성종 연간 기준이다. 지리적으로는 동쪽으로 가평현, 서쪽으로 연천현, 남쪽으로 포천현, 북쪽으로 강원도 철원부와 경계를 이루었으며, 경도(한양)까지의 거리는 140리로 명시되어 있다.48)

---

46) 『고려사』 권90, 지리지; 국사편찬위원회, 『한국사DB』, https://db.history.go.kr
47) 『조선왕조실록』(태조실록, 문종실록, 광해군일기, 인조실록); 경기도사편찬위원회, 『경기도의 역사』, 수원, 443-445면.
48) 동국여지승람(東國輿地勝覽)』, 제20권 경기도 영평현조(永平縣條), 성종 17년(1486) 간행.

[그림 3-1] 38선이북 경기도 지역

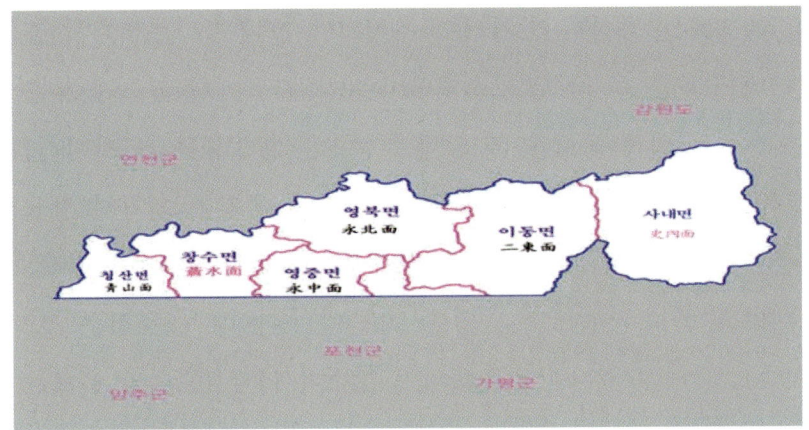

1906년, 현재의 연천군 청산면 일대와 포천시 신북면 북서부 지역이 양주군에서 각각 연천군과 포천군으로 편입되었다.49)

1914년에는 조선총독부령 제111호에 따라 영평군이 포천군에 흡수되었으며, '영평'이라는 지명은 현재도 영중면 영평리 등지에 명맥을 잇고 있다.50)

광복이후 북위 38도선 이북에 해당하는 옛 영평군 대부분이 북측 관할에 들어가면서 면 경계 조정이 이루어졌다. 북한은 해당 지역을 '영평군'으로 일시 개칭·관리하였으나, 1년 후 철원군에 통합되었다. 이후 6·25 전쟁 중 남측이 이 지역을 수복함에 따라 '북포천군'을 설치하여 군정을 실시하였으며, 이 시기에 사내면이 포천군 관할로 편입되었다.51)

북포천군(北抱川郡, 1953년 7월 27일 ~ 1954년 11월 17일)은 현 경기

---

49) 경기도청 편, 『경기도지: 행정편』, 수원: 경기도, 2002, 112면.
50) 조선총독부령 제111호, 『조선총독부 관보』 제545호, 1913년 12월 29일자.
51) 국사편찬위원회, 『한국전쟁과 행정구역 변천』, 서울: 국사편찬위원회, 2006; 법률 제332호, 「수복지구임시행정조치법」, 1954년 11월 17일 제정·공포.

도 포천시와 연천군 청산면의 38선 이북 지역, 그리고 강원도 화천군 사내면을 관할하던 대한민국 경기도 소속의 수복지구 내 행정구역이다.52) 1954년 폐지되었으며, 현재는 존재하지 않는다.

북포천군은 법령에 따른 정규 행정구역이 아니라, 6·25 전쟁 이후 수복지구에 대한 군정 실시를 위해 행정 편의상 설정된 임시 행정 단위였다. 이는 실질적으로는 군정 하에 운영되었으며, 동시에 명목상으로는 기존 법령에 따른 행정구역도 병존하였다.53) 예컨대, 북포천군 갈말면은 행정적으로는 북포천군에 포함되어 있었지만, 명목상으로는 원래 소속인 철원군 갈말면으로 간주되었다.

따라서 북포천군은 행정적으로 연천군 관인면, 철원군 갈말면, 김화군 서면 등지를 포함하였으나, 이는 군정기 동안만 유지된 실질적 행정구역이었다. 이러한 이중적 행정구조는 당시 수복된 지역의 행정권이 대한민국 중앙정부가 아닌 UN군정 하에 있었고, 대한민국 국군이 UN군 각 군단장으로부터 위임을 받아 행정 업무를 수행했기 때문이다.54) 이와 같은 맥락에서 당시 철원군의 일부 행정이 의정부시 소속으로 간주되었던 사례도 이러한 군정체계의 결과로 해석할 수 있다.

1945년 해방 직후부터 1954년 「수복지구임시행정조치법」 시행 이전까지, 이른바 '수복지구'는 정치·군사·행정적으로 극도의 혼란기를 겪었다. 특히 1945년부터 1950년 6·25전쟁 발발 전까지의 시기는 조선민주주의인민공화국의 실질적 통치 하에 있었던 지역이 많았으며, 이로 인해

---

52) 국사편찬위원회, 『수복지구 행정사 정리 보고서』, 서울: 국사편찬위원회, 2008, 57면.
53) 행정안전부, 『대한민국 행정구역 변천사』, 세종: 행정안전부, 2015, 185면, 「수복지구임시행정조치법」(법률 제315호), 1954년 11월 17일 시행, 부칙 및 제2조 참조.
54) 국방부 군사편찬연구소, 『한국전쟁과 군정: 수복지구 통치체계의 형성』, 서울: 국방부, 2010, 83-84면.

당시의 행정 기록과 문헌이 대한민국 정부에 의하여 확보되지 못했거나 상실된 경우도 적지 않았던 것으로 보인다.[55]

6·25전쟁 이후 남측이 수복한 북위 38도 이북 지역은 군사적으로는 UN군 관할 하에 있었으며, 행정적으로는 대한민국 국군이 UN군 각 군단장으로부터 위임을 받아 군정을 수행하였다.[56] 이 시기 한국군이 설정한 '북포천지구'는 실질적으로 '북포천군'과 동일한 의미로 사용되었으며, 이는 행정 편의를 위한 과도기적 행정단위로 볼 수 있다.[57]

북포천군은 법률로 명시된 단일 행정구역이라기보다는, 당시 제5군단이 실질적으로 관리한 군정 구역 전반을 지칭하는 사실상 행정관리 단위의 성격이 강하였다.[58]

정확한 관할 범위는 UN군의 군단별 행정 관할지역과 한국군의 군정 구역을 비교함으로써 보다 명확해질 수 있으며, 현재까지의 자료에 따르면 북포천군은 연천군 북부, 철원군 남부, 포천군 북부, 김화군 일부를 포함한 것으로 추정된다.

1945년 광복 이후 남북 분단이 확정되고 북위 38선이 설정되면서, 포천군 영북면 전역과 이동면·창수면·청산면의 대부분, 영중면 북부와 일동면 일부가 북측 관할로 편입되었다.[59] 소련군정은 이 지역에 '영평군'을 설치하였으며, 1946년 9월 이를 강원도 관할로 편입하였다가 같은 해 12월, 북조선인민위원회가 영평군을 폐지하고 청산면·창수면을 연천군

---

55) 국사편찬위원회, 『수복지구의 행정과 자료공백에 관한 연구』, 서울: 국사편찬위원회, 2012, 33-36면.
56) 국방부 군사편찬연구소, 앞의 책, 78-82면.
57) 행정안전부, 앞의 책, 117면.
58) UN Command Archives, "Administrative Control Zones during Korean War," UNC Records, Box 15, 1953.
59) 국사편찬위원회, 『38선과 분단 초기의 행정구역 변동 연구』, 서울: 국사편찬위원회, 2012, 52-54면.

에, 영북면·영중면·이동면·일동면을 철원군에 편입하면서 '영평군'이라는 명칭은 사라지게 되었다.[60]

6·25전쟁 중 대한민국 국군과 유엔군이 해당 지역을 수복함에 따라, 북위 38도선 이북의 포천군 지역과 사내면·적목리 등 주변 수복지를 통합하여 '북포천군'이 설치되었다.[61] 이 행정단위는 실질적인 군정 편의 목적에서 제5군단 관할 하에 운영된 과도기적 구조였으며, 행정안전부 자료에 따르면 당시 북포천군은 포천군 북부, 철원군 남부, 연천군 북부, 김화군 일부를 포괄했던 것으로 보인다.[62] 특히 이 기간 동안 사내면은 원래 춘천군 소속이었다가 소군정 하에 화천군으로 편입되었으며, 6·25 이후 다시 북포천군의 관할로 포함되었다. 또한 가평군 북면 적목리 일부도 한시적으로 포함되었다.[63]

정전협정 체결 이후 1954년 11월 17일 「수복지구임시행정조치법」 시행과 함께 북포천군은 폐지되었으며, 사내면은 강원도 화천군에, 적목리는 가평군에 각각 환원되었고, 나머지 지역은 포천군으로 병합되었다.[64]

1954년 11월 17일 시행된 「수복지구임시행정조치법」 제2조에는 "본법은 수복지구의 행정구역을 획정함과 아울러…"라는 문구가 명시되어 있다. 그러나 이 조항이 규정하는 '행정구역의 획정'이 당시 실질적으로 운영된 군정 행정구역을 의미하는지, 아니면 법령상 명목상 행정구역을

---

60) 김영택, 「북한 초기 행정구역 개편과 지역정책」, 『한국행정사학보』 제26호, 2013, 88-90면.
61) 국방부 군사편찬연구소, 『한국전쟁사』, 제4권 (서울: 국방부 군사편찬연구소, 2007), 180-185면.
62) 행정안전부, 앞의 책, 117면.
63) UN Command Records, "Korean War Administrative Zones," Box 11, 1953.
64) 법률 제315호, 「수복지구임시행정조치법」, 1954년 11월 17일 시행.

기준으로 한 것인지에 대해서는 해석이 분분하다. 실제로 군정 체계와 법률 체계가 병존하던 시기의 특성상, 해당 법 조항만으로 수복지구의 행정구역을 명확히 판단하기는 어렵다.[65]

「수복지구임시행정조치법」의 시행에 따라, 북위 38도 이북의 수복 지역 중 일부는 인접 면 또는 동(洞)에 병합되거나 편입되는 형태로 행정구역이 조정되었다. 예를 들어, 파주군 적성면 북부는 연천군 미산면에 편입되었으며, 연천군 서남면과 장단군 강상면은 연천군 왕징면으로 통합되었다. 또한 연천군 삭녕면은 중면에, 장단군 대강면·장도면·장남면의 북위 38도 이북 지역은 백학면에 각각 편입되었다.[66]

강원도에서도 유사한 조치가 이루어졌는데, 고성군 고성읍은 현내면에, 양구군 수입면은 방산면에, 철원군 묘장면은 철원읍에, 어운면은 동송면에, 인목면은 신서면에 각각 병합되었다. 그러나 철원군 내문면과 북면, 평강군 남면 등 일부 지역은 해당 법령에서 별도의 행정 조치가 명시되지 않았으며, 이들 지역은 일정기간 동안 명확한 행정구역이 설정되지 않은 채 남겨졌다.[67] 한편, 「수복지구임시행정조치법」 제3조에 따라 강원도 양구군 북면이 신설되었으며, 제10조에 따라 명목상 춘성군 사내면은 화천군으로, 양양군 현남면은 강릉군으로, 인제군 내면은 홍천군으로 각각 행정 편입되었다.

포천군의 경우, 제10조 적용에 따라 영북면과 이동면은 포천군 관할로 편입되었고, 같은 군 영중면, 창수면, 청산면, 일동면의 관할에는 종전 북위 38도 이북 지역이 추가되었다. 가평군 북면에도 38선 이북 지역이 병합되면서, 군정기 '행정상' 구역으로 운영되었던 북포천군은 제도

---

65) 국사편찬위원회, 『한국사』 제30권, 탐구당, 2003, 102면.
66) 행정안전부, 앞의 책, 134-135면.
67) 국방부 군사편찬연구소, 앞의 책, 88-90면.

적으로 소멸된 것으로 해석된다.68)

　이는 북포천군이 법률에 의해 명시된 정규 행정구역이 아니었기 때문에, 법령에서 직접 언급되지 않았고 군정령 또는 군사 명령 등을 통해 실질적으로만 존재했을 가능성이 높다는 점을 시사한다.69) 또한 동법 제8조에 따라 수복지구에서는 「지방자치법」에 의한 지방의회의 설치와 선거가 제한되었으며, 이는 당시 수복지구 전체에 자치제도 적용이 유예되었음을 보여준다.70)

　1963년 1월 1일 시행된 「수복지구와 동 인접지구의 행정구역에 관한 임시조치법」은 1954년 「수복지구임시행정조치법」을 폐지하고 이를 대체하였다. 제1조에서는 북위 38도 이북의 수복지구와 이에 인접한 지역에 대한 행정구역 조정을 '임시조치'로 명문화하며, 법적 정비의 목적을 분명히 하고 있다.71) 이에 따라 수복지구의 행정구역에 대한 법적 지위가 확정되었으며, 이전까지 혼재되어 있던 '실질적' 행정구역과 '명목상' 행정구역의 이중 구조는 사실상 종결되었다고 평가된다. 현재 대한민국 정부가 인정하는 수복지구의 행정구역은 현행 실질적 구역으로 정착되었고, 광복 직후의 행정구역은 역사적 의미의 명목상 구역으로만 해석할 수 있는 여지를 남긴다.72) 이 법령에 근거한 후속 조치로 폐지되거나 통합되었던 일부 행정구역의 재편도 이루어졌다. 예를 들어, 일제강점기 말 폐지된 것으로 보이는 양구군 북면은 1954년 잠정적으로 재설

---

68) 행정안전부, 앞의 책, 138-139면.
69) 국사편찬위원회, 『한국사』 제30권, 탐구당, 2013, 94-97면.
70) 황윤환, 「수복지구의 자치권 제한과 지방제도의 이행」, 『한국지방행정학보』 제22권 제2호, 2010, 77-78면.
71) 「수복지구와 동 인접지구의 행정구역에 관한 임시조치법」, 법률 제1257호, 1962.12.21. 제정, 1963.1.1. 시행, 제1조.
72) 국사편찬위원회, 『한국사』 제30권, 탐구당, 2014, 71-74면.

치되었으나, 이후 양구면에 완전히 편입되었다.73) 또한, 1954년 강릉군으로 편입되었던 명주군 현남면은 다시 양양군에 복귀하였고, 양양군의 토성면과 죽왕면은 고성군으로 편입되었으며, 해안면은 인접한 서화면에 통합되었다. 이러한 재조정은 강원도 북부 수복지구의 행정체계를 일원화하기 위한 일원화를 위한 과정으로 보인다.74)

1972년 12월 28일 시행된 「수복지구와 동 인접지구의 행정구역에 관한 임시조치법」 개정안은, 1963년 본 법률 제정 이후에도 지속된 수복지구 내 미설정 행정구역 문제를 해소하고자 하였다. 개정안에 따라 파주군 적성면 늘목리는 연천군 전곡읍에, 철원군 신서면은 연천군으로 각각 편입되었다. 또한, 1954년 수복 직후 강릉군에 편입되었던 명주군 현남면은 본 개정에 따라 양양군 관할로 환원되었다. 이는 수복지구 내에서 여전히 명목상으로만 존재하던 일부 행정구역들을 실질적 행정체계에 통합하고자 한 것이다.75) 특히 주목할 만한 점은, 기존 법령에서 행정구역으로 설정되지 않았던 철원군 내문면·북면과 평강군 남면에 대한 법적 행정처리가 본 개정안에서 최초로 이루어졌다는 점이다. 이들 지역은 각각 철원읍과 갈말면에 편입되었으며, 이에 따라 독립된 법정면 단위로는 규정되지 않았다.76) 이후 1983년 2월에는 포천군 청산면 대부분 지역이 연천군에 편입되었고, 나머지 남청산 지역은 포천군 신북면에 편입되면서 수복지구 내 경계 조정이 마무리되었다.

---

73) 행정안전부, 앞의 책, 148면, 강원도청 내부자료, 「양구군 행정구역 변천 일람표」.
74) 강원도사편찬위원회, 『강원도사: 근현대편』, 춘천: 강원도, 2003, 512-513면.
75) 행정안전부, 앞의 책 , 151-152면.
76) 강원도사편찬위원회, 앞의 책, 515-516면.

제3절 포천시 38선을 둘러싼 복합적인 역사성

I. 포천시 38선 관련 고증

1. 포천시 38선 관련 마을

현재 포천시의 행정구역으로 포천시는 1개의 읍, 11개 면, 2개의 행정동으로 분류된다. 포천시의 행정구역중에서 38선에 인접한 지역은 창수면, 영중면, 일동면, 이동면이다. 38선 해당마을은 창수면 추동리, 창수면 주원리, 영중면 영송리, 영중면 거사리, 영중면 양문리, 일동면 수입리, 일동면 사직리, 이동면 연곡리 등이다.

[그림 3-2] 포천시 38선 관련 마을

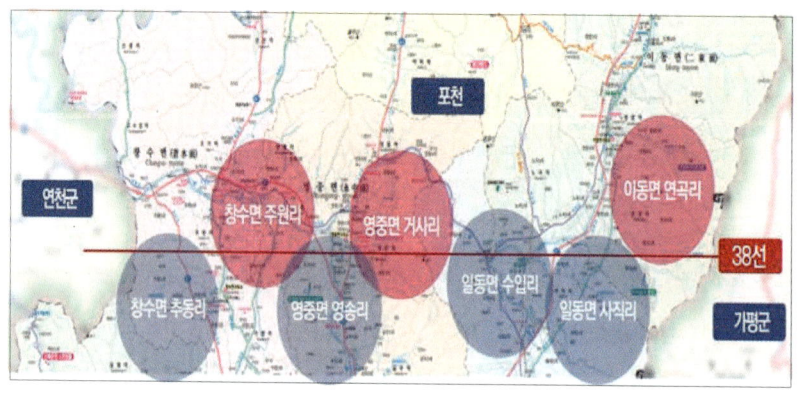

1945년 해당 이후 38도선이 그어질 당시 포천군의 경우에는 옛 영평군 일대가 북한 땅으로 편입되었다. 6·25전쟁을 거치면서 해당 이후 북한 땅으로 편입된 지역이 포천시로 수복되어 온전히 남한 땅으로 재편입되었다.

[그림 3-3] 38선 표지석

위의 [그림 3-3]에서 볼 수 있는 포천군 영중면 양문리에 위치한 38선 표지석은 분단과 전쟁이라는 우리 민족의 비극을 되새기고 평화와 통일을 가리는 상징으로서의 역할을 하고 있다.

포천의 38선상 위치한 지역을 예로부터 '영평(永平)'이라 불리웠다. 바로 한탄강의 물결이 고요히 멀어지는 곳이며 포천의 동쪽지역이다. 오늘날의 행정구역으로는 창수면, 영중면, 일동면, 이동면이라 불리우지만 오랜 세월동안 이 지역 사람들에게는 여전히 "영평"이 하나의 이름으로 불리웠다.

'영평(永平)'이란 이름 속에는 '길이 평안하라(永平)'는 염원이 담겨 있었다.[77] 그러나 이름의 뜻과는 달리 언제나 평화가 보장되는 지역은 아니었다. 이 지역은 삼국시대에는 고구려와 백제의 경계지역이었으며 조선시대에는 북방 방어선의 군사요충지였다.[78] 이후 20세기 중반 38선

---

77) 「포천시지」, 포천시, 2006, 112면.
78) 「경기도사」, 경기문화재단, 1999, 98면.

이 이 땅을 가르게 되었으며 영평지역과 지역주민들은 또 한 번 경계의 전선위에 서게 되었기 때문이다.79)

그런 역사속에서도 사람들은 이곳을 떠나지 않았다. 이 곳의 산과 물 그리고 논과 장터속에서 세대를 이어 살아왔으며 '영평'이라는 이름에 깃든 평안의 뜻대로 평화롭게 이 곳을 지키며 살아왔다.

창수면, 영중면, 일동면, 이동면은 각기 다른 풍경과 이야기를 품고 있지만, 모두 '영평'이라는 이름 아래 하나의 역사적 정체성을 공유한다. 그들은 전쟁과 분단의 경계에서 살아남았고, 이제 영평이라는 말그대로 이 땅에서 평화의 삶을 일구고 있다. 행정과 교통의 중심으로 생활과 시장의 터전으로 사람들의 삶을 이어가고 수복의 기억을 품은 평화의 땅으로 재탄생하였다. 영평의 네 지역은 분단의 상처를 넘어, "경계 위의 평화, 영평의 시간"이라는 공통의 서사를 만들어가고 있다.

2. 실제 38선 위치가 아닌 위치에 조성되는 포천시 38선 평화공원

1945년 8·15 광복직전 미국과 소련이 일본의 한반도 점령지역의 전후처리를 위해 선정해놓았던 임시 군사분계선인 북위 38도선인 38선과 6·25전쟁 이후 군사분계선은 다르다.

---

79) 「한국전쟁기 수복지구 연구」, KCI, 2021, 57면.

[그림 3-4] 포천 구 38휴게소

광복이후 포천군 영중면 양문리의 경우에는 당시 100여 가구 중 60여 가구가 남쪽에, 40여 가구가 북쪽으로 나누어지게 되었다.

6·25전쟁 당시 남북 간의 휴전선을 협상 종결 시까지의 점령 지역으로 정하면서 전쟁 막바지에 더욱 치열한 전투가 벌어지게 되었고 그 결과 현재 남북의 경계가 북위 38도선이 아니라 점령 지역을 기준으로 결정되었기 때문에 38선에 의한 분할과는 상이하다.

물론 경기도 포천시 영중면 인근에는 북위 38도선에 위치한 다양한 지역들이 존재하며, 그 중 대표적인 장소가 이응수씨가 운영중인 '평화 이발관'이다.

포천시 38선 평화공원은 포천에서 한탄강으로 흐르는 하천, 영평천 옆에서 38선 표지석과 함께 오래된 38선 휴게소 인근에 조성될 예정이다. 38선을 기점으로 6·25전쟁 이전까지는 지역 주민들은 남북을 왕래하며 논밭을 거닐고 학교에 오갔었다.

현재 38선 휴게소 위치는 [그림 3-4]에서 볼 수 있듯이 실제 38선과는 다른 곳이다. 북위 38도선과 현재 38선 평화공원 예정지는 마을 위치에 따라 약 1.3Km를 포함하여 조금씩 다르다.

3. 잊혀져가고 있는 제2의 포천군청인 영평군청

1945년 38선이 획정되면서 38선 이북을 관할하게 된 소련군정은 구 포천군 일부지역의 행정질서 유지를 위해 일시적·임시적 행정조직을 운영하게 되었는데 이를 위해서 신설한 행정기관이 영평군청이다. 영평군청은 포천군의 북부 지역, 즉 영북면 전역과 이동면·창수면·영중면 북부·일동면 일부를 관할하기 위한 행정기관으로 역사적 지명인 '영평군'이란 명칭을 부활하여 사용한 것으로 전해진다. 영평군청은 1946년 12월 북한의 행정구역 재편시기까지 길지않은 시간(1945년~1946년)동안 존속하였다가 행정구역 재편시 주변 군(郡)에 통합된 것으로 확인된다. 이는 1946년 8월에서 12월 사이 북한 전역에서 실시된 지방행정 단위 개편(도-군-면 체계 확립)과 시기적으로 일치한다.

38선 연구가 진행되면서 영평군청의 위치에 대한 의문을 가졌으나 영평군천의 위치 등에 관한 기록은 찾아보지 못하였다. 필진과 접촉한 지역주민들에게 의견을 구하였지만 영평군청의 위치에 대한 명확한 답을 찾을 수는 없었다. 영평군청의 자리에 대한 지역주민들의 구술을 채록한 결과 크게 3가지 안으로 의견이 모아졌다.

첫째, 현재의 영평초등학교 부지가 곧 영평군청의 자리였다. 가장 많은 분들의 증언이 영평초등학교 부지가 영평군청이었다고 하였는데 이 증언을 토대로 진행한 현장조사와 다른 분들의 증언 그리고 문헌조사로 영평군청 부지가 아닐 수 있음을 확인하였다.

[그림 3-5] 영평초 정문(옛 영평면사무소터 추정지)

좌(영평리선정비)   우(영평면사무소 3.1운동만세 시위지)

영평초등학교는 영창학교라는 교명으로 1907년 개교하였다. 광복후 영평리가 북한지역으로 편입됨에 따라 영평인민학교로 교명이 변경되었다가 6·25전쟁을 기점으로 남한으로 수복됨으로 1955년 4월 영중국민학교 영평분교장으로 재개교후 9월 영평국민학교로 승격되었다. 우리고장 바로알기의 일환으로 조선후기 영평군에 부임한 역대 현감·군수의 선정비(향토유물 제39호)를 교문앞에 설치하여 보존중에 있다. 따라서 영평초등학교는 1907년이후 현재에 이르기까지 학교가 위치되어 있었다. 영평군청 자리로 영평초등학교부지가 거론된 이유는 [그림 3-5]에서 알 수 있듯이 영평면사무소 부지와 함께 있었기 때문으로 추정된다. 영평군청은 소련군정기의 일시적으로 운영하였던 짧은 운영기간과 당시 영평면사무소가 자리하였던 위치 그리고 선정비 등이 설치되었던 사실 등 서로 다른 시기의 기억이 뒤섞이면서 군청과 면사무소의 구분이 불명확하게 되었고 실제 사용하지 않았던 영평군청을 제외한 행정건물의 이동과 지형 변화에 기인한 기억의 중첩 현상이 구전되는 과정에서 왜곡되어진 것으로 보인다.

둘째, 미군의 영평사격장(현 로드리게스 사격장) 부지가 영평군청의 자리였다. 이는 최종화(전 포천시 안전도시국장)와 강태일(포천시 군사격장 범시민대책위원회 위원장) 등의 구술에 의한 것이다.

영평리 일대는 1950년대 후반부터 미군의 영평사격장 조성으로 인해 군사보호구역으로 지정되면서 행정기관·주민시설 등이 이전되었다. 영평리가 사격장으로 선정된 것은 무엇보다도 뒷산이 있다는 지형적 조건을 충족하였기 때문이다. 당시 사격장은 시가전의 개념이 없어서였는지 건물의 필요성이 없어서 또는 비용절감적인 측면에서 수용된 사격장 부지를 미군의 불도저와 같은 장비로 밀어서 넓은 대지를 만들었을 것으로 추정된다고 하였다.

미군시설이면서 사격장이어서 민간인이 접근하기 어려운 현실적 어려움도 있지만 실사가 진행된다 하더라도 사격장내 건물이 조성당시 이미 철거되었기 때문에 영평군청의 터를 찾기에는 어려움이 있다.

사격장조성 당시에는 영평군청은 사용하지 않았던 장소였기 때문에 이전이나 이런 절차가 필요하지 않았을 것이고 사격장이 조성되면서 지역주민들의 삶의 터전이 이전되면서 마을지형이 크게 변형되었고 이로 인해 영평현과 마을의 존재는 흔적만이 일부 남아 오늘날까지 그 흔적만을 전하고 있다.

[그림 3-6] 로드리게스(영평) 사격장 인근 도로 전경

영평군청의 터가 로드리게스 사격장 내에 위치하였다는 증언은 상당 부분 신뢰성을 가질 수는 있지만 이 역시도 구술에 의한 증언뿐으로 영평군청의 부지였음을 확정하기에는 추가적인 조사가 요구된다.

셋째, 도평리를 비롯한 제3의 지역에 영평군청이 존재하였다는 증언이다.

현재로서는 영평군청의 부지를 확정하기 어렵기 때문에 다른 증언 역시도 진위여부가 확인될 때까지는 추가적인 조사가 필요하다.

4. 포천시 38선, 해방·분단·전쟁의 복합적 역사성

한반도 분단을 무엇을 기점으로 할지에 대해서는 다양한 논의가 존재하지만, 필진은 분단을 다음과 같이 세 층위로 구분하였다.

첫 번째, 1945년 8·15 해방을 기점으로 하는 '물리적 분단'
두 번째, 1948년 남북한이 상이한 정치체제를 수립한 것을 기점으로 하는 '제도적 분단'
세 번째, 6·25전쟁을 기점으로 하는 '정서적·심리적 분단'

포천시 영중면 양문리 38선 일원의 지역민들의 삶은 분단으로 인한 고통의 여러 층위가 뒤섞여 있다. 8·15 광복이후 민주주의와 공산주의가 양문 2리에 함께 들어오면서, 양문리가 반쪽으로 갈리면서 누군가는 이남 사람이 되고, 또 다른 누군가는 이북사람이 된 것이다. 이남과 이북으로 갈라진 지역민들에게 있어서 6·25전쟁을 바라보는 상이한 인식이 나타나기도 하였다.

6·25전쟁과 전쟁 이후 해당 당시 북한에 편입된 지역이 수복되는 과

정에서 민간인들 중 상당수가 육체적·정신적 아픔을 겪었으며, 6·25전쟁 이후 지역민들은 한동안 잿더미에 전류탄, 철조망으로 뒤덮인 삶을 살았고, 지역에 염색공장과 같은 시설들이 들어서면서 공해오염과 수질오염이 발생하고 그로 인해 약수터가 폐지되고 가축들이 유산하는 등의 어려움을 겪었다.

물론 이응수 대표가 운영중인 '평화이발관'과 같은 평화를 기원하고 갈망하는 '평화의 씨앗'이 발아하고 있다.

II. 푸른물과 유교의 고장, 창수면

현재의 창수면은 포천시의 서북단에 위치한 면으로 청정 농촌지역의 특징을 가지고 있다. 북쪽으로는 한탄강을 경계로 하여 관인면과 접하고 있고 서쪽으로는 연천군의 청산면과 접하며 동쪽으로는 영중면과 접한 지역이다. 창수면의 면적은 약 58.9㎢, 인구는 1,962명(2025년 기준), 행정리는 가양리·오가리·고소성리·운산리·주원리·추동리 등 6개 리가 위치하고 있다.[80]

창수면은 이름대로 영평천의 맑은 물이 흐르는 곳인데 '창수(蒼水)'라는 이름도 영평천의 맑은 물 바로 푸른 물결에서 비롯되었다.

창수지역은 고려와 조선시대에는 영평현 남면에 속하였고 1914년 행정구역 개편시 포천군에 편입되었다. 창수는 예로부터 농업이발달하였으며 1930년 자료에 따르면 "수리시설이 잘 갖추어져 벼농사 중심지로 번성하였다"고 기록되어 있다.[81]

6·25 전쟁시기에는 포천과 이동을 잇는 군수보급로 역할을 맡아 전쟁

---

80) 「포천시 통계연보」, 2025.
81) 조선총독부, 「조선지지자료 - 경기도 포천군」, 1936, 87면.

의 굴곡을 고스란히 겪었고, 전후에는 피란민이 정착하여 새로운 마을 공동체가 형성되었다.[82]

　푸른 물과 유교의 고장인 창수면은 현재에는 벼농사 외에도 과수와 특용작물이 활발히 재배되는 평화로운 농촌의 면모를 되찾았다. 미군사격 훈련 등으로 인한 소음 피해와 인구 유출 문제가 있었으나, 최근 빈집 활용 및 마을 활력 사업을 통해 생태평화 관광마을이나 마을기업(가래울마을) 등을 조성하여 지역 재생 및 발전을 도모하고 있다. 또한 포천아도니스 골프장이 위치하고 있어서 타 지역인들의 방문이 늘고 있다.

　창수지역의 정신적 중심에는 옥병서원(玉屛書院)이 있다. 이 서원은 조선 후기 영평 사림이 학문을 닦고 인의예지를 가르치던 곳으로, 지금도 푸른 물가에 서서 옛 선비의 자취를 전하고 있다.[83] 이 서원은 포천 동부의 유교문화 전파를 상징하는 핵심 유적으로 창수의 이름처럼 그 유교의 맑은 정신이 물처럼 흐르는 고장임을 상징한다. 또한 이 서원은 6·25 전쟁시기에 총탄을 맞은 비석이 보존되고 있어서 조선시대와 6·25 전쟁 그리고 38선을 스토리텔링하기 적합한 물적자원이다.

III. 영평의 중심, 평화의 뿌리, 영중면

　현재의 영중면은 포천시의 북동부에 위치한 면으로 옛 영평군의 중심지였던 유서깊은 지역입니다. 북쪽으로는 이동면과 접하고 있고 서쪽으로는 포천읍과 접하며 동쪽으로는 창수면과 접하며 남쪽은 신북면과 접한 지역이다. 영중면의 면적은 약 61.35㎢, 인구는 4,970명(2025년 기준), 행정리는 양문리·거사리·금주리·성동리·영평리·영송리 등 6개 리가

---
82) 「한국전쟁기 수복지구 연구」, 59면.
83) 국립문화재연구원, 「한국의 서원」, 2015, 201면.

위치하고 있다.[84]

　포천의 중심부에 자리한 영중면은 이름 그대로 '영평의 한가운데(永平之中)'라는 의미를 지니고 있다. 1914년 일제의 행정구역 개편으로 영평군이 포천군으로 통합되면서 '영중'이라 새로 불리게 되었다.[85]

　영송리 일대에서는 선사시대 주거지와 토기가 출토되어, 이곳이 포천 동부의 가장 오래된 정착지 중 하나였음을 보여준다.[86]

　조선시대에는 금주리·성동리 일대에 영평현의 관아가 자리하였고, 향교와 객사, 창고가 모여있어 행정의 중심지로 기능을 하였다. 매월 장이 서던 날이면 양문리 장터에는 인근 군민이 모여들었고, "영평 나가면 벼 세 섬은 팔아야 들어온다"는 말이 생길 만큼 시장이 번성했다.[87]

　광복이후 영중면은 38선 남쪽의 중간 거점으로 군사도로가 지나며 포천·이동을 연결하는 교통 요지가 되었고, 전쟁의 피해 속에서도 주민들은 논을 일구며 다시 삶을 이어갔다. '영평'의 이름처럼, "길이 평안하라"는 말이 이 지역이 분단의 상처를 견뎌낸 힘이었다.

　현재 영중면은 여전히 '영평의 심장부'로 불리며, 포천 동부 행정과 교통의 중심 기능을 이어가고 있다.[88]

IV. 영평의 첫 동쪽, 생활의 마을, 일동면

　현재의 일동면은 포천시의 동부에 위치한 면으로 다양한 자연환경과 군사적 특징을 가지고 있다. 북쪽으로는 영평천을 경계로 하여 영북면과

---

84) 「포천시 통계연보」, 2025.
85) 조선총독부, 「조선지지자료 – 경기도 포천군」, 1936.
86) 경기문화재단, 『포천 영송리 선사유적 조사보고』, 2022.
87) 포천문화원, 「영중면 향토자료집」, 2019.
88) 「포천시지」, 앞의 책, 117면.

이동면과 접하고 있고 서쪽으로는 영중면과 접하며 동쪽으로는 가평군 북면과 접한 지역이다. 일동면의 면적은 약 94㎢, 인구는 8,773명(2025년 기준), 행정리는 기산리·길명리·유동리·수입리·화대리·사직리 등 6개 리가 위치하고 있다.[89]

일동면은 영평의 첫 동쪽을 뜻한다. 조선 후기 영평현의 동면을 1895년 포천군 병합시 두 구역으로 나누며, '첫 번째 동쪽(一東)'이라 명명하였다. 『세종실록지리지』에는 "영평현의 동쪽에는 큰 산(廣德山)과 넓은 들이 있고, 물이 동쪽으로 흘러 백성의 농업에 이롭다"고 기록이 남아 있다.[90] 이로 보아 일동 일대는 예로부터 풍요로운 평야지대였음을 알 수 있다.

광덕산(1,046m) 자락에는 광덕사(廣德寺)가 위치하며, 산 아래에는 사직단이 있어 신앙과 농경이 공존했다.

일동은 영평·춘천·양평을 잇는 교통의 요충지로, 영평장에서 오가던 물자와 사람들이 거쳐 가는 길목이었다.

1914년 행정개편으로 영평 동면 남부가 일동면으로 확정된 이후, 1930년대 "수입천 유역에 논이 많고, 시장이 활발하다"고 기록되었다.[91]

광복 이후 국도 제37호선 개통과 함께 상업 기능이 강화되었고, 광덕산과 수입천을 중심으로 농업·상업 복합형 생활권이 형성되었다. '광덕산 여우전설', '구렁이 선비전' 등 설화가 전해지며, 지금도 달맞이와 마을제 같은 세시풍속이 이어지고 있다.[92]

일동면은 면의 북쪽을 38선이 통과하였던 곳으로 8.15 광복 직후에는

---

89) 「포천시지」, 앞의 책, 121면.
90) 「세종실록지리지」 권153, 영평현조.
91) 조선총독부, 「조선지지자료 - 경기도 포천군」, 1936.
92) 조선총독부, 「조선지지자료 - 경기도 포천군」, 1936, 92면.

일부 지역이 공산치하에 놓여있는 상태였다가 6·25전쟁중에 수복되어 1954년에 포천으로 다시 편입된 수복지역이다.

현재에도 다수의 군부대가 밀집해 있는 특성이 있으며 그로 인해 군인 및 군인가족 관련 종사자들의 왕래가 많은 지역이라는 특수성이 있고 인구규모에 비해 상권이 발달한 지역이다.

일동막걸리 역시도 이동막걸리와 더불어 유명한 포천의 특산물인데 군인신분일 때 마신 막걸리의 맛을 잊지 못해서 유명해졌다는 막걸리의 일화처럼 군과 관련된 스토리텔링 소재가 많은 곳이다.

이와 더불어 수입리 지역에는 유황성분의 온천수가 발견되어 온천이 개발되어 있는 관광지로 산과 들, 삶의 숨결이 함께 살아있는 마을, 그것이 오늘의 일동면의 모습이다.

V. 북방의 관문, 수복의 기억, 이동면

현재의 일동면은 포천시의 최북단에 위치한 면으로 이동갈비와 이동막걸리의 본고장으로 매우 유명한 포천의 대명사인 지역입니다. 북쪽으로는 철원군 서면과 접하고 있고 서쪽으로는 영북면과 접하며 동쪽으로는 화천군 사내면과 접한 지역이다. 이동면의 면적은 약 112.95㎢, 인구는 5,577명(2025년 기준), 행정리는 노곡리·장암리·도평리·연곡리 등 4개 리가 위치하고 있다.[93]

이동면은 영평현 동면을 둘로 나누며 붙혀진 이름으로 '두번째 동쪽 지역'이란 의미를 가지고 있다. 『세종실록지리지』에는 "영평현의 북쪽은 산이 깊고, 물길이 험하나 백운산(白雲山)의 경치가 아름답다"는 구

---

93) 「포천시 통계연보」, 2025.

절이 남아 있다.94) 조선 후기에는 북방 방호의 요충지로 군사시설이 설치되었고, 흥룡사(興龍寺)가 창건되어 종교·군사적 기능을 겸했다.95) 6·25전쟁 이후 흥룡사는 전후 '수복의 기도 도량'으로 재건되어 평화 기원의 상징이 되었다.96)

광복이후 38선이 설정되면서 이동면 북부의 명덕리·금학리 일대는 북한지역에 속했다가 1953년 휴전 후 수복되어 '수복지구(收復地區)'로 지정되었다.97) 전쟁으로 폐허가 된 마을에는 귀환민과 피란민이 함께 정착해 혼합 공동체를 이루었고, 그 속에서 사람들은 서로의 상처를 감싸며 새로운 삶을 시작했다. 이동막걸리와 이동갈비, 이동시장은 전후 경제 재건의 상징으로 자리 잡으며 "전쟁의 상처를 일상의 맛으로 바꾼 회복의 문화유산")으로 남았다.98)

현재 이동면은 백운계곡·국망봉자연휴양림을 품은 평화·생태 관광벨트 중심지로 발전하였다.

VI. 경기도 포천시 창수면 주원리 "38선 평화마을"과 강원특별자치도 양양군 현북면 잔교리 "38평화마을"

우리나라에서 "38선"을 지나가는 마을은 수없이 많다. 그중에서 눈에 들어오는 두 개의 마을이 있다. 경기도 포천시 창수면 주원리의 "38선 평화마을"과 강원특별자치도 양양군 현북면 잔교리의 "38평화마을"이다.

포천의 38선이 지나가는 마을 중에는 창수면 주원리에 "38선 평화마

---

94) 「세종실록지리지」 권153, 영평현조.
95) 국립문화재연구원, 『한국의 서원』, 2015, 210면.
96) 포천문화원, 「이동면 향토자료집」, 2019.
97) 「한국전쟁기 수복지구 연구」, 62면.
98) 경기문화재단, 「포천의 문화유산」, 2022, 73면.

을"이 있다. 이 입구에는 "평화의 여신상" 조각상이 있다. 지금은 고인이 되신 포천시 창수면 주원리 출신의 세계적 조각가인 전 동아대학교 김광우 교수 작품이다. 원래 포천시 주원리는 법원리와 하리면 금주리를 일부를 행정구역 개편에 따라 병합하게 되었을 때 금주와 법원의 뒤쪽 이름을 따서 주원리라 짓게 된 이름이라고 한다.

[그림 3-7] 포천 38선 평화마을 "평화의 여신상" 조각상

포천 주원리 마을 사람들은 이러한 김광우 교수를 잊지 않기 위해 마을 입구에 공덕비를 세워두고 있다.

[그림 3-8] 김광우 선생 공덕비

공덕비 내용은 다음과 같다.

선생께서는 1941년 3월 18일 이곳 창수면 주원리 450번지에서 출생하셨으며 민족이 비극인 6·25사변을 겪으시는 어려운 여건에서도 학문에 정진하시어 포천이 사랑하는 세계적인 조각가로써 명성과 함께 우리나라 예술계에 거목이 되시어 대학에서 많은 후학을 양성하셨으며 동아대학 예술대학 학장직을 수행하시다가 귀향하시어 창작활동을 하시던중 마을회관 설립에 토지가 부족하다는 사실을 아시고 선생의 토지 주원리 434-3번지 128제곱미터를 희사하시었으며 또한 선생의 작품 '평화의 여신상'을 희사하시어 주민들의 귀감이 되셨기에 오늘에 이르러 주원3리 주민들의 고마운 마음을 모아 선생의 높으신 뜻을 이비에 담아드립니다.

2016년6월25일 주원3리 주민일동.

김광우 교수는 평소 자택과 자택 주변에 조각을 설치하여 평화에 대한 소중함을 남기고 싶어 했다. 필자(소성규) 역시 김광우 교수 퇴임 후 포천에 머무르시는 동안 여러 교류를 한 바 있다. 특히 포천시의 미래와 발전을 위해 대진대학교 행정정보학과 허훈 교수(학장)와 함께 "포천미래포럼"을 창립하시고, 포천의 미래와 발전을 위해 왕성한 활동을 하시기도 했다.

[그림 3-9] 고 김광우 교수 자택 내 작품

[그림 3-10] 고 김광우 교수 자택 주변 작업실과 작품

강원특별자치도 양양군 현북면 잔교리에는 "38평화마을"이 있다. 잔교리 "38평화마을"에서 잔교리라는 이름은 하천을 건너기 위한 잔다리가 많았다고 하여 붙여졌으며, 잔다리골, 쟁기동마을, 38평화마을이라고도 불리기도 했다. 지금도 마을에는 총탄의 흔적이 남은 나무들이 전쟁의 아픔을 보여주고 있다. 마을을 지나는 강을 기준으로 하나의 마을은 둘로 나뉘는 아픔을 겪었다.

강을 기준으로 북쪽은 북한군이 남쪽은 국군이 서로를 향해 총을 겨눴다고 한다. 마을에는 한국전쟁의 아픔을 알리고 평화를 염원하기 위해 2012년 잔교리 공공미술 프로젝트로 만들어진 작품들을 볼 수 있다. 한국전쟁의 아픔을 그대로 느꼈던 마을의 어귀에는 포탄 모양의 조형물을 볼 수 있으며, [하나된 마음]이라는 이름의 작품은 강을 사이에 두고 평화를 낚고 있다. 38평화마을에 평화의 소식을 전하는 우체부의 모습도 볼 수 있으며, 가운데 레일은 과거 종의 기능을 하며 한국전쟁 당시 마을 사람들에게 위험을 알리는 역할을 하였다고 한다. 지방소멸시대 임에도 불구하고, 살기 좋은 마을로 인구가 증가하고 있는 마을이기도 하다. "38선"이란 아픔과 상흔을 기억하기 위한 두 개 마을의 노력은 계속되고 있다. 특히 포천시는 38선 휴게소 부지와 주변지역을 "38선 평화공원"으로 조성하고, 포천시 아트밸리에는 "김광우 미술관"을 개관하였다. 후세들에게 전쟁의 상흔과 아픔을 기억하고 교육하기 위한 공간이다. 두 개 마을은 평화와 통일교육의 공간으로 활용되었으면 한다. 전쟁과 갈등의 기억을 평화의 치유지역으로 재탄생하기 위한 포천시와 양양군 차원의 자매결연을 통한 다양한 교류협력이 필요하다.

[그림 3-11] 강원특별자치도 잔교리 "38평화마을"

[그림 3-12] 잔교리 38평화마을 조각 작품

제4절 포천사람들이 이야기하는 38선과 삶의 이야기, 그리고 미래

　경기북부 포천지역(특히 "38선 평화공원"이 조성될 영중면)으로 한정된 지역적 한계를 두고 있는 이 연구를 진행하면서 지역주민들의 도움이 많은 도움이 되었음을 부인할 수 없다. 그리고 주목한 점은 우리 동네 이야기는 우리 동네에 거주하는 주민들의 기억에서 시작되기도 하였고 찾지 못한 해답을 찾을 수 있었다는 것이다.

　연구를 진행하면서 포천을 삶의 터전으로 살아가는 평범한 포천사람들과 많은 일상의 이야기를 나누었다. 그 많은 이야기를 모두 담아낼 수 없다는 아쉬움과 공유하면 좋겠다는 이야기를 기록으로 남겨두는 것이 좋겠다는 생각으로 몇 분과의 인터뷰(FGI)를 수록하고자 한다. 각자 개인적인 생각과 기억에 대한 답변이라는 점에서 객관적 근거와 대표성의 한계는 있지만 답변자에 의한 생각과 경험 등을 함께 공유함으로 기록에 의해서는 인지하지 못한 포천의 이야기를 공유함에 큰 의미를 두고자 한다.

　인터뷰(FGI) 선정의 기준은 "38선"에 대한 기록을 남기기 위한 행정의 노력이 필요한 점에서 백영현 포천시장과 이중효 (재단법인) 포천문화재단 대표이사를 선정했다.

　아울러 "38선"이 지나는 경계선에서 살고 있으면서 이발관을 운영하시는 이응수 대표, 군 사격장 등 군소음과 군소음으로 인한 피해보상과 방지를 위해 노력을 아끼지 않고 있는 포천시 군사격장 범시민대책위원회 강태일 위원장을 통해 포천 동네 이야기를 진솔하게 듣고자 한다.

　또한 대학 축구 감독과 교수직을 내려놓고 축구 후진 양성을 위해

"38선" 부근에 정착하게 된 계기와 축구 후진을 양성을 위해 노력하고 계시는 FC KHT 김희태 축구센터 이사장을 통해 남북한 스포츠 교류와 38선 관련 이야기를 들어보고자 한다.

포천시장이 된 꿈많은 포천토박이
- 백영현 포천시장

백영현 포천시장은 2022년 제8회 전국동시지방선거에서 제8대 포천시장에 당선되어 "더 큰 포천, 더 큰 행복" 도시 포천을 만들기 위해 소통·공감·화합·통합 중심의 원칙을 지켜 포천의 새로운 미래를 힘차게 열어가고 있다. 경기도 공무원 시절 대진대학교 법무대학원에서 법학석사를 취득한 학구파이기도 하다.

[그림 3-13] 백영현 포천시장

Q : 포천과의 인연은 어떻게 시작되었나요?

A : 저는 포천에서 나고 자란 포천인입니다. 포천시 신북면 기지리 독곡마을에서 태어났어요. 지금으로 설명한다면 아트밸리 있는 동네라고 하면 금방 저희 동네를 떠오르실꺼예요. 그리고 대학시절을 제외하면 포천에서 학교다녔고 공직생활을 하였고 대부분의 제 삶이 포천과는 떨어져 생각해볼 수는 없죠.

필진 요약 :

백영현 포천시장은 신북초, 포천중, 포천종합고(현 포천일고), 단국대학교 공과대학 토목공학과를 졸업했다. 군 복무 이후 1987년 5월 포천군 이동면에서 공직생활을 시작해 한때 경기도청 감사담당관실에서 근무하기도 했으며, 이후 포천시 선단동장, 포천시청 한탄강 관광지원과장, 포천시청 전략사업과장, 소흘읍장 등을 거쳐 2016년 12월 명예퇴직했다.

Q : 포천시와 38선은 어떤 관계일까요?

A : 포천지역은 6·25전쟁 당시 최초 격전지 중 하나로 기록된 지역입니다. 영중면 영평천 일대는 38선이 지나가는 상징적인 장소입니다. 이곳은 단순한 지리적 경계가 아니라, 남북을 잇는 평화의 관문이자 금강산으로 향하는 길목이라는 것이지요. 그동안 38선은 한반도의 중앙을 가로지르며 오랜 시간동안 분단과 갈등의 상징이었습니다. 그러나 이제는 38선을 새로운 시각으로 바라보아야 할 때입니다, 38선은 더 이상 단절의 선이라 볼 것이 아니라 평화와 번영을 향한 새로운 출발선이라 생각하여야 합니다. 바로 그 출발선에 그 중심에 우리 포천시가 위치하고 있습니다.

포천시는 38선위에 위치한 지역이라는 상징적 의미에만 의미를 두지 않습니다. 우리는 이곳을 남북 교류의 거점, 평화경제의 실험장, 그리고 국가 균형발전의 중심축으로 만들어 가고자 합니다.

Q : 과거 공무원의 경험과 현재 시장으로서 생각하시는 포천시와 시민들에게 38선과 국가안보에 따른 희생에 대해 말씀해주세요?

A : 굳이 따져본다면 포천지역은 수복지역과 38선이남 지역간에는 미묘한 문화적 차이가 있었습니다. 과거 공무원 시절에는 주로 행정 집행 차원에서 '수복지구 행정 혼란'을 바로잡는 일이 많았습니다. 그러나 지금 시장으로서 바라보면, 38선과 수복은 단순한 행정 사건을 넘어 포천 정체성을 만든 역사적 사건입니다. 행정적 효율성을 넘어, 주민 정체성과 미래 발전 전략의 기초로 보는 시각이 달라졌습니다.

포천지역은 국가안보를 위해 오랜 시간 동안 묵묵히 희생해온 도시입니다. 영중면에는 아시아 최대 규모의 미군 로드리게스 종합사격장, 이동면에는 승진과학화종합훈련장이 위치해 있으며, 시민들은 수십 년간 소음, 안전 위협, 재산권 침해 등 다양한 피해를 지금도 감내해오고 있습니다. 최근에는 공군 KF-16 전투기의 오폭 사고로 민가가 파손되고 시민의 생명과 안전이 위협받는 일도 발생했구요. 이러한 현실은 국가가 외면해서는 안될 일이고 반드시 책임져야할 문제라고 생각합니다. 포천시민의 희생은 더 이상 당연한 것이 되어서는 안 됩니다. 국가는 군사시설 피해에 대한 실질적 보상을 하여야 하고 훈련장 인근 주민의 생활권 보호 및 이주를 지원해야 합니다. 또한, 사고 재발방지를 위한 훈련안전 매뉴얼을 강화해야 하고 지역발전을 위한 특별지원 및 인프라구축에도 투자하여야 합니다.

개성포럼의 이러한 학술활동은 포천의 과거역사를 추억하고 고증된 역사를 미래세대에게 알려주는 일도 의미가 있다고 할 수 있겠습니다. 지금의 우리의 세대조차 알지 못하고 잊혀져가는 일들을 다음세대는 당연히 알 수 없을테니깐요. 이렇게 기록으로 남겨지는 것은 중요한 것이고 체계적으로 포천의 기록을 만들어 놓아야겠다는 생각도 듭니다.

Q : 포천시가 앞으로 38선을 어떻게 기념하고 활용해야 하는가?

A : 저부터도 당장 전후 세대라 전쟁과 관련된 직접적인 기억은 없고 이에 대한 이야기를 하기가 힘들겠지요. 제가 태어난 곳은 아트밸리가 있는 동네여서 포천에는 좋은 돌이 많았습니다. 이곳의 돌이 국회의사당과 세종문화회관에 사용되고 수출되면서 지역경제에 도움이 되었습니다, 물론 아쉬운 점도 있었습니다. 당시만 해도 환경에 대한 인식이 지금과 같지 않아서일까요. 환경에 피해에 무덤덤한 시기였으니깐요. 결론적으로 아트밸리는 예술공간으로 재창출되었습니다. 관심과 노력으로 버려진 폐광도 예술공간으로 탈바꿈된 것과 같이 아직은 알려져 있지못한 곳이고 소용가치가 없을지 몰라도 탈바꿈되어가게 될꺼예요. 저는 38선을 단순히 과거 전쟁의 상징으로만 둘 것이 아니라, 평화와 상생의 상징으로 바꿔야 한다고 생각합니다. 추모·교육·관광이 조화를 이루는 방향으로 기념 공간을 조성해, 포천이 가진 역사적 의미를 국내외에 알리는 것이 필요하겠지요.

Q : 시장님이 소개해주실 포천지역의 남북평화 관련한 이야기가 있다면?

A : 북한 평강군 오리산에서 발원한 한탄강은 철원, 포천, 연천을 거쳐 흐르며, 그 중 약 50%의 수계가 포천에 해당됩니다. 이는 포천이 남북 공동의 생태자산을 품은 도시임을 의미합니다. 한탄강은 단순한 자연자원이 아니라, 남북 평화의 메시지를 담은 공간이자 포천의 미래가 시작되는 곳입니다. 한탄강을 통해 과거의 상처를 치유하고, 미래의 희망

을 설계할 수 있을 거라 생각하고요. 포천시는 한탄강을 중심으로 미래 구상을 추진하고 있습니다.

유네스코 세계지질공원 재인증을 기반으로 한 생태관광을 활성화하고자 하고 Y형 출렁다리, 세계드론 제전 등 체류형 관광 콘텐츠를 확대하고 한탄강 평화정원, 미디어 아트파크, 공연캠핑 문화레저단지 조성하고 남북공동 생태보존 및 문화교류 플랫폼을 구축하고자 합니다.

Q : '포천형 통일교육·체험학습장'과 관광정책 연계 가능성은?

A : 아주 바람직한 것으로 충분히 검토할 가치가 있습니다. 체험학습장과 평화관광 자원을 연결하면, 청소년·청년들에게는 교육적 효과를 주고, 지역에는 경제적 활력을 불어넣을 수 있습니다. 다만 상업화보다는 역사적 진정성과 교육적 가치가 우선되도록 시 차원에서 관리와 지원을 해 나가겠습니다.

저는 우리 포천은 안보관광까지 가능한 지역이라 생각합니다. 예컨대 승진사격훈련장의 관람석을 만드는 방안이죠. 실사격을 볼 수 있는 기회가 거의 없거든요. 이를 활용해 K-방산에 관심이 많은 국내 관광객 뿐만 아니라 해외 관광객도 유치할 수 있으리라 봅니다. 평화공원을 거점으로 해서 실질적인 군사격 등을 체험할 수 있는 지역이 되는거죠. 군부대와의 협의가 전제되어야겠지만 무기도 전시한 포토존활용도 한 예가 될 것 같습니다.

Q : 저희의 질문외 별도로 하시고자 하는 말씀이 있다면?

A : 제 임기중 가장 안타까운 사건은 공군전투기 오폭사고와 집중호우 피해라 생각합니다. 오폭사고는 다행히 인명피해는 없었지만 재산피

해는 컸고 호우피해도 924건에 386억원 규모의 피해가 있었어요. 정부에 재발방지와 더불어 특별법 제정요구를 하고 관계기관과 협력해 근본적인 예방사업을 추진하고 있습니다. 사건과 사고는 끝까지 책임져야 하는 거니깐요. 정부는 70여년간 국가안보를 위해 묵묵히 희생한 포천시에 대해 특별한 희생에 대해 특별한 보답으로 화답해야 합니다. 우리 포천은 첨단 산업과 생태 관광이 공존하는 도시, 그리고 시민 중심의 지속가능한 도시, 역사와 미래가 공존하는 도시, 평화와 번영이 시작되는 도시로 나아갈 것입니다.

시민과 소통하며 문화로 연결되는 포천을 만들어가는
- 이중효 (재)포천문화재단 대표이사

"포천 지역 고유의 문화, 관광자원을 발굴하고 시민이 체감하는 문화서비스를 확대하고자 노력하겠다"는 (재)포천문화관광재단의 이중효 대표이사의 말이다.

[그림 3-14] 이중효 (재)포천문화관광재단 대표이사

Q : 포천과의 인연은 어떻게 시작되었나요?

A : 저는 포천시 군내면 상성북리에서 출생한 전형적인 토박입니다. 제15대조께서 조선 선조 때 승정원 도승지, 경연 참찬관, 춘추관, 예문관, 직제학 등 벼슬을 하시다 포천으로 낙향하시어 큰아들은 상성북리에 터를 잡고 작은아들은 구읍리(풍류산)에 살게 하고, 현재 17대째 자손이 집성촌을 이루고 살고 있습니다.

또한 저는 초·중·고·대학을 고향에서 다녔고 군 제대 후 새마을지도자, 농민 후계자 단체생활을 하다 1998년 포천군의원에 당선되어 3선을 하며 산업건설위원장, 행정자치위원장, 의장을 역임하며, 시 발전에 참여하여 왔습니다. 그리고 현재는 포천문화관광재단 대표이사로 시민의 문화향유 증진과 관광발전을 위해 최선을 다해 일하고 있습니다.

Q : 포천의 6·25와 전후 실상은 어떠하였을까요? 해방 또는 수복과정에서 본인의 직접적인 경험이나 어르신에게 전해 들은 이야기를 나눠주세요?

A : 이동면 연곡리 제비울이라는 자연부락도 38선으로 인해 반으로 나뉘었고 주로 이산은 인민군, 돗음산은 국방군이 주둔하며 관리하였고 서로 사이가 좋지 않을 때에는 총격전도 하였습니다. 때에 따라 국방군이 관리하는 돗음산 자락까지 인민군이 점령한 적도 있고 1949년에는 제비울 주민을 철원으로 이주시키고 통제한 적도 있으며, 그 당시 어디로 끌고 가냐 물으면 인민군은 하늘과 땅이 맞닿은 곳까지 간다고 답변하였습니다. 현실적으로는 38선 경계를 자연 지형을 이용해 하천이나 도로를 기준으로 하였고 북쪽은 소련군 남쪽은 미군이 관리하였습니다.

연곡리는 이북에 해당되어 인민군의 통제를 받았으며 매일 회의를 하게 하였고, 농사에 필요한 적은 양의 비료도 배급을 주었습니다. 그 당시 관리관으로 주둔한 소련군은 주민에게 피해를 주지 않았으며, 여우재 도로를 개설할 때에는 철원주민을 끌고 와 노역을 시켜 길을 만들었고 공사 중에 여러 사람이 죽기도 하였다고 합니다. 또한 지역 여성위원장이 아들을 셋을 두었는데 첫째는 갑성, 둘째는 일성, 셋째는 삼성이라 이름을 지었는데 둘째의 이름이 김일성 주석과 같다고 하여 당 간부가 개명하라고 하여 두성이라고 바꾸기도 하는 일도 있었다고 합니다.[99]

수입리에서 태어나 11살까지 학교를 다니다 서울 청운초교로 전학을 갔고, 당시 일동면 수입리에는 일동초등학교 분교가 있었는데 교명이 왕교분교라 불렀습니다. 집에서 1km정도 떨어져 학교 다니기는 좋았는데 38선은 산내지 앞을 흐르는 개울을 경계로 (현 영평천), 남측과 북측으로 나누어져 하천을 따라 북쪽에 마차 길이 있었는데 그곳은 소련군이 관리하고 제가 살던 곳은 하천의 남쪽으로 미군이 관리하였습니다. 마차 길은 전곡, 영평, 신장, 성동, 새내지, 이동 노곡리로 연결되었습니다. 지금 38식당이 있는 곳에는 항아리 굽는 집이 있었고 그 옆 주막거리에는 상점이 몇 개 있어 막걸리를 파는 주막, 북어파는집, 생필품을 취급하는 가게였습니다.

대다수의 물건은 기차로 연천, 전곡역에 하역하면 마차를 통해 이곳까지 오게 되었습니다. 또 그 당시에는 돈으로 물건을 사기도 하였지만, 물물교환도 많이 이루어졌으며, 가끔 북어 가게에 가서 구경하는 척하고 북어눈알을 빼먹던 일들도 생각납니다. 당시 인민군은 어린 학생의 책보자기를 풀어서 검색도 하였고, 가끔 남측으로 내려와 주민의 소와 물건들을 약탈해 가기도 했습니다. 또한 전쟁 전이라 북측에 사는 사람도 남

---

[99] 이중효 대표가 이원식님으로부터 전해 들은 증언임.

측에 농지가 있어 벼농사를 짓기 위하여 사직리를 오가며 생활하였습니다. 특히 마차 길에는 군복을 입고 말장화를 신고 밴드를 찬 모습으로 말을 타고 소련군이 순찰하던 모습이 생각납니다. 그들은 쉴 때 간식으로 해바라기씨를 호주머니에서 꺼내어 잘 까먹었는데 오른쪽으로 넣으면 껍데기는 왼쪽으로 나오는 것을 보며 신기하게 바라보았고 어떤 지침이 있는지 모르지만, 남측 시민에게도 친절하게 대해주었으며 어린 우리에게 소련 말로 하나, 둘, 셋, 넷, 다섯을 가르쳐 주었는데, (아진, 드바, 뜨리, 치뜨리, 빠찌)라고 했는데 80년이 지난 지금도 머릿속에 그 기억이 생생합니다.[100)]

내가 살아온 영평현의 이름은 조선 태조때 시작되어 1618년 포천현과 합병되었다가 1895년 포천군과 통합이 되었습니다.

8.15광복후에는 38선 이북지역이라 소련군과 인민군의 통제를 받았고 영평군이라 불렀습니다. 하지만 다시 1년만에 폐지되고 남한이 수복하며 포천군으로 편입되었습니다. 어찌보면 이지역은 해방과 6·25전쟁으로 그 중심에서 가장 많은 피해를 입었고 주민 또한 수시로 거주지 이동과 피난생활로 고통을 받았습니다. 1950년전에는 소련군 사격장으로 사용되었고 현재는 미군의 사격장으로 운영되고 있습니다. 또한 영평초등학교는 포천 최초의 초등학교이지만 전쟁후에는 1958년 미군경비중대가 들어와 주둔했고 학생들은 천막교실로 밀려나 공부를 해야 했습니다. 그 당시 선생님은 모두 군인이 역할을 하였습니다. 6·25전쟁전에는 이곳에 미군이 없었으며 전쟁중에 미3사단이 중공군을 물리치며 처음 발을 내딛었습니다. 전쟁 전 소련군이나 전쟁 중 인민군이나 미군은 특별히 주민에게 피해를 준 것은 기억에 없습니다. 다만, 군인들에 의해 아녀자의 성

---

100) 이중효 대표가 박광근(전일동농협조합장)님으로부터 전해 들은 증언임.

적피해가 종종 일어나 내 누이는 부모님이 보호하기 위하여 중학교 2학년때 창수면 가양리로 시집을 보낼 수밖에 없었습니다. 38선 중심부에 살던 우리들은 전쟁의 상황에 따라 철원으로 이주가기도 하고 의정부 송산으로 피난하여 살기도 하였습니다. 그 시절 마을에는 미군은 겁이 많다고 소문이 돌았습니다. 마을 뒷산에 작은 동굴에 있는데 인민군이 숨어있다는 정보를 갖고 잠입하여 수류탄을 몇 개 까서 던져 놓고 줄행랑을 치고 나타나지 않았다고 하여 생긴 말이다. 또한 송산 피난시절에는 미군의 성범죄가 빈번하였습니다. 특히 권총으로 위협하고 강제로 성폭력을 일삼았기 때문입니다. 따라서 가족이 식사를 하다 밖에서 내군 소리가 나면 엄마와 누이는 이불을 덮어 숨기고 남자만 있는 척하며 그 순간을 피하기도 하였습니다. 다만, 미군은 물자가 풍부하고 우리는 궁핍하니 다른 곳에는 보거나 듣지도 못했습니다. 내일 모래면 나도 90인데 어린시절 되돌아 보면 어떻게 살아왔는지 회한이 들지만, 이제는 옛날이야기가 되어버렸지만 38선이라는 동네에 살면서 다시는 그런 민족의 불행이 오지 않고 우리 후손들이 평화롭게 살 수 있다면 좋겠다는 소망뿐입니다.[101]

Q : 북포천군 수복지구 같은 행정 구분은 주변 입장에서 어떻게 기억하고 계십니까?

A : 포천에서 태어나 60대 후반까지 살면서 사실 북포천군이라는 행정구역 명칭을 처음 들어 봤습니다. 아마도 토박이의 99%가 처음 들어 볼거라 생각합니다. 남북분단의 혼란기 즉, 6·25전쟁 이전 포천의 38선 이북 지역으로, 영북면, 이동면, 화천군의 사내면 그리고 영중, 창수, 청

---

101) 이중효 대표가 신동규님으로부터 전해 들은 증언임.

산면, 일부지역이 북포천군으로 북한에서 사용한 행정구역 명칭으로 1954년 폐지되었다고 기록되어있는데 사실 포천의 역사에 잠시 스쳐 지나간 아픈 기록의 한 토막일 뿐 의미를 붙일 필요성은 없다고 봅니다.

Q : 문헌 행정기록에서 보지 못하는 나와 지인만 알고 있는 실제 생활사 중 함께 알았으면 하는 일이 있다면?

A : 포천 38선 동네 한 바퀴를 통해 타임머신을 타고 잠시 비참하고 슬픈 과거로 돌아간 것 같습니다. 그 시대의 아픈 기억을 간직하고 살아온 어르신들이 많이 세상을 등지셨습니다. 그나마 유년 시절의 기억을 끄집어내어 말씀을 듣다 보니 동족끼리 갈등을 유발하고 인민군은 피지배층을 이용하여 빨간 완장을 채워주고 식자나 부유층을 부르주아로 몰아세워 사람들을 죽이고 체제를 붕괴시킨 잔인한 상황을 일일이 기술하기에는 정신적 아픔과 괴로움이 너무 큽니다. 다만, 끝으로 사견을 전제로 어느 나라이건 지구상 역사를 보면 약육강식의 동물의 세계와 인류의 역사가 무엇이 다른가, 스스로 되물어 봅니다. 분명한 것은, 언제든 유비무환의 자세와 강력한 힘을 가진 국가를 만들어야 한다는 평범한 진리를 되새기고 한 때의 고통의 역사가 영원한 반면교사가 되어 불멸의 위대한 대한민국이 되도록 모든 국민이 하나가 되어 미래를 향하여 전진해야 한다고 봅니다.

Q : 문화재단 차원에서 38선을 지역문화와 콘텐츠를 어떻게 활용해야 좋다고 생각하시는지 말씀해 주실 수 있을까요?

A : 남북분단의 경계선을 위도 38도선으로 구분하였다고 보고 있는데 역사를 보면 1945년 일본이 항복하고 미국과 소련이 일본군 무장해

제를 위해 한반도를 분할 점령하면서 38선이 생겼습니다. 결국 그 경계선으로 남북이 나뉘었고, 자본주의와 공산주의 이념적 대립과 분단의 상징이 되었습니다. 다만, 포천의 경우 38선 근처의 자연 지형을 보면 일동면과 이동면 방향에서 서쪽으로 창수면 주원리 방향으로 흐르는 영평천을 경계로 한다는 생각이 듭니다. 교통 또한 하천을 경계로 도로가 형성되어 사람들이 주로 오가기 때문입니다. 현재 영중면은 38교가 있고 그것을 상징하는 표지석, 정자, 광장의 시설들이 사용되고 있습니다. 그리고 사은 다리에서 성동리 방향은 천변 둘레길이 일부 형성되어 있고 성동리부터 일동면, 이동면, 방향으로 데크 또는 흙길로 둘레길이 조성되어있습니다. 요즈음은 자연을 벗 삼아 운동을 하기 위한 트레킹을 즐기는 인구가 상당히 많습니다.

38선이라는 상징을 갖는 둘레길을 완성하고 전쟁의 아픔, 분단의 비극을 되새기고 국가의 소중함을 일깨우는 의미 있는 관광코스를 만드는 것도 좋다고 생각합니다. 또한 코스 중간중간 휴식 장소에는 그 시절의 이야기들을 간단하게나마 읽을 수 있게 시작서부터 종착까지 설치하여 다른 둘레길과 차별화하는 것이 또한 관광의 한 부분이라고 봅니다.

Q : 주민들이 실제 기억과 기념사업(평화공원 기념비 등) 사이에 차이가 있을 수 있는데 이런 간격을 줄이려면 어떤 노력이 필요하다고 보십니까?

A : 역사는 기록이라고 합니다. 기억이라는 것은 일시적으로 머무는 것이고 세월이 지나면 변한다고 생각합니다. 또한 평화공원, 기념비는 상징성을 갖는다고 봅니다. 비교가 적절한지는 모르지만 같은 성격의 사업에서는 거시적인 사업과 미시적인 사업 두 가지로 생각할 수 있는데

평화공원, 기념비는 역사 속에서 38선이라는 커다란 흐름의 상징이고 지금 집필하는 38선 동네 한 바퀴는 기억 속에 있는 디테일한 이야기를 끄집어내어 각자의 이야기를 엮어내는 것으로 생각합니다. 따라서 두 사이의 간격은 거의 없다고 보고 38선이라는 주제를 커다란 틀에서 상징물과 기록물이라는 인식을 갖고 접근하면 문제가 없다고 생각합니다.

Q : 개성포럼은 38선을 활용한 포천형 통일교육 체험학습장을 개발하고 있는데요. 재단에서 함께 협력해서 관광객을 유치할 전략 방안 정책이 검토될 수 있을까요?

A : 포천문화관광재단은 포천시 출연 기관으로 문화와 관광 모든 분야가 검토될 수 있다고 봅니다. 다만 시설물, 학습장은 개발 주체가 따로 있어 재단의 역할은 없으며 관광객 유치를 위한 전략 방안으로 세미나 또는 토론회 등을 주관 또는 참여 가능할 것으로 봅니다.

지역사회 봉사활동은 나만의 대체 병역의무
- 평화이발관을 운영하는 이응수 대표

포천 38선하면 떠오르는 대표적인 지역주민은 이응수 대표이다.

이응수 대표의 자택과 영업장은 38선에 위치하고 있다. 그 사실만으로도 유명하지만 그의 왕성한 지역사회활동은 포천38선을 하면 떠오르는 대표인물임에 부족함이 없다.

[그림 3-15] 평화이발관 전경

Q : 포천과의 인연은 어떻게 시작되었나요?

A : 저는 남양주시 장현에서 태어났습니다. 아버지 고향은 강원도 회양군 남곡면 조동리이신데요. 미군부대 노무자의 관리책임를 맡게되면서 1954년 11월 15일 이사를 오게 됩니다. 그때부터 저와 포천의 인연은 시작되었고 사실상 제 고향인거죠. 저는 67년인가 아버지가 보증을 잘못 서는 바람에 크게 망하게 되어서 초등학교를 졸업했던 저는 바로 직업 전선에 뛰어들게 됩니다. 아마 69년 4월 1일 이일(미용업)에 종사하게 되죠. 78년 5월 23일에 면허를 취득하고 79년 4월 1일부터 양문 시내에서 이발소를 개업해 영업하다가 2015년부터 이 자리에서 영업을 이어가고 있어요. 아버지가 보증을 잘못 서서 재산을 다 잃었었지만 이후 현재 이 자리를 80년대 초에 땅을 구매하였고 91년인가 집을 지어서 살고 있습니다.

Q : 표창이 참 많으신데요. 여쭈어봐도 될까요?

A : 제가 먹고살기 힘들어서 사실상 군대를 못 다녀왔어요. 그래서

저는 제 국방의 의무는 사회에 봉사하는 것이라 생각해요. 그래서 이런 저런 사회활동을 하다 보니 많은 표창이 많아졌네요.

[그림 3-16] 평화이발관 이응수 대표와 이발소 내부

Q : 본인의 삶과 가족 그리고 마을공동체에서 38선이 영향을 미치거나 변화를 가져온 점이 있다면?

A : 저희 아버지는 양문 시내에서 목공소, 빙수 가게, 양계사업을 하시면서 미군과 직·간접적인 거래를 하시는 사업을 하셨습니다. 6·25 전쟁이 끝나고 미군이 양문에 주둔하게 되면서 이곳은 요즘 말로 핫한 곳으로 떠오르는 지역이었고 미군에 의해 일자리가 많고 돈이 흐르는 지역이라고 판단하신 것 같습니다. 당시 양문은 미군들로 인해 변화가였어요. 춤추는 고하우스도 있었고 아가씨 있는 술집도 있었고 식당이나 미군을 상대로 한 상권이 컸습니다.

당시 저희 집이 있던 자리는 6·25 당시 개울을 메꾸어서 만든 뚝방이었고 미군들이 쓰레기를 버리는 쓰레기장이었죠. 지금 보시는 바와 같이 바로 앞에 보이는 영평천이 넘어가 바로 북한이었죠.

Q : 38선과 관계된 기억 그리고 추억이나 38선으로 인해 경험한 사

건이 있다면 소개해주세요?

A : 지금과는 달리 영평천이 2m가 넘을 만큼 깊었어요. 그래서 영평천 관련 사고가 많았고 제가 여러 사람이 죽는 것도 보았고 구한 적도 많았죠. 특히 기억나는 건 2006년 8월인가. 사람이 죽어서 3일간 영평천을 뒤지다 시신을 건져내었는데 길랑바레 증후군에 걸려서 크게 아팠고 1년간 치료를 하게 되었어요. 그때 그간 들었던 증언들을 비디오로 녹화를 할려고 준비했던 시기인데 치료하면서 녹화를 못하게 된 게 안타깝습니다.

Q : 6·25 전쟁 당시 또는 전후 포천과 관련한 미군과 관련된 이야기를 들려주세요?

A : 미군과는 사이가 나쁠게 있나요. 좋았죠. "헬로우 짭짭"이라고 하면 초코렛도 주고 아무튼 미군으로 혜택이 많았지. 나쁜 점은 없었어요.

Q : 포천의 6·25와 6·25 전후의 실상은 어떠하였을까요? 해방 또는 6·25·수복 과정에서 본인의 직접적인 경험이나 어르신들에게 전해들은 이야기를 나눠주세요.

A : 당시 양문에는 민간으로 구성된 CIC라고 불리운 분들이 있었어요. 뭐 미군의 첩보원이죠. 영평천을 건너 북한에 가서 정보를 취합해서 미군에게 갔다 주는 일을 했어요. 제 기억으로는 당시 빨갱이라고 몰리면 억울한 일을 많이 당했는데 그 분들이 빨갱이로 몰린 분들을 여러 번 구해준 적이 있었죠. 그때 CIC로 활동하셨던 분 중에는 김익수라고 독수리유격대 대장이신 분도 계셨죠. 이분들과의 인터뷰를 영상으로 찍

어두었어야 했는데. 몸이 아파서 이제 거의 다 돌아가셨죠.

6·25 전쟁 1주일 전인가 북한군이 내려왔었다고 해요. 아마도 우리나라 군의 화력을 보기 위한 것이 아닌가 생각되네요. 그러다 6·25 전날 북한의 전차들이 38선으로 쭈욱 들어왔다고 해요.[102]

우리 지역은 북한군이 머무르는 곳이 아니고 지나는 길목이었는데 북한군이 내려올 때 면장과 면장 가족들이 도망을 가다가 면장은 도망을 가고 아들과 엄마는 붙잡혔는데 만세교 검문소 옆 개울가에서 모래에 묻고 죽창으로 찔러서 죽였던 일이 큰일이었고, 그 일을 북한군에게 밀고한 사람은 아군에 의해 대들보에 묶고 찔러서 죽였다고는 일도 있었어요.

당시 우리 아군은 총이 없어서(부족해서) 나무로 총을 만들고 나무로 만든 총을 들고 있었죠. 북한군이 거리가 있으니 대충 총을 들고 있는 것으로 보였을테니깐요.

그리고 휴전협정전이니깐 전시중이죠. 거사2리 방공호에서 미군에게 음식을 얻어먹을려고 갔다가 미군에게 총을 맞고 죽은 일도 있었어요. 영어를 모르니 무조건 OK, OK 한거죠. 아마도 공산군이냐 죽여도 되냐 뭐 이런 질문을 영어로 하니 의사소통 부족으로 변을 당한 거죠.

Q : "문헌·행정기록에서 보지 못하는 실제 생활사에서 나와 최소의 지인만 알고 있는 것인데 포천분들을 포함해서 다른 분들이 함께 알았으면 하는 일이 있었다면?

A : 양문의 곰고개라 불리는 곳이 있어요. 당시에는 그곳에 풀도 나지 않았어요. 딸기가 척박한 땅에서 나온다고 하잖아요. 딸기만 나와서

---

102) 이응수 대표가 김주동(농업, 성동3리)님으로부터 전해 들은 증언임.

그곳에서 딸기를 많이 따서 먹었죠. 당시에도 땅이 기름이 베여 나왔어요. 지금은 많은 시신을 매립해서 그런지 고개 형태가 되었는데 6·25 전사자의 매립지였었습니다. 지금은 도로가 되었어요.

2000년인가 유해발굴단이 생기면서 제가 관여해서 다행히도 행상바위에서도 국군유해 2구를 찾았어요. 이후에 개인적으로 더 많은 유해를 찾고자 지뢰탐지기를 구해서 탐지도 했는데 탐지기가 돌에도 반응하더라구요. 그래서 탄피나 뭐 이런건 많이 찾았는데 유해는 더 이상 찾지는 못했어요.

Q : 금주산 비석에 얽힌 이야기를 자세히 설명해주세요.

A : 금주산에는 행상바위가 있어요. 1.4 후퇴때부터 빨치산의 집결지였어요. 금주초등학교에서 토벌대인 학도병을 훈련시켜서 아침에 올려보내면 저녁에 내려오는 사람이 없었어요. 겨울에 나무를 하러 갔다가 추우면 옷을 벗겨서 입었다고 했고 뼈를 곳곳에서 보았다고 했어요. 근데 시간이 흘러서인지 뼈도 삭아서 없어져 버렸어요.

빨치산이 잘 싸웠다기보다는 아마도 뾰족한 산꼭대기를 박격포부대가 제대로 포격을 하지 못한 거 같아요. 그래서 미군의 박격포 공격에 많은 아군이 사망했다고도 해요. 정상에 가보면 뾰족한 산꼭대기에는 실제로 숨을 장소가 많았어요.

제가 2000년인가 영중면 새마을협의회장일 때 새마을부녀회와 아마추어무선사동호회가 함께 그 들의 넋을 빌고자 비석을 준비했어요. 비석은 당시 돌산 그러니깐 범성(현 동아석재)에서 찬조해주었고, 제가 시멘트와 모래, 자갈 등을 메고 산에 올라서 비석을 세웠죠. 비석은 높이 50cm, 두께 15cm, 넓이 25cm 크기예요. 거기에 "고인이여 편히 잠드소서"라고 썼어요. 그리고 제사를 지내주었죠. 이후 6월 25일이면 매년 제사를 지내요. 올라가기도 하고 못 올라가면 밑에서라도…….

이응수 대표는 38선 위에 삶의 터전인 집과 일터가 위치하고 있다. 그래서 누구보다 평화로운 한반도를 희망한다고 하였으며 평화로운 분위기에서 금강산을 찾아가 관광할 수 있기를 바란다고 했다.

군소음과 피해에 대한 안전대책, 피해에 대한 적절한 보상
- 강태일 포천시 군사격장 범시민대책위원회 위원장

포천시 군사격장 범시민대책위원회는 주한미군 철수라는 단어를 단 한 번도 집회 때에 외친 적이 없다. 아쉽게도 우리나라에서는 아직도 미군에 대해 목소리를 높이면 반미세력 심지어 빨갱이로 매도되기도 한다. 강태일 위원장은 안전대책의 강구, 발생한 피해에 대한 절절한 보상 그리고 더불어 살아야할 지역민에 대한 배려를 주장하고 있다.

[그림 3-17] 강태일 포천시 군사격장 범시민대책위원회 위원장

Q : 포천과의 인연은 어떻게 시작되었나요?

A : 저희 아버지는 평안남도 양덕출신이신데 1.4후퇴때 이남하시어서 군인이 되셨어요. 그리고 6·25전쟁에 참전하신 참전용사이시고요. 이후로도 군생활을 하셨는데 저는 아버지가 포천에서 군 생활을 하실때에 양문 장마당(현 마을회관 자리)에서 형과 저는 태어났습니다. 영중초를 졸업했고요. 포천에서 나고 자란 곳입니다.

Q : 본인의 삶과 가족 그리고 마을공동체에서 38선이 영향을 미치거나 변화를 가져온 점이 있다면?

A : 포천은 6·25전쟁때에 그냥 지나가는 골목이었다고 해요. 쌍방의 작은 교전은 있었지만 큰 전투는 없었다고 알고 있습니다. 그래서 전승지도 없고 그래서인지 이를 기념하는 기념관도 없는 현실입니다. 하지만 이렇게 생각해 볼 수 있어요. 「미군공여구역 주변지역 등 지원특별법」에 의하면 포천은 사실상 내촌을 제외한 대부분의 지역이 해당 지역입니다.

포천이 「미군공여구역 주변지역 등 지원특별법」의 대상이라는 것은 옛날에 미군이 주둔했거나 현재 점유하고 있는 지역이었다는 것을 반증합니다.

Q : 로드리게스 사격장에 대해 이야기해주세요?

A : 로드리게스 훈련장인데 정확히는 사격장이죠. 1953년에 만들어졌어요. 제 추론이긴 하지만 징발지라고 해서 당시에는 정부가 필요로 하면 그냥 몰수하지 않았을까요. 보상이 일부 있었겠지만 미비했을꺼구요. 로드리게스 사격장은 사격장으로서의 입지가 무척이나 좋았어요. 좋은

사격장은 뒤에 받혀주는 산이 있어야 하거든요. 그래서 마을을 그냥 내보내고 불도저로 밀어버린거라고 생각해요. 80년대 이후에나 시가전을 위해 건물을 짓기는 시작한거지 그전까지는 황무지였어요.

먹고살기 어려운 시절에는 로드리게스는 지역주민들에게 경제적인 도움도 된 것도 사실이예요. 60~70년대에는 로드리게스에서 발생한 탄피 등의 고물을 주어서 팔았죠. 미군은 노후된 전차는 로드리게스에 놓고 사격목표물로 사용하더라구요. 그 전차를 쇠톱을 가지고 들어가서 절단해서 판매하는 사람들도 있었는데 걸리면 절도죄로 전과자가 되었지만 담을 뚫고 들어가기도 했습니다.

아 물론 폭탄을 꺼내다 인사사고도 많이 발생했죠. 지금이야 아예 민간인이 접근할 수 없도록 하고 있어서 있을 수 없는 옛날이야기죠

Q : 6·25전쟁 당시 또는 전후 포천과 관련한 미군과 관련된 이야기를 들려주세요?

A : 제가 기억하는 미군과의 추억이라고 하면 "헬로우 짭짭'이죠. 미군들도 우리가 귀여웠는지 장난치고 싶었는지 오른쪽에 있으면 꼭 왼쪽으로 던져요. 그럼 달리기 잘하는 친구들이 많이 먹게 되는거죠.

씨레이셔(전투식량)는 깡통으로 나왔는데요. 깡끄리라고 캔을 따는 도구가 없잖아요. 그러면 시멘트 바닥에 비벼요. 그게 아무거나 비비는 게 아니라 흔들어서 액체가 아닌 것만 비비죠. 그러면 뚜껑이 똑 열려요. 많이 얻어먹다보면 흔들어보아도 안에 뭐가 들었는지 알게 되는게죠. 아 자몽도 얻어먹은 기억도 나네요.

Q : 현재 미군과 로드리게스와 관련한 이야기를 들려주세요?

A : 미군의 주둔지가 운천과 동두천에 있어요. 포천은 주둔병력이 없으므로 갈등지역이라 할 수 있어요. 미군에 의한 소비가 일어날 수 없는 것이어서 지역경제에도 도움이 되지 않죠.

사격장은 도피탄에 의한 부상자가 발생하는 문제점이 있죠. 사격장 인근 민가는 소수에 불가해서 사고가 없을 듯하지만 사고가 발생하고 있어요. 항상 위험에 노출되어 있다 할 수 있는거죠. 성동에서 아빠 무등을 타던 아이가 허벅지에 총상을 입은 경우도 있었어요.

저희 대책위가 2013년에 만들어졌는데 그 이후에 체크한 사고만 20건 정도가 되죠.

Q : 대책위 활동에 대해 이야기해주세요?

A : 「군용비행장·군사격장 소음방지 및 피해보상에 관한 법률」이 있어요. 발생한 소음에 대한 보상을 받으실 수 있는거죠. 양문 시내 거의 대부분이 받을 수 있어요. 최고 보상치가 6만원인데 여기는 3등급이어서 3만원을 받을 수 있습니다. 그마저도 직장을 다니게 되면 금액은 줄어들고요. 하지만 소음법은 비행장에 대한 보상책이에요. 비행장의 소음은 예측도 되고 그렇지만 사격장은 달라요. 예측이 불가능하고 사격시 진동도 발생한다는 차이가 있어요.

위원회에서는 군이 존재하는 이유에 대해 동의하고 인정합니다. 그건 당연한거죠. 그저 사격장에서 발생할 수 있는 사고 등과 관련해서 안전을 담보할 대책 즉 안전대책을 강구하는 것입니다.

그리고 피해가 발생하게 되면 그 피해에 대한 적절한 보상을 받을 수 있게 해주어야 한다는 거구요. 실제 발생한 피해에 대해 보상을 못받는 경우도 있었습니다.

포천은 군사시설보호구역이 23~25% 사실상 1/4이예요. 이게 왜 문제냐면 집을 수리하고자 하더라도 군에 동의를 받아야 하고 행정절차가 많아요. 이러한 불편이 불가피하다면 이에 대한 보상도 필요하다는 거죠. 그래서 저는 개인적으로 국방세를 만들어야 한다고 봅니다. 국방을 위해 희생한 지역에 대해 혜택을 보는 다른 지역에서 보상해야 한다고 생각하는 거죠.

Q : 추후 바램이 있으시다면요?
A : 이 자리(구 38휴게소)에 공원이 생긴다면 다른 관광지를 지나다가 들려서 쉬었다 갈까요. 저는 동의하지 않습니다. 군과 연계하여 용산 전쟁기념관 같은 곳이 되어야 해요. 전차 배치 등과 같은 무기전시를 통한 포토존이 있으면 아이들이 많이 올 것 같아요. 현재 우리 아들들의 군복전시와 같이 현재의 군 생활을 알 수 있는 체험전시도 좋을 것 같구요.

다른 사격장은 군단 이하로 배속되었지만 로드리게스는 국방부에서 관리하는데 주민 경제 활동과는 무관한데 사격장 안에 지역주민들이 들어가 영업을 하게 하는 방안도 중요하다 생각해요. 일자리 창출로도 이어지는 것이 중요한데 첫 걸음이 내딛기를 바랍니다.

미군과의 대화를 통해 야간시간대 사격을 하지 않는 사격시간도 조율되었는데 이런 노력들이 이어져야 하고요.

이런 자료들이 잘 정리되고 다음 세대에 잘 전달되어서 우리 지역의 문화, 역사를 모르는 세대가 알려주는 계기가 되길 바랍니다.

188   제3장 "포천 38선" 이야기

남북한을 넘어 세계로 도전하는 한국 축구의 꿈터

- FC KHT 김희태 이사장

감독님이라고 불리는 것을 행복해하시는 김희태 이사장은 월드컵 4강 신화를 재현하기 위한 미래의 투자를 위해 프로팀 및 대학팀의 감독직 그리고 대학의 교수직을 내려놓고 제2의 박지성 선수를 양성하기 위해 세계 최초 기술테스트 프로그램을 개발하여 포천에서 선수들을 양성하고 있다.

[그림 3-18] 김희태 이사장과 축구장

Q : 포천과의 인연은 어떻게 시작되었나요?
A : 저는 평택 출신입니다. 초등학교 때 아버지의 건강이 좋지 못해서 포천으로 오게 되었고 그로 인해 일동초등학교(40회)를 졸업하게 되면서 인연이 시작되었습니다. 하지만 이곳에서 축구교실을 하게 된 이유는 2002년 한일월드컵에서 우리나라가 4강 신화를 쓰게 되면서입니다.

경기도지사(당시 손학규 지사)가 박지성, 안정환 선수와 함께 만나자고 하셔서 만나게 되었어요. 당시 제가 명지대 감독을 하고 있을 때입니다. 당시 박지성은 명지대 00학번이었고 제가 아주대 코치와 감독을 해서 안정환도 인연이 있었기 때문인 거 같아요. 도지사가 어떻게 하면 4강에 다시 갈 수 있겠냐는 질문에 용인축구센터를 말씀드리며 4강은 유소년을 체계적으로 키워야 한다고 말씀드렸습니다. 경기남부의 용인축구센터 그리고 경기북부에도 축구센터를 만들어 좋은 선수를 양성하면 가능하다고 답변을 했습니다. 그러면 어디가 좋겠냐는 질문에 아무래도 내가 포천 일동초 출신이어서 포천이 좋겠다고 제안했습니다. 도지사가 선뜻 지원해줄 것을 약속해서 포천에 축구센터를 만들어보자고 하셨습니다. 그래서 명지대 감독직과 교수직을 내려놓고 포천으로 오게 되었죠.

> **필진 요약 :**
> 당시 대학 감독직과 교수직을 가진 이사장은 포천축구센터에 올 이유가 없어 보여 추가 질문을 하였고 그에 대하여 김희태 이사장의 대답을 정리하면 2가지이다.
> 용인축구센터를 만들면서 역할을 하셨고 감독직 수행을 위해 연대 1년 후배인 허정무 감독에게 센터를 맡기셨고 선수를 발굴하고 사회환원사업을 하려고 도지자의 제안을 받아들이셨다.
> 사모님(임영주 김희태 축구센터 사무총장)의 부연설명으로는 이사장님은 선수를 발굴하고 잘 키우신다고 하셨다. 대표적인 제자가 박지성 선수라 하셨다.

Q : 도지사님의 약속은 지켜졌나요?

A : 인터뷰의 본질에서 벗어난 거 같아요? (웃음) 이 질문에 대답에 몇 가지 부연설명을 드려야 할 것 같아요. 당시 포천시 및 경기도의 공무원으로 근무하고 있는 후배들은 말렸어요. 괜한 거짓말쟁이가 되지 말고 지금이라도 그만두시라고.

처음엔 무슨 말인지 몰랐어요. 도지사님 뿐만 아니라 포천군수(당시는 포천은 군이었으며 박윤국 군수)도 진심으로 우려했기 때문이었죠. 축구센터를 설립하기 위한 용역도 진행되었고 그 결과 실제 26곳을 예비지로 선정하여 공무원들과 둘러보기도 했으니깐요. 그리고 포천에 축구센터가 만들어진다는 것은 금세 소문이 나버렸고 관내의 축구팀이 생겨나기도 했어요.

나중에 알게 된 것이지만 공무원들이 말렸던 이유는 대응투자라는 개념이었어요. 도에서 지원한다고 해도 시에서도 지원을 해야 하는데 당시 포천군은 그럴 예산이 없었고 그 예산을 집행할 상황이 아니었던 거죠. 결론적으로 포천군은 유치하고자 하는 열의는 있었지만 당면한 현실적인 어려움이 컸던 거죠.

결론적으로는 자비로 축구센터를 준비하게 되었죠. 그리고 추천받은 장소는 제가 마음에 들지 않았거나 축구장을 건립하기에는 조건에 부합하지 않다고 생각했어요. 등고선도 표시되어 있지 않은 지도한 장을 동네 분이 보여주셨는데 축구장이 들어오기 너무 좋은 곳이었어요. 지형과 방위 등이 너무나 좋았던 곳이죠. 그래서 토지를 계약했는데 행정적으로 너무 무지했었어요. 지금 보시다시피 군부대와의 인접 그리고 도로가 접하지 못하는 문제, 생태 자연 1등급이었던 점 등 해결해야 할 일이 너무나 많았죠. 정말 포천군수님을 비롯한 공무원들 그리고 축구계 인사 등을 포함해 모든분들이 축구센터가 들어오게끔 도움을 주셨어요. 그래서 가능했다고 봅니다. 특히 당시 경기도 포천시 류인권 사회복지과장(전 경기도 기획조정실장)의 도움이 정말 컸어요.

은행 대출도 쉽지 않더군요. 우리 집사람이 기업은행 출신입니다. 집사람과 함께 근무하셨던 분이 당시 전무님이셨는데 유럽에서는 축구도

산업이라고 하시면서 거절된 대출임에도 불구하고, 크게 도움을 주셨어요. 정말 어렵게 어렵게 시작했습니다.

Q : 축구센터가 38선에 근접하고 있는데요. 의미가 있을까요?

A : 맞아요. 저희 축구센터는 38선 위에 위치하고 있죠. 남과 북이 모여서 축구를 하기에 정말 좋은 위치인 셈이죠. 스포츠 교류의 가장 좋은 위치라고 생각합니다.

개인적으로 북한선수들과 축구를 통해 교류를 했습니다. 1974, 1978년 아시안게임에는 선수로 참가했었고 1990년에는 코치로 참석했었어요. 이때 북한축구선수들과 한 숙소를 사용하면서 교류를 하게 되었어요. 같이 식사도 하고 커피도 마시고 조금 더 친하게 된 후에는 책도 빌려주고 그랬었죠. 나라에서 금하는 행위를 한 것이 아니라 오가며 얼굴 보니깐 같은 축구선수로서 친교를 나눈 것이지요.

그리고 90년도에는 남북통일축구대회가 있어서 평양도 다녀왔지요. 평양공설운동장에서 경기를 했고, 이후에 북한이 답방하는 형식으로 서울에 왔었죠. 다시 북한축구인들과 교류를 할 수 있는 기회가 주어진다면 우리 센터에서 좋은 경기를 펼쳤으면 합니다.

Q : 앞으로의 축구센터의 계획은?

A : 월드컵 이후 많은 센터들이 생기고 프로팀에서 축구센터를 운영하면서 좋은 점도 많지만 아쉬운 점도 많아요. 특히 이기는 축구에만 관심을 가지는 점은 아쉽죠.

유소년 축구는 선수의 장점을 잘 찾아내어서 좋은 선수로 만들어가는 과정이 중요해요. 저는 그런 선수들을 잘 가르쳐서 좋은 선수로 만들고 싶어요.

우리 센터에서는 15가지를 한 번에 테스트할 수 있는 기술테스트 프로그램을 개발해서 활용하고 있어요. 일종의 토익과 같이 객관적인 축구선수들을 테스트할 수 있는 프로그램이죠. 우리 센터의 좋은 프로그램이 조금씩 인정받고 있어요. 외국 선수들도 많이 찾아오고 있고요. 여기에 왔던 선수 중 2달 정도 교육받았던 중국 선수는 되돌아가서 중국 국가대표가 되었지요.

우리 센터의 좋은 프로그램으로 국가대표급 좋은 선수를 많이 양성하도록 하겠습니다.

[그림 3-19] FC KHT를 찾아온 외국 유소년 선수들

중국
몽골
태국

유소년 축구선수들

제4장 포천시 "38선" 평화공원 조성사례

제1절 38선 평화공원 조성 기본전제 및 방향[1]

기존 노후·불량 건축물의 관리 소홀과 오래된 사용 부재

포천시 38선 평화공원 인근 역사경관자원은 수도권 지역과 인접해있으나, 관리가 소홀하여 미관상 좋지 않은 상태로 남겨져 있다. 특히 38선 평화공원 조성 예정지역에는 38선 표지석을 포함한 다양한 기념비와 추모비가 산재해 있다.

38선 평화공원 조성 대상지역은 자연·인문·사회 환경 등에 대한 적합한 고려없이 활용되고 있다. 38선 평화공원 조성 대상지역에는 영평사격장을 둘러싼 민군 갈등과 양문 일반산업단지 등 노후산업단지 재정비 문제를 둘러싸고 갈등이 지속되고 있다.

이에 2022년 38선 평화공원 조성은 '분단', '안보', '산업'의 스토리에 '평화', '관광', '휴식'이라는 가치를 입히는 데 있다.

---

1) 소성규외, 38선 평화공원 컨텐츠 개발 및 활용 연구용역, 포천시, 2022.6.13. ~2022.11.9. 보고서를 수정 가필하였다.

38선 평화공원 조성의 비전과 목표

[그림 4-1] 평화공원 비전과 목표

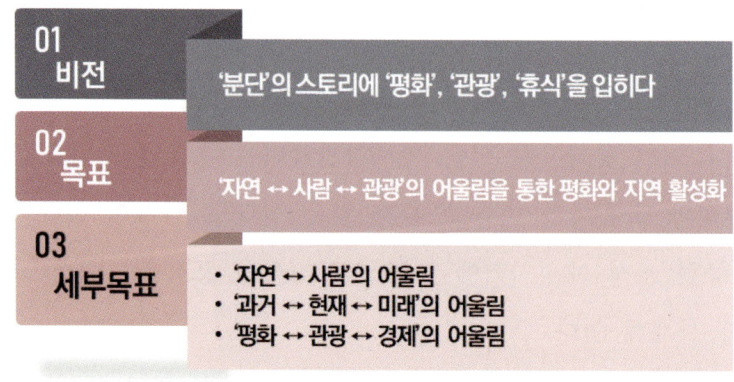

"'분단'의 스토리에 '평화', '관광', '휴식'을 입히다"라는 38선 평화공원 조성의 비전을 달성하기 위해서는 기존의 관주도의 공원조성계획이라는 관성에서 평화와 통일에 대한 지역 주민들의 자율적, 주체적, 민주적 역량이 강화되어야 한다. 이러한 평화공원을 위한 지역 주민들의 자율적·주체적·민주적 역량 확대는 아래로부터의 남북한 화해와 평화공존의 분위기 조성에 있어서 매우 중요한 요소이다.

경기도 38선 평화공원 조성의 비전과 목표를 달성하기 위해 세 가지 어울림을 목표로 다음과 같이 제시한다.

첫 번째, '자연-사람'과의 어울림

38선 평화공원이 조성될 지역에는 영평천, 한탄강 일대의 영평팔경, 산정호수 등의 수려한 자연경관이 있다. 이러한 수려한 자연경관을 적극 활용하여, 38선 평화공원은 포천시 38선 평화공원 일원의 수변의 자연성과 생태성과 사람과의 조화를 모색해야 한다.

'자연-사람'과의 어울림이라는 컨셉은 최근 주목받고 있는 자연자원을 활용하여 테마공간을 조성하는 국내외 정책 방향과 문제의식의 궤를 같이하는 것이다.

두 번째, '과거-현재-미래'의 어울림

앞서 제시한 광복, 분단, 전쟁이라는 역사는 과거에 속박된 채 머물러 있는 것이 아닌, 현재의 삶과 밀접한 관련성을 맺고, 재해석되고 새로운 의미가 덧붙여지고 있다. 38선 평화공원은 과거의 광복, 분단, 전쟁의 역사를 추모하는 공간으로서 기능하는 것이 일차적인 목표이지만, 분단을 넘어 평화와 통일을 지향하는 현재와 미래의 지향점과 목표를 제시하는 공원으로서도 기능할 필요가 있다. 그 과정에서 38선 평화공원은 과거-현재-미래세대와 광복, 분단, 전쟁의 역사를 공유·소통하고, 함께 평화와 통일을 꿈꾸는 공간으로서 자리잡을 필요가 있다.

세 번째, '평화-관광-경제'의 어울림

38선 평화공원은 단순히 광복, 분단, 전쟁을 기억하는 공간에서 벗어나 평화, 통일, 관광, 경제라는 복합 기능을 담아낼 필요가 있다. 광복, 분단, 전쟁과 같은 추모 공간이라는 점을 강조해 지나치게 엄숙한 분위기로 조성하게 되면 평화공원 이용성이 저하될 수 있다.

광복, 분단, 전쟁과 같은 추모의 기능과 함께 평화의 의미에 대한 교육적 효과를 극대화하고 지역 주민들과 관광객들이 여가·문화공간으로 활용하도록 복합적인 공간으로 조성할 필요가 있다. 이에 38선 평화공원 곳곳에는 아이들이 뛰놀고 웃음소리가 넘치는 피크닉 공간과 놀이공간이 조성될 필요가 있고, 기존의 포천시 평화관련 사업들과의 연계 가능성을 높일 필요가 있다.

38선 평화공원 조성의 추진전략

위에서 제시한 "'분단'의 스토리에 '평화', '관광', '휴식'을 입히다"라는 비전과 "'자연-사람-관광'의 어울림을 통한 평화와 지역 활성화"라는 목표를 달성하기 위해, 필진은 38선 평화공원 조성의 추진전략으로 아래의 네 가지 측면에 주목하였다.

첫 번째, 역사성 확장, 분단성을 넘어서는 공간화

광복, 분단, 전쟁의 역사를 담는 공간을 모티브로 평화와 통일을 꿈꿔온 과거와 현재를 잇는 공간을 재해석하여 지속적으로 평화적 가치를 발굴하고 성장하는 소통공간이어야 한다.

두 번째, 생태성 확장, 자연 생태성을 넘어서는 도시 생태성으로

포천시 38선 평화공원 일원의 수변의 자연성과 생태성과 조화를 이루어야 한다. 주변의 자연경관과 조화되는 생태성 확보하고 지역 생태공간의 안정성 추구하여야 한다.

세 번째, 지역만의 특화, 새로운 평화적 공간의 재발견

광복, 분단, 전쟁의 기억을 추모하는 특화된 공간이어야 한다. 기존의 휴게소로만 알려져 있지만 역사성 복원 및 활용이 되어야 하며 포천시 평화관련 연계사업과의 호환가능성 고려하여야 한다.

네 번째, 지속가능한 거점, 공적 공간의 휴식 공간화

평화와 통일의 미래지향적 가치 제시하는 공간이어야 한다. 평화라는 가치에 함몰된 공적 공간에서 벗어나 '쉼'의 공간 계획 수립이 필요하다. 향후 지속가능한 평화적 공간이자, 휴식 공간으로서의 발전 가능한 방향이 제시되어야 한다.

지금까지 논의한 38선 평화공원의 비전과 추진전략을 도식화하면 [그림 4-2]와 같다.

[그림 4-2] 38선 평화공원의 비전과 추진전략

제2절 38선 평화공원의 공간 구성

38선 평화공원의 입지 및 공간적 특성

◆ 동서로 길게 자리한 'ㄴ: 니은'형 부지

부지의 특성을 살펴, 동쪽에 주차장, 서쪽에 만남의 광장, 메모리얼 광장, 기억의 숲, 기념관 등 배치하는 것이 합리적이다.

38선 평화공원으로의 진입은 대상지 서측으로 호국로(대로1-1호선)가 지나고 인접하여 지나고 있으며 대상지 남측으로 양문일반산업단지를 연결하는 양문공단로(중로2-1호선)가 지나고 있음을 고려하여 보면 동쪽 방향에 이루어졌다. 38선 평화공원으로의 진입이 동쪽방향에서 이루어진다는 점을 고려하여, 동쪽에 주차장을 배치하여야 한다.

지형의 높낮이가 대부분 균등한 지형이다.

사업대상지는 전, 답, 잡조지가 대부분을 차지하고 있고, 높낮이의 차이가 거의 없는 평지로 이루어졌다. 사업 대상지를 영평천에서 분기하는 소하천이 관통하고, 부지내 기존 마을 진출입도로가 위치하고 있다는 점을 고려하여, 기존 마을 진출입에 따른 문제점을 최소화해야 한다. 사업 대상지 동쪽에 주차장 진입구와 진출구를 설치하여, 관광과 주차를 완벽하게 분리할 수 있다.

◆ 남북으로의 확장성은 제한된 지형

북쪽으로는 영평천이 흐르는 위치이다. 사업 대상지 북쪽에 영평천이 흐르고 있어 38선 평화공원에서 영평천으로의 직접 진입은 불가하다. 영평천에 인접한 북쪽에 기억의 숲이 자리한다.

사업 대상지에서 영평천으로의 직접 진입은 불가하지만, 영평천과 사업 대상지가 마주하고 있다는 점을 고려하여 연계 체험 프로그램을 적극 기획·운영할 수 있다.

남쪽으로는 호국로, 양중교, 양문공업단지 삼거리 등과 마주하고 있다. 사업 대상지 남쪽이 도로와 접해 자리 있어서, 부지의 확장성은 크게 없는 것으로 판단된다. 도로와 인접한 남쪽 지역과 주차장이 위치한 동쪽 지역의 끝에 편백나무를 심어 자연경관과의 조화와 시각적으로 양문공업단지와 격리된 이미지를 부각해야 한다.

◆ 현 38선 휴게소를 축으로 배치된 38선 평화공원 주요시설

현 38선 휴게소를 기준으로 동쪽에 주차장이 자리하고 있다. 38선 휴게소 위치에 만남의 광장이 위치하고, 만남의 광장 왼쪽에 메모리얼 광장과 기념관을 설치하고 38선 휴게소 북서쪽에 자작나무숲, 산책로, 조망 마운딩, 야외무대, 야관경관조명 등을 갖춘 기억의 숲을 조성할 수 있다.

38선 평화공원의 기본 공간구성

38선 평화공원이 조성될 예정인 거점지역으로 포천시 영중면 양문리를 중심으로 역사, 자연, 관광이 조화를 이루는 공간이다. 38선 평화공원 대상지 일원 곳곳에 흩어져 있던 다양한 생태·역사·문화자원을 조사, 발굴하여 포천시에서 살아숨쉬는 평화적 가치를 직접 느끼고 체험할 수 있는 공간으로 조성되어야 한다.

38선 평화공원의 조성원칙은 다음과 같다.

첫 번째, 보전을 위한 활용

38선 평화공원 대상지 일원의 자연과 문화, 역사적 조형물 등을 보호하고 관리하는 차원에서 조성하여야 한다. '보호되어야 할 자원'과 '활용되어야 할 자원'의 기존 분류를 통합한 보전적 활용 원칙이 적용되어야 한다. 단순한 양적, 물적 발굴 및 조성이 아닌 새로운 가치 발굴에 의한 질적, 내용적 발굴 추구하여야 한다.

두 번째, 시설물 설치를 최소화하여 기존 지역의 특수성과 환경의 변화를 최소화하여야 한다.

세 번째. 지역사회와의 연계방안 확보

조성계획 단계부터, 사후관리 및 운영 전 과정에서 포천시 영중면 양문리 지역주민이 실질적인 주체가 되는 방안을 모색하며, 포천시가 적극적으로 협조할 수 있는 토대 마련되어야 한다. 38선 평화공원 대상지역의 가치 발굴과 필수시설물 설치과정에서 지역중심의 자발적이고 자유로운 방식이 보장될 수 있도록 유도하여야 한다. 포천시 영중면 양문리 지역사회의 생태적이고 장기적인 생활기반 대안 모색되어야 한다.

네 번째, 38선 평화공원 대상지 일원의 평화적 가치 인식 및 교육적 차원의 프로그램 중심

38선 평화공원 대상지 일원의 자연·문화·역사자원을 발굴하고, 그러한 자원들이 갖고 있는 평화적 가치를 일깨우는 교육적 차원에 중점을 두어야 한다. 생태문화탐방을 통한 체험교육 프로그램 개발하고 지역 주민들과 관광객이 함께 만들어 가는 자율적인 평화체험의 장으로 활용되어야 한다.

국내인은 물론 외국인들까지 38선 평화공원 일원의 평화적 가치를 인식할 수 있는 교육의 장으로 활용할 필요가 있다.

다섯 번째, 방문객의 안정성 확보

생태문화 탐방시 야생동물을 포함한 예기치 못한 관광객의 안전대책을 마련하여야 한다.

필수시설물 공간 및 시설프로그램 구상

38선 평화공원이 지향하는 생태, 역사, 문화, 평화 프로그램에 보전, 이용, 관리 프로그램을 적극 도입되어야 한다. 38선 평화공원 대상지 일원의 생태, 역사, 문화, 평화 프로그램을 보전·이용·관리 프로그램을 통하여 자연, 문화, 역사자원을 보호하는 동시에 주어진 자원을 지속가능하게 활용하고 지역의 문화와 생활상을 담을 수 있는 공간 프로그램을 도입하여야 한다.

필수시설물에 담길 컨텐츠의 구상은 다음과 같이 제시한다.

◆ 38선 평화공원 기념관

사업 대상지에 조성될 예정인 38선 평화공원 기념관에는 아래와 같은 내용을 담을 필요가 있다.

1층 안내(평화로의 여정): 38선 평화공원 기념관 이용을 위한 여정의 시작, 포천 38선 관련 영상관람, 전시 판넬 등을 개시하여 38선 평화공원 층별 배치도 및 이용방법 안내

1층 영상관(38선의 연원): 38선 탄생배경과 포천시 38선은 어떻게 변화해오고 있고, 그 속에서 지역 주민들의 삶은 어떠했는가를 보여주는 영상 상영

1층 전시관1(38선으로의 초대): 38선이 발생한 배경을 재현한 공간

으로 해방, 분단, 전쟁, 수복 등의 역사를 보여주는 세트와 VR(가상현실)을 접목시킨 전시 공간

- 1945년 해방에서 한국전쟁이 휴전되는 1953년까지의 해방 8년사에서, 포천시 38선은 어떠한 의미를 갖고 있는가

- 포천시 38선은 분단을 상징하는 다른 선, 이를테면 휴전선, 군사분계선, DMZ 등과 어떠한 관련성을 맺고 있는가?

   1층 전시관2(38선으로 그어진 영중면 주민들의 삶): 38선이 영중면 주민들의 삶에 미친 영향에 대한 전시를 각종 자료와 영상으로 구현하고, AR(증강현실) 체험과 해방, 분단, 전쟁, 재수복이라는 역사적 현실 속 영중면 주민들의 삶을 생생하게 보여주는 공간

- 분단의 상징 38선, 포천시 영중면 양문리에는 누가, 어떻게 그었나?

- 해방, 분단, 전쟁, 분단의 장기화 속에서 포천시 38선은 어떻게 변화해오고 있고, 그 속에서 지역 주민들의 삶은 어떠했나?

   2층 실내 전망대(평화로의 산책) : 단순히 전망대 기능에 머무르지 않는 시각적 즐거움과 컨텐츠적 재미를 갖춘 실내 전망대. 이 곳은 나레이션과 포천의 사계 등에 관한 안내 컨텐츠를 함께 제공하여, 우리에게 잘 알려지지 않았던 포천시 38선에는 분단과 전쟁의 아픔만 존재하는 것이 아닌, 아름다움과 관광의 즐거움이 있을 보여줌. 이를 통해 포천시 38선은 아름다운 분단의 땅이지만, 가고 싶은 분단의 땅이기도 하다는 점을 체험할 수 있도록 구성

2층 도서관·세미나실(평화에 대한 진지한 사색): 분단, 전쟁, 평화, 통일 등과 관련된 책과 신문, 전자자료, 영상물 등을 자유롭게 열람할 수 있고, 서로 간의 의견을 교류하며, 자유로운 토론식 활동이 가능한 공간

2층 카페테리아(사회적 기업): 사회적 기업이 운영하는 카페테리아를 구성하여, 관광객들이 평화체험을 하는 과정에서 가벼운 음료와 식사를 할 수 있도록 함

지하 1층 어린이 놀이터(평화어울림): 38선, 영평천 물길을 형상화한 놀이터로 구성하고, 샌드아트 체험 등 어린이 관광객에게 즐거움을 선사하는 공간

<표 4-1> 38선 평화공원 기념관 구상(안)

구분	내용
2층	-실내 전망대(평화로의 산책) -도서관, 세미나실(평화에 대한 진지한 사색) -카페테리아(사회적기업)
1층	-안내(평화로의 여정) -영상관(38선의 연원) -전시관1(38선으로의 초대, VR체험실) -전시관2(38선으로 그어진 영중면 주민들의 삶, AR체험실)
지하	어린이놀이터(평화 어울림)

◆ 메모리얼 광장(38선 광장)

사업 대상지의 메모리얼 광장에는 아래와 같은 내용을 담을 필요가 있다. 메모리얼 광장에는 38선 휴게소를 포함한 38선 관련 상징조형물, 기억의 가벽, 열주조형물, 바닥 포토 타일, 군 관련 장비(탱크 등) 및 시설물, 다목적광장, 장식열주 등을 담을 필요성이 있다. 특히 메모리얼 광

장에는 38선 휴게소와 인근에 자리하고 있는 각종 기념비, 표지석 등을 재배치하고 추가적으로 기억의 가벽 등을 설치하여 38선이 만들어지게 된 배경과 전쟁을 추모할 수 있는 공간으로 계획 각종 기념비 등은 최대한 기존 시설물의 원형을 보전하는 형태로 활용하여야 한다.

메모리얼 광장에는 6·25전쟁 16개국 참전국가의 국기계양을 할 수 있는 시설을 갖추어, 해외 관광객의 헌화를 할 수 있도록 하여야 한다. 아울러 포천이 낳은 한국 조각계의 거목 故 김광우 조각가의 작품을 활용하는 방안을 적극 고려할 필요가 있다. 이는 오랜 도시생활을 떠나 자연과 가까이한 삶, 이후 발견한 비움과 고요함을 자신의 작품에 반영해온 故 김광우 조각가의 예술혼이 분단의 아픔을 평화의 가치로 승화시키는 38선 평화공원 조성의 취지와 부합하다고 판단되기 때문이다.

탱크 등과 한국전쟁 이후 무기를 농기계로 활용한 것을 보여주는 시설물을 설치하고 바닥 포토 타일, 장식열주 등에는 분단(38선)이 포천시 영중면 주민들의 삶에 미친 영향을 보여줄 수 있는 특징을 담아내는 방안을 제시한다.

[그림 4-3] 38평화공원 상징물(故 김광우 조각가 작품)

◆ 기억의 숲

사업 대상지에 조성될 예정인 기억의 숲에는 아래와 같은 내용을 담을 필요가 있다. 보행로 축을 기준으로 상단은 상념의 공간, 하단은 체험의 공간으로 설정하여 각기 다른 방식으로 과거를 회상·기억, 평화통일의 미래를 상상할 수 있도록 계획하여야 한다.

상념의 공간은 산책로, 자작나무 숲, 초화원 등을 조성하고, 체험의 공간은 야외무대, 바닥분수, 프로젝트 맵핑 등의 다양한 체험을 할 수 있도록 계획하여야 한다. 특히 기억의 숲에 포천 도평리 과거 북한지역 행정관청 복원 시설 및 포토존을 설치하여, 38선이 영중면에서 차지하는 의의를 부각하고. 즉 분단을 상징하는 표지석과 북한지역 행정관청을 복원된 기억의 숲에서 분단과 전쟁을 어떻게 다르게 기억하고 이야기할 수 있는지를 논하여야 한다.

뒤에 제시한 길 잃은 올리브 나무를 기억의 숲에 설치하는 것과 나라사랑을 의미하는 무궁화와 포천시 상징 꽃인 포천 구절초를 함께 식재하여 무궁화 동산 조성하는 것 그리고 기억의 숲을 분단의 공간에서 평화를 상상하고 꿈꾸는 공간으로 체험할 수 있는 역할극과 토론 프로그램을 기획, 운영하는 것이다.

★ 역할극 1: 간단한 역할극을 통해 전쟁과 분단의 생활상을 간접 경험해보기
★ 역할극 2: 안보에 대해서 다르게 생각해보기
★ 토론 1: 분단과 전쟁을 기념하는 공간에서 평화와 휴식과 같은 다소 낯선 질문 나눠보기
★ 토론 2: 평화와 전쟁을 둘러싼 다양한 질문에 대해 토론해보기

◆ 만남의 광장

38선 평화공원이 위치한 사업대상지 가운데에 만남의 광장을 설치하고, 야외무대, 유아숲 놀이터, 파고라, 벤치, 열주 조형물, 38평화분수대, 평화대사수달 등을 조성하여야 한다. 만남의 광장에 조성되는 광장과 야외무대를 다양한 행사와 버스킹 등 각종 공연을 할 수 있는 공간으로 활용을 목적으로 한다.

뒤에 제시한 38평화분수대와 평화대사수달 등을 이 곳에 설치하는 방안을 제시한다.

38선 평화공원을 지나치게 추모 공간이라는 색채가 강하게 조성하면 공원 이용성이 저하될 수 있다는 점에서 38선 평화공원 내의 만남의 광장을 관광객들이 즐기고 체험할 수 있는 휴식 공간으로 조성할 필요가 있다.

◆ 38선 휴게소

현재 38선 휴게소가 위치한 지역은 38선 평화공원 대상지 정가운데에 위치한다는 점에서, 38선 휴게소를 메모리얼 광장에 한 곳으로 이전시켜서 조성할 필요가 있다.

관광객들이 메모리얼 광장에 위치해 있는 38선 휴게소에서 포천시 38선의 어제, 오늘, 그리고 내일의 모습을 만날 수 있도록 하는 공간으로 제시한다.

◆ 주차공간

주차공간을 분단의 어제, 오늘, 그리고 내일이라는 컨셉으로 조성할 필요가 있다.

주차공간으로 들어가는 입구는 분단의 어제라는 컨셉과 차량 진출입구를 분리하는 방식으로 계획이 필요하다.

　이용권역에 따른 수요추정을 통해 대형차량, 소형차량 주차공간을 구분하고, 주변공단에서 나오는 연기를 차폐하기 위해 은행나무, 무궁화, 관목 등을 주차단지 주위 식재하고 주변경관과 어우러지기 위해 보편적 아스팔트 포장 대신에 잔디블럭으로 포장하여야 한다.

　주차공간에 주차를 한 이후, 38선 평화공원에서 향유하는 평화의 정취를 분단의 현재라는 컨셉으로 이해하고 주차공간을 벗어나 평화로운 일상으로 돌아가는 출구를 분단의 미래라는 컨셉으로 기획이 필요하다.

◆ 38 평화분수대

　만남의 광장에 38선을 상징하는 38m 길이의 분수대를 설치하여 분단, 전쟁, 평화, 어울림 등 10가지 모양의 분수는 물론 레이저, 무빙라이트, LED조명 등이 아름다운 음악과 어우러질 수 있도록 하여야 한다. 38 평화분수대는 포천의 아름다움은 물론 분단의 역사성과 평화통일을 기원하는 염원을 담는 동시에 고단한 삶에 지친 관람객들에게 위로와 힐링이 될 수 있다.

◆ 길 잃은 올리브 나무

　기억의 숲에 비둘기와 함께 '평화', 풍요, 영광, 지혜 등 긍정적인 의미를 담고 있는 올리브 나무 조형물을 제안한다. '길 잃은 올리브 나무'는 휴전선을 경계로 남과 북으로 갈라진 분단의 현실을 상징하는 동시에 북녘에 대한 그리움과 향수를 지닌 월남민의 애환을 담아낸다. 이를 통해서 분단으로 인해 평화로운 한반도에 살지 못한 채 38선을 서성이는 월남민의 처지를 보여준다.

[그림 4-4] 길 잃은 올리브 나무(안)

◆ 평화대사 수달

만남의 광장에 남과 북이 첨예하게 대치하고 있는 경계지점인 DMZ 권역에 서식하고 있는 천연기념물이자 멸종위기종인 수달의 조형물을 설치를 제안한다.

'평화대사 수달'은 자유로이 왕래가 불가능한 분단의 현실 속에서 DMZ철책을 자유로이 왕래할 수 있는 평화통일의 지향과 수달의 보호문제는 어느 한쪽 국가만의 일이 아니라 남북한이 같이 노력해야 가능해진다는 교류협력의 상징을 함께 보여준다.

[그림 4-5] 평화대사 수달(안)

제4장 포천시 "38선"평화공원 조성사례

제3절 포천시 38선 평화공원 조성 예정지내 시설물 재배치 제안

38평화공원 조성 예정지내 시설물 현황

번호	시설물(사진)	내용
1		38선 표지석 1
2		38 상징물 1 (2022 혁신마을 리빙랩 38로드마켓 활동위원회) 해방이후 북위 38도선에 한반도 최초의 분단선이 그어졌다
3		38 상징물 2 (2022 혁신마을 리빙랩 38로드마켓 활동위원회) 3:분단과 전쟁의 어두운 과거를 8:현재와 미래의 평화와 행복을 염원하는 의미

4		영평제 -이 제방은 박정희 대통령 각하의 특별 배려에 의거 군 장병의 피땀으로 축조된 것입니다. -국토를 가꾸고 지키려는 승진 장병의 결의를 이곳에 남기다. 신농토 98정보, 안전농토 200정보 -1997. 8. - 1978. 7. 3억 3천 5백만원, 석축 9.6 KM, 돌망태 1.8 KM -인력 34만명, 깬돌 62만개, 장비 8,100대, 시멘트 12만포, 미군장비 2,500대 철근 190톤 -군이 시공한 이제방은 우리의 오랜 숙원이었음을 마음에 새겨 정성을 모아가꾸고 잘 보존하자. 포천군민 일동
5		포천시 6·25참전 유공자 기념비 -국가지정현충시설 (15-2-79) -경기도 포천시 영중면 양문리 920의 22(일명:38교) -최대높이 1.7m 비신3m X 1.1m X 0.6m 가첨석 1m X 1.7m X 0.8m -우리나라는 1945년 8월 15일 해방은 되었으나 원하지 않은 38선을 경계로 남한에는 미군이 북한에는 소련군이 주둔하면서 국토는 분단되었다. 1950년 6월 25일, 북한 공산군은 소련제 전차와 화기로 중 무장하고 대한민국을 불법 남침하여 동족상잔의 6·25전쟁을 일으켰다. 이에 우리 국군과 경찰관 등은 소총기 만 가진 열악한 상태에서 대항하였으나 역부족으로 밀리면서 낙동강까지 후퇴하지 않을 수 없었다. 이후 국군과 16개국 UN참전군은 반격을 시도, 인천 상륙작전을 감행하여 수도 서울을 수복하고 그 여세를

몰아 진격, 한·중 국경선인 압록강과 두만강까지 진격하였으나 뜻하지 않은 중공군의 개입으로 전세는 다시 불리해 지면서 평양 서울을 빼앗기고 오산까지 후퇴하게 되었다.

이때 6·25전쟁에 참전한 용사들은 결사항쟁으로 국토를 사수하며 다시 서울 재 탈환과 백마고지, 임진강 전투 등 전선 곳곳에서 전공을 세우고 3년여간의 6·25 전쟁은 휴전이란 이름으로 '북진통일'의 염원을 접게 되었다. 그러나 이 전쟁으로 수백만의 전,사상자와 수십만의 전쟁 미망인, 고아가 생겼으며 일천만의 가족이 헤어지는 등 온 나라가 비운에 처하게 되었다. 이 전쟁에 참여한 용사들은 참혹하고 불행했던 전쟁 중 죽을 고비를 넘기며 살아 남아 군 복무를 마치고 1953년 7월 27일의 휴전 이후에는 폐허가 된 국토를 재건하고 사회 각 분야에서 오늘의 부강한 국가로 도약하는데 공헌했다. 이 기념비를 포천의 중심인 38교에 세움은 이 지역이 최초의 6·25 격전지로 기억되어, 다시는 이 땅에 전쟁없는 평화를 기원함이다.

포천시의 지원과 독지가의 후원 및 621명 참전자들의 헌성금으로 건립하였음을 밝힌다.

-2004년 7월 27일

- 「국토와 자유민주주의를 수호한」 사단법인 대한민국 6·25참전유공자회 포천시지회 회원 일동)

6		(앞부분) 남북통일기원 -평화통일정책자문회의 포천군협의회 (뒷부분) -평화통일정책자문회의 포천군협의회 회장/부회장/자문위원 이름 - 서기 일천구백팔십사년 팔월 십오일
7		(앞부분) 우리의 염원 -역사의 쓰라린 현장 38선! 반만년 이어내려온 민족의 맥이 끊겨지고 국토의 허리를 잘린 아픔과 실향민의 애절한 한이 가슴을 파고든다. 분단의 아픔 동족상잔의 기억이 되새겨지며 통일의 염원이 솟구친다. 우리의 살길은 통일뿐 통일은 역사의 소명이다. 온겨레하나로 뭉치어 분단의 사슬 끊고 통일대업성취하여 배달 단일민족 한데 어울려 억만년 번영하리 -1984.8.15. -송원 이효종, 이호열 (뒷부분) 화합과 통일을 염원하는 미성으로 이 탑을 세운다. -1984.8.15. -김창군

8		(앞부분)-기평화통일 -평화통일정책자문위원회 포천군 협의회 (뒷부분) -평화통일정책자문회의 -1984.8.15. -포천군협의회 -포천시의 예산지원으로 2004.8 보수 민주평화통일자문회의 포천시협의회
9		영세무궁국가번창 평통성취총화진군 - 김창군 선생이 본인 이름을 따 의미부여한 시설물(포천시 양주승 회장 구술 증언)
10		38선 표지석 2

| 11 |  | 38선 휴게소 만남의 광장 |

38평화공원 조성 예정지내 시설물 재배치 제안

번호	시설물	재배치(안)
1	38선 표지석 1	메모리얼 광장
2	38 상징물 1	만남의 광장
3	38 상징물 2	만남의 광장
4	영평제	메모리얼 광장
5	6·25참전 유공자 기념비 -국가지정현충시설	메모리얼 광장
6	남북통일기원	메모리얼 광장
7	우리의 염원	메모리얼 광장
8	기평화통일	메모리얼 광장
9	영세무궁국가번창 평통성취총화진군	메모리얼 광장
10	38선 표지석 2	메모리얼 광장
11	38선 휴게소 만남의 광장	별도 사업(만남의 광장)

제5장 포천시 38선 평화공원의 활용방안

제1절 38선 관련 포천시 사업 현황

38선 하프 마라톤 대회

38선 하프 마라톤 대회는 경기도 포천시 이동면 노곡리에서 매년 4월 개최되는 하프 마라톤 대회이다.

2005년 11월 13일 지역 경제 활성화와 포천시를 가로지르는 38선의 상징성 및 안보 의식을 되새긴다는 목적으로 제1회 포천 38선 하프 마라톤 대회가 열렸다. 행사시기는 변경되어 제2회 포천 38선 하프 마라톤 대회는 2006년 6월에 개최되었으며, 2007년 제3회 포천 38선 하프 마라톤 대회부터는 매년 4월에 개최되고 있다.

포천 38선 하프 마라톤 대회는 포천시와 포천시 체육회가 주최하고, 포천시 육상 연합회와 엠앤엠 스포츠가 주관하며, 포천시 의회·육군 제5군단·포천 경찰서·경기도 포천 교육 지원청 등이 후원하는 생활 체육인들을 위한 마라톤 대회이다.

하프 코스, 10㎞, 5㎞ 건강 달리기, 3.8㎞ 키즈 러닝의 4개 부문으로 나뉘어 진행되며 참가 인원은 선착순 5,000명임. 출발 지점은 이동면에 있는 육군 제5군단 화랑 연병장이고, 반환점과 결승점은 부문별로 다르게 설정되어 있다. 참가비는 하프와 10㎞가 3만 원, 5㎞ 건강 달리기가 1만 5000원, 초·중·고등학생과 군인은 1만 원, 일반 병사는 무료다. 초등학생 이하 어린이들이 참가하는 3.8㎞ 키즈 러닝의 참가비는 무료다.

부문별로 남녀 1~6위에게는 무대에서 상장과 트로피 및 상금과 부상을 지급하고, 7~100위까지는 포천 지역에서 생산한 쌀을 비롯한 특산물을 시상한다. 그 외에 최고령 완주자와 5인 1조 팀 대항전의 1~5위에게도 순위별로 포천 지역의 쌀을 부상으로 지급한다.

2012년 4월 22일 제8회 포천 38선 하프 마라톤 대회가 개최되었다. 4,000여 명의 선수와 가족들이 참여하였고, 마라톤 출발에 앞서 벨리 댄스 공연과 육군 8사단 군악대의 축하 연주 등이 있었다. 행사장에는 포천시 관광 홍보관과 농특산물 홍보 판매관이 설치되었다. 그 외에 꽃 사진 전시회와 옛 사진 전시회 등이 함께 열렸다.

[그림 5-1] 포천 38선 하프마라톤대회 홍보물

38로드마켓

혁신마을 리빙랩 공모사업으로 4천만 원의 사업비를 확보한 영중면 주민들은 38선휴게소에서 매월 둘째 주와 넷째 주 토요일에 38로드마켓을 오픈해 농수산물, 수공예품, 예술품, 골동품, 먹거리 등을 판매하고 있다.

38로드마켓 내부에 있는 3.8정 카페는 로드마켓 활성화를 위하여 포천시에서 '노인일자리 지원사업은'을 함께 시행하고 있다. 노동시장에서 소외된 65세 이상 노인 계층을 위해 노인 특성에 맞는 노인 일자리를 창출·보급하여 소득창출 및 사회참여 기회를 제공하고 사회 구성원으로서의 성취감 고취 및 건강하고 활기찬 노후생활을 보장하는 사업이다.

2019년 '노인일자리 공동작업장 1호점'을 개소한 포천시는 어르신들의 일자리 마련과 지역복지 향상을 위해 공동작업장을 계속 확장하여 10호점으로 3·8정 카페 개소식을 갖게 되었다.

'3·8정 카페'는 포천시 사회적기업인 '책상없는 학교'에서 위탁 운영하는 노인일자리 공동작업장이다.

[그림 5-2] 38 로드마켓 및 38정 카페

임진강 평화문화권 38선 역사체험길

　38선 역사체험길 조성사업은 2014년 10월 '임진강 평화문화권 지원사업'으로 선정됨에 따라 창수면 오가리, 영중면 영송리, 일동면 수입리 일원에 총 17km에 폭 2~3m, 총사업비 84억 원 중 국비 37억 원 및 특조금 8억 원을 지원받아 추진하는 사업이다.

　38선 역사체험길은 남북이 38선으로 분단된 역사적 사실을 재발견하고 자연과 예술이 어우러진 공간으로 재탄생시켜 남북경협 거점도시 포천의 역사체험 문화브랜드를 창조하고자 추진되는 사업이다. 이 구간에 전투현장 역사체험길, 휴식쉼터, 목교, 스토리보드, 징검다리, 주변 관광지 안내표지판, 포토존, 전망대 등을 설치하였다.

　"임진강 38선 역사체험길"에는 "38선"을 두고 대치하던 당시 포천의 상황과 전투 등 당시 포천시의 상황을 콘텐츠로 걷는 길로 조성되어 있고, 앞으로도 계속 진행되리라 본다. 다만, 포천시에 존재하는 길을 왜 "임진강 38선 역사체험길" 이란 명칭을 사용하는가 라는 의문이 있다. 국비 지원으로 진행된 사업이라는 행정적 측면이 강조된 것이다. 행정적 측면보다는 역사와 지역의 정체성 부가되어야 할 것이다. 이런 점에서 "포천 38선 역사체험길"로의 명칭 변경을 제안한다.

[그림 5-3] 임진강 38선 역사체험길

38선 평화의 숲길 조성

민주평화통일자문회의 포천시협의회에서는 남북 삼림협력 사업을 통해 한반도 평화체계 구축의 마중물 역할에 앞장서기 위하여 포천시 영천천 영평제방 일대를 시작으로 평화 숲길 조성을 추진하고 있다. 6.25 전쟁을 상징하는 38선 역사문화체험길 포천구간 17Km에 전 시민이 참여하는 숲길을 조성하면 시민과 관광객에게 쉼터를 제공하고 전쟁의 심각성을 알려 평화의 가치를 일깨움과 동시에 속성수로서 기후위기 타개에 필요한 탄소흡수를 꾀할 수 있으며 쓰임새가 많은 편백나무의 이점을 활용한다는 판단에서이다. 이에 2022년 3월 시민단체와 개인들로부터 받은 묘목 1510그루를 심었다. 이 후에도 평화의 숲길은 시민과 함께 가꿔나갈 계획이다.

[그림 5-4] 평화의 숲길 식목행사 사진

포천38선 버스킹 공연

포천 38선·휴게소에서 다양한 버스킹 공연이 이루어지고 있다.

[그림 5-5] 포천 38선 휴게소 버스킹 장면

38프린지페스타

38개 거점공간에서 공간 특성에 따른 차별화된 문화예술 콘텐츠 운영하고 있다.

포천시내의 38개 거점공간에서 매일 펼쳐지는 국내외 예술단체 초청 및 경연, 포천문화체험, 지역예술가 연계 공연 및 전시, 로컬장터 등 진행되고 있다.

첫 회는 '예술로 만나는 평화, 문화로 이어지는 통일'을 주제로 포천시 14개 읍면동에서 동시 진행되었다. 아트밸리, 산정호수 등 지역 유명 관광지와 체육문화센터, 개인 공방, 갤러리 등 포천시 대표 문화거점 38개 공간에서 200여 팀의 공연과 전시, 체험 등 다양한 장르의 문화예술 프로그램을 운영되었다.

공연·전시·체험 행사 외에도 국내외 유명 예술단체 공식 초청공연과 특별초청으로 세계한민족공연예술축제, 포천반월아트홀 일원에서 지역전통문화체험과 백남준 미디어아트 특별전시를 상설 운영하며 거점공간 곳곳에서 지역특산물판매와 플리마켓 등도 열렸다.

[그림 5-6] 포천 38 프렌지페스타 홍보물

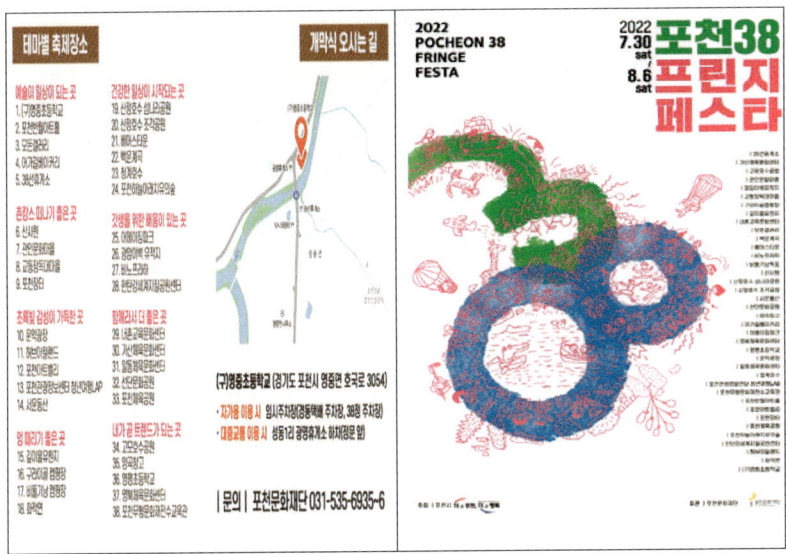

개성포럼 주관 포천시 38선 평화캠프

경기도 비영리민간단체인 개성포럼은 설립 이후 지속적으로 통일교육과 관련하여 학술세미나와 현장체험학습을 진행하고 있다.[1] 개성포럼의 주요 연구분야는 '지역형 통일교육 현장체험학습장'을 개발하고 있다. 포천시와 관련해서는 2022년부터 진행하고 있는 현장체험학습을 통해 축적된 데이터와 지역주민과 전문가들의 의견을 종합하여 포천지역형 현장체험학습 프로그램을 개발하고 있다.

---

[1] 이에 관한 자세한 사항은 개성포럼 누리집 참조, http://kaesongforum.or.kr/

[그림 5-7] 개성포럼 포천38선 현장체험(2022년~2024년)

| 2022년 | 2023년 | 2024년 |

개성포럼은 2022년 포천, 연천, 파주지역, 2023년 포천, 인제, 양양, 춘천지역, 그리고 2024년에는 포천지역으로 한정해 그동안 진행한 연구성과를 반영하여 포천지역의 38선과 관련한 현장체험을 진행하였다. 2025년 10월 25일에는 기존의 특정장소를 방문하였던 체험학습이 아닌 포천지역형 현장체험학습으로 지역주민과 관내 대학이 함께 진행하여 250여 명이 참석하여 진행하였다.

행사기획단계에서 영중면 이장협의회, 영중면 주민자치회 등 지역주민의 의견을 반영하여 일정과 프로그램의 일부를 수정하였다. 이 과정에서 지역주민들에게 행사에 대한 홍보가 이루어지고 리단위의 참여를 유도하였고 행사관련 시설 및 용품의 공유하게 되어 행사비용을 절감하였다. 포럼의 셔틀버스운영과 대진대학교의 협조로 대학내 통일동아리 학생들과 재학중인 유학생의 참여가 활성화되었다.

관내 포천일고 사회적협동조합 한울타리마켓과 업무협약을 체결하여 행사홍보와 조합원들의 적극적인 참여를 유도하였으며 민속반의 공연은 행사의 이미지 증진과 장학금전달의 효과도 가져왔다.

행사기념품의 구매비용을 '지역상생쿠폰'으로 대체하여 행사일 당일 함께 진행된 주민자치회 주최 '38로드마켓'에서 쿠폰으로 물품을 구매할 수 있도록 하여 참여자의 만족도 증진과 함께 '38로드마켓'을 찾아온 도민들의 행사참여도 유도할 수 있었다.

현장행사 이후에는 대진대학교에서 전문가들과 관내 통일동아리 학생들이 2025년 개성포럼의 현장체험학습에 대한 성과보고와 함께 다양한 의견을 나누고 앞으로 진행할 현장체험학습의 방향에 대해 논의하는 토론회를 개최하였다.

행사에 참여한 참석자들의 설문내용 중 일부를 소개하면 다음과 같다.

고등학생들의 공연은 미디어매체에서만 보았던 한국문화를 직접 볼 수 있는 기회가 되었으며 실제로 접한 공연은 무척 인상깊었다.(중국 유학생)

단순히 장소를 방문하는 것을 넘어, 역사와 평화의 의미를 다시금 느낄 수 있었다.

OX퀴즈를 통해 교육 때 배운 내용들이 복습이 되었고(새삼 많이 알고 있어서 나 스스로를 칭찬ㅎㅎ), 정말 만족스러웠습니다.

현지 지역주민과 걸으면서 교류하였는데 이 곳을 왜 왔는지 의미를 알게 되어서 좋은 추억이 되었다.

행사 전 우리가 참여한 동선에 대한 공부를 미리 하고 왔으면 더 좋았겠다는 생각이 들었다. 그랬다면 더 많이 배워갈 수 있었을 텐데…

<2025년 개성포럼 포천시 38선 평화캠프 행사일정표>

시 간	내 용	비 고
09:30~10:00	행사장 집결 및 등록	
10:00~10:30	▶ 식전행사(포천일고 민속반 공연) ▶ 국민의례 ▶ 개회사 및 개회선언: 소성규(개성포럼 회장) ▶ 행사미션발표 및 단체기념촬영	사회 : 최정민 (개성포럼 사무국장)
10:30~11:00	▶ 도전!!! 포천38선 퀴즈왕 & 시상식 - 유아·초등생 대상 - 중고등생 대상 - 대학·일반 대상	포천일고 사회적협동조합 한울타리마켓
11:00~12:30	▶ 임진강 38선 역사체험길 및 38선 동네한바퀴 체험 - 포천시 영중면 "38선 평화공원" 조성 예정지 출발 - 3개조별 미션수행 (가족, 중고등, 대학일반부)	개성포럼사무국장 진행관리자 안전진행요원
12:30~14:00	중식	
14:00~14:30	▶ 시상식 & 지역 상권 활성화를 위한 교류 - 미션완료자 시상	사회 : 최정민 (개성포럼 사무국장)
14:30~15:00	대진대학교로 이동	* 대진대 본관 2층 국제회의실
15:00~18:00	▶ 라운드테이블 및 성과보고회(3회 현장체험 성과보고 및 피드백 토론회) 토론자 : 권영택(현대물류 대표이사) 김현수(양주시의원) 신택수(양주시 팀장) 유무영(대진대 교수) 정서영(개성포럼 자문위원) 천영성(지역사회문화연구원 원장) 최임식(개성포럼 전문위원) 최진웅(최진웅법무사 대표법무사) * 대진대 통일 동아리 학생 대표 8명	사회 : 최용전 (대진대 교수, "애프터원" 동아리 지도교수)
18:00	해단식	

[그림 5-8] 2025년 개성포럼 포천 38선 평화캠프

제2절 38선 평화공원 연계 활용방안

국내외 학술세미나 개최

국제평화의 도시(ICP, International Cities op Peace)는 2009년에 설립돼 2017년 유엔 경제사회이사회(ECOSOC) 특별협의지위를 인정받은 비정부기구(NGO)로 지역사회에 평화문화를 정착시키기 위해 평화의 도시를 형성하고, 글로벌 커뮤니티를 조성해 평화정책과 문화를 상호 공유하며 배우는 것을 목표로 활동하고 있다. 2022년 현재 국제평화의 도시(ICP)에 가입돼 있는 도시는 6개 대륙 68개국에 걸쳐 총349개이다. 우리나라는 포천시가 최초로 가입한 이래 부산광역시, 광명시 등이 가입되어 있다.

국제평화의 도시에 가입한 대표적인 도시는 1907년 만국평화회의가 열렸던 네덜란드의 헤이그, 전 세계 이민자의 문화적 융합을 통해 글로벌화 된 구역을 조성하고 있는 미국의 로스앤젤레스, 동독과 서독 간의 장벽을 허물고 통합조약을 체결한 독일의 베를린, 1988년 동계 올림픽을 개최했던 캐나다의 캘거리, 구시가지 전체가 세계문화유산으로 지정돼 있는 스위스의 베른, 2020년 세계 박람회 개최지로 선정된 아랍에미레이트의 두바이, 식민지 시대를 거쳐 19세기 열강의 침략을 이겨낸 아르헨티나의 부에노스아이레스, 내전을 경험한 콩고, 소말리아, 우간다 등 여러 도시가 포함돼 있다. 특히 포천소재 대학인 대진대 교책연구원 "대진평화통일교육연구원", "DMZ연구원", 대진대에 기반을 둔 개성포럼 등과 연계한 국내외 학술대회 개최를 통해 포천시의 평화도시 이미지를 국내외에 펼칠 수 있다.

1) 포천시와 평화·통일교육 관련 MOU 체결을 추진할 수 있는 해외 협력기관 및 단체는 다음과 같다.

권 역	국가명	단 체 명	홈페이지	국내 협력기관 및 단체
아시아 (14)	중 국	중국개혁개방논단 (中国改革开放论坛)	http://www.crf.org.cn/	
		중국사회과학원 아태지역·글로벌 전략연구원 (中国社会科学院亚太与全球战略研究)	http://niis.cssn.cn/	
		중국국제문제연구원 (中国国际问题研究院)	http://www.ciis.org.cn/	
		현대국제관계연구원(CICIR)	http://www.cicir.ac.cn	통일연구원
		상하이 국제문제연구원 (上海国际问题研究院)	http://www.siis.org.cn/	
		지린성 사회과학원 (吉林省社会科学院)	http://www.jlass.org.cn/	
		랴오닝성 사회과학원 (辽宁省社会科学院)	http://www.lass.net.cn/	
		헤이룽장성 사회과학원 (黑龙江省社会科学院)	http://www.hljsk.gov.cn/	
		베이징대학 국제전략연구원 (北京大学国际战略研究院)	http://www.iiss.pku.edu.cn/	
		베이징대 한국학연구센터 (北京大学韩国学研究中心)		
		중국 샤먼대학교 대만연구원		서울대 통일평화연구원
		칭화대학 국제관계연구원 (清华大学国际关系研究院)	http://www.imir.tsinghua.edu.cn/	
		상하이 푸단대 한국학연구센터 (上海复旦大学韩国朝鲜研究中心)	http://www.iis.fudan.edu.cn/	

		지린대 동북아연구원 (吉林大学东北亚研究院)	http://nasa.jlu.edu.cn/	
		옌벤대 한반도연구센터 (延边大学朝鲜韩国研究中心)	http://cnsk.ybu.edu.cn/	
		중국국제우호연락회 (中国国际友好联络会)	http://www.caifc.org.cn/	
		차아얼학회(察哈尔学会)	http://www.charhar.org.cn/	
		중한우호협회 (中韩友好协会)		
		중국인민외교학회 (中国人民外交学会)	http://www.cpifa.org/	
		판구연구소(盘古智库)		
	대만	아태평화연구기금회(FAPS)		통일연구원
		국책연구원(INPR)		통일연구원
	일본	노 펜스(NO FENCE)	https://www.nofence.jp/	
		북한 귀국자의 생명과 인권을 지키는 모임 (The Society To Help Returnees To North Korea)	http://hrnk.trycomp.net/	
		일본 북한난민구권기금 (Life Funds for North Koreans Refugees)	http://www.northkoreanrefugees.com/	
		도쿄대 한국학연구센터	http://www.cks.c.u-tokyo.ac.jp/	
		게이오대 현대한국연구센터	http://korea.kieas.keio.ac.jp/	
		와세다대 한국학연구소	https://www.waseda.jp/inst/cro/other/2020/03/29/3199/	

		규슈대 한국연구센터	http://rcks.kyushu-u.ac.jp/about	
		교토 코리아학 컨소시엄(KCKS)	http://kyoto-korea.net/	
북 미 (2)	미 국	존스홉킨스대 국제관계대학원 한미연구소 (SAIS USKI)		통일연구원
		국제구호위원회 (International Rescue Committee)	https://www.rescue.org/	
		국제난민 (Refugees International)	https://www.refugeesinternational.org/	
		디펜스포럼 (Defense Forum Foundation)	http://www.defenseforumfoundation.org/	
		레아인터내셔널 (REACH International)	http://reach.org/	
		링크 (Liberty In North Korea)	https://www.libertyinnorthkorea.org/	
		美민주주의재단 (National Endowment for Democracy)	https://www.ned.org/	(사)북한인권정보센터
		美민주주의연구소 (National Democratic Institute)	https://www.ndi.org/	
		美북한인권위원회 (The Committee For Human Rights In North Korea)	https://www.hrnk.org/	
		북한자유연합 (North Korea Freedom Coalition)	http://www.nkfreedom.org/	
		유진벨재단 (Eugene Bell Foundation)	https://www.eugenebell.org:50008/	
		프리덤하우스 (Freedom House)	https://freedomhouse.org/	

		피터슨연구소 (Peterson Institute for International Economics)	https://www.piie.com/	
		휴먼라이츠워치 (Human Rights Watch)	https://www.hrw.org/	
		휴먼라이츠프로젝트 (Nonhuman Rights Project)	http://www.nonhumanrightsproject.org/	
		허드슨연구소 (Hudson Institute)	https://www.hudson.org/	
		우드로윌슨센터 (The Woodrow Wilson International Center for Scholars)		
		스탠퍼드대학교 아시아태평양연구소 (Stanford University, Walter H. Shorenstein Asia Pacific Research Center)		
유 럽 (9)	스 웨 덴	스웨덴 안보개발정책연구소 (ISDP)		통일연구원
	터 키	터키 유라시아 연구소 (Center for Eurasian Studies)		통일연구원
	아일랜드	트리니티 칼리지 더블린 (Trinity College Dublin)		통일연구원
	러 시 아	극동연구소	http://www.ifes-ras.ru/	
		러한 소사이어티(RKS)		
	노르웨이	오슬로 국제평화연구소(PRIO)		통일연구원
	독 일	프리드리히 에버트 재단 (Friedrich-Ebert-Stiftung)	http://fes-korea.org/	고려대학교 국제대학원, 통일부, 한국노동연구원(KLI), 한국여성단체연합

				(KWAU), 한독경상학회(KDGW), 한반도평화포럼 외 다수
		프리드리히 나우만 재단 (Friedrich-Naumann-Stiftung)	https://fnst.org/	경남대 극동문제연구소
		한스 자이델 재단 (Hanns-Seidel-Stiftung)	https://korea.hss.de/ko/	강원도 고성군, 서울대 통일평화연구원(SNUIPUS), 서울대 행정대학원(SNUGSPA), 통일연구원(KINU), 평화문제연구소(IPA), 한국여성정치연구소(CKWP)
		콘라드 아데나워 재단 (Konrad-Adenauer-Stiftung)	https://www.kas.de/ko/web/korea	경실련, 이화여대 통일학 연구원, 통일연구원, 한독상공회의소, (사)북한인권정보센터 외 다수

참고 : 김진하 외, 『한반도 평화통일을 위한 글로벌 네트워크 전략』 (서울: 통일연구원, 2018); 소성규 외, 경기도 평화통일교육 중장기 수립 연구, 2020. 참조

이 중에서 포천시 상황에 맞게 국가와 단체를 선택해야 한다. 특히 중국 연변대, 중국 두만강포럼 연계 국제학술대회와 독일 베를린자유대학, 한스자이델재단, 프리드리나우만 재단, 윤이상 평화재단 등과 연계해 MOU를 체결하고, 국제학술세미나를 진행한다면 포천시 차원에서 의미 있으리라 본다.

2) 강원특별자치도 및 양양군/인제군/춘천시, 경기도 및 파주시/연천군 등 연계 학술세미나

현재 38선과 관련한 지역은 강원특별자치도 고성군, 양양군, 인제군, 춘천시, 경기도는 가평군, 연천군, 파주시, 김포시 등이다. 이들 지역과 DMZ와 접경지역을 연계한 다양한 학술행사를 진행할 수 있다. 특히 접경지역 소재 대학인 강원대학교와 교류한다면, 그 의미는 더욱 배가되리라 본다.

포천시민 대상별 평화·통일교육 방안

1) 포천시 평화·통일교육의 기본방향 수립

경기도는 「통일교육지원법」을 근거로 한 「경기도 평화통일교육 활성화 조례」에서 경기도민을 대상으로 평화통일에 대한 자율적·주체적·민주적 인식을 확산하고 남북한 화해와 평화공존에 기여하는 방향으로 통일교육의 기본원칙과 이념을 규정하고 있다.(경기도 조례 제3조) 이러한 조례를 근거로 경기도는 학교통일교육, 사회통일교육, 공무원통일교육, 이주배경 도민통일교육으로 구분하고, 경기도만의 특성화된 평화통일교육을 실시하고 있다.

또한 경기도는 경기도 평화통일교육 비전과 목표를 설정하고, 수요자 중심 경기도 평화통일교육의 요구(Needs)를 바탕으로 한반도 평화시대를 선도하는 경기도민의 평화감수성 함양을 지향하고 있다. 경기도 평화통일교육의 비전과 전략, 경기도만의 평화통일 교육모델을 참고하여 포천시민의 평화·통일교육의 조례 제정과 평화·통일교육의 기본방향을 수립할 필요성이 있다.

오늘날 평화·통일교육의 큰 틀 내지 방향은 이론중심의 통일교육보다는 이론교육과 현장체험을 병행하는 혼합형 통일교육으로 변화하고 있는 추세이다. 이러한 변화된 통일교육의 방향을 38선 평화공원을 통하여 실현할 수 있을 것이다.

[그림 5-9] 경기도 조례상 대상별 통일교육 유형

경기도
평화통일교육
사회통일교육
이주배경도민 통일교육
공무원 통일교육
학교 통일교육 (초, 중, 고 대학생)

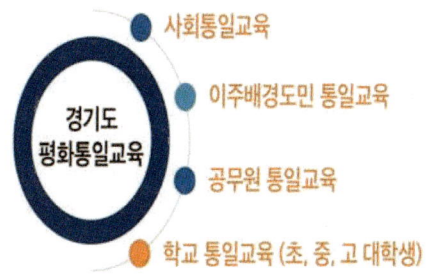

[그림 5-10] 경기도 평화통일교육 비전과 목표

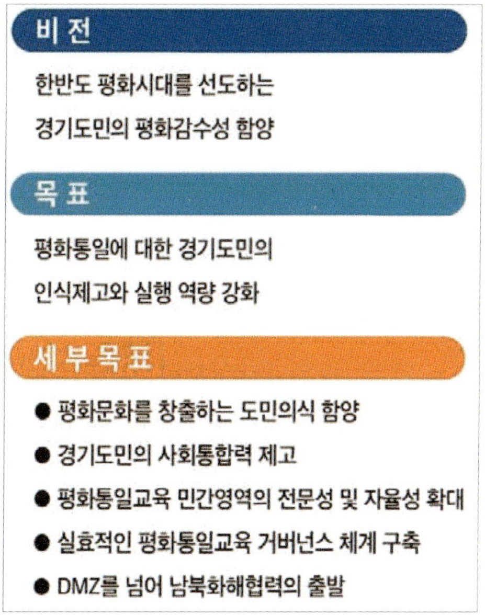

비 전
한반도 평화시대를 선도하는
경기도민의 평화감수성 함양
목 표
평화통일에 대한 경기도민의
인식제고와 실행 역량 강화
세 부 목 표
● 평화문화를 창출하는 도민의식 함양
● 경기도민의 사회통합력 제고
● 평화통일교육 민간영역의 전문성 및 자율성 확대
● 실효적인 평화통일교육 거버넌스 체계 구축
● DMZ를 넘어 남북화해협력의 출발

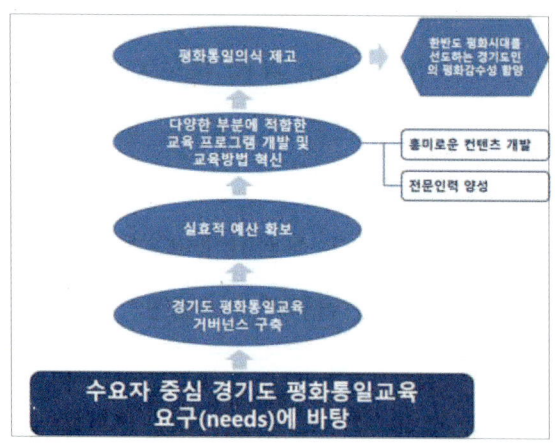

*소성규외, 경기도 평화통일교육 중장기계획 수립 연구용역 최종보고서(2020년)참조

2) 포천시 학교통일교육

포천시 관내 초·중·고등학교뿐만 아니라 포천 관내 경복대학교, 차의과학대학교, 대진대학교와 연계한 학생들만의 프로그램 개발이 필요하다. 특히 38선 관련한 글짓기, 시낭송 대회, 그림그리기 대회 등과 UCC 공모대회, PPT 경진대회를 통하여 관내 학생들을 "38선"이란 브랜드로 하나될 수 있는 기회를 제공할 수 있다.

포천시 38선과 관련된 특색있는 통일교육 프로그램을 개발하여 포천시 통일교육 모델을 38선과 연계하여 38선과 포천시만의 통일교육을 브랜드화할 필요가 있다. 예를 들면 (가상) 북한여행 체험, (가상) 6·25 전쟁 체험 등 포천시가 가진 역사적 아픔을 살려 체험형 현장교육을 실시할 필요가 있다. 가상체험인 AR 또는 VR을 체험에서 끝나는 것이 아니라, 포천시 문화해설사 및 영중면 인근 주민의 일일교사 등의 인프라를 활용하여 체험 후 교육으로까지 이어지는 통일교육이 실시될 필요가 있다.

3) 포천시 사회통일교육

현재 우리나라 사회통일기관으로는 「통일교육지원법」에 근거한 지역통일교육센터와 대통령 자문기구인 민주평화통일자문위원회를 두고, 각 지역별 지부를 두고 있다.

지역통일교육센터는 2020년 종래 전국 17개 센터로 지정 운영[2])하던 지역통일교육센터를 전국 7개 광역 권역별 센터 체계로 개편하였고, 2022년에는 10개 권역별로 10개 센터를 운영하고 있다. 2024년 역시 10개 권역별 10개 센터 형태를 그대로 유지하고 있다. 특히 성인 중심의 사회통일교육은 관내 38선 평화공원을 통한 다양한 프로그램으로 실현할 수 있을 것이다.

4) 포천시 공무원 통일교육

정부(통일부)는 국가와 지방자치단체의 공무원 및 「공공기관 운영에 관한 법률」 제4조에 따른 공공기관 직원 등에 대하여는 2018년 9월 14일부터 통일교육을 의무화 하는 통일교육지원법을 개정하였다.

교육방법은 매년 1회(1.1-12.31) 이상, 1시간 이상으로 하되, 그 내용은 통일교육지원법 제2조 제1호에 따라 자유민주주의에 대한 신념, 민족공동체 의식, 건전한 안보관을 바탕으로 '통일을 이룩하는 데 필요한 가치관과 태도를 기르는 교육'으로 구성되어 있다. 교육방식은 집합교육(대면강의, 시청각 교육), 사이버 강의, 기관 특성에 맞는 기타 방법 중 선택할 수 있도록 하고 있다.

---

2) 종래 전국 17개 지역통일교육센터(중앙통일교육센터 제외)는 현행 「지방자치법」 제2조 제1호의 광역 단위 행정구역을 기준으로 지정한 것으로 보인다.

<표 5-1> 통일교육의 내용(예시)

과목	내 용 요 소
통일 문제	· 통일의 의의와 필요성· 남북관계의 전개·국제질서와 한반도 통일 · 통일노력(통일방안 비교)·통일의 비전과 과제·남북관계와 대북정책 등
북한 이해	· 북한을 보는 시각·북한 분야별 실상(정치·외교·군사·경제·교육·문화 예술·주민생활 등)·북한 변화 전망 등

포천시는 접경지역이라는 특수성과 함께 특성화된 공무원 통일교육을 실시하는 방안을 검토해 볼 수 있다. 예를 들어, "평화통일 대비 전문행정인 양성과정"이란 특성화된 공무원 통일교육 프로그램에서 이론교육과 함께 관내 38선 평화공원을 주체로 다양한 이론교육과 현장체험 교육을 연계할 수 있다.

공무원 통일교육이 실효성을 가지기 위해서 강사초청 위주의 강의중심에서 벗어나 자체 워크숍이나 세미나 참여, 동아리 활동, 38선 관련 유적지 현장체험 등 체험 위주 방법으로 교육형태가 변화되어야 할 필요성이 있다. 특히 「지방공무원 교육훈련법」에 따라 시행 중인 상시학습에 통일교육 과정으로 포함시킨다면, 통일교육의 실효성이 더욱 커질 수 있다.

<공무원 통일교육 현장체험 프로그램 제안 : "포천 38선" 역사기행>

시 간	내 용	비 고
9:00	○ 포천시청(집결 후 인원점검)	
9:00 ~ 9:30	○ 포천시청에서 38선 평화공원 이동	
9:30 ~ 12:00	○ 38선 평화공원 관람 ○ 38선 역사고증 토론회	
12:00 ~ 13:00	오찬	
13:00 ~ 14:00	○ 임진강 38선 역사 체험길(2코스)	
14:00 ~ 16:00	○ 주원리 38선 평화마을/금수정 ○ 주원리 옥병서원	故 김광우 조각가
16:00 ~ 16:30	○ 추동리 38선 표지석, 38선고개	
16:30 ~ 17:00	○ 포천시청 이동 및 해산	

5) 기타 포천시만의 특화 평화·통일교육

경기도 조례에서 인정하고 있는 이주배경시민(다문화가정, 북한이탈주민 가정 등) 대상 통일교육 실시와 포천 관내 군인들을 대상으로 특화된 38선 평화공원과 연계한 통일교육을 고려해 볼 수 있다.

제3절 38선 평화공원 인근 "영평천" 연계 활용방안

[그림 5-11] 영평천 연계 활용방안 예시

포천 "영평천" 개요

[그림 5-12] 성동1리 영평천

길이 30.90km, 유역면적 460.92㎢임. 이동면(二東面) 북부에 있는자등현(自等峴)과 광덕현(廣德峴)에서 발원하여 연천군 청산면(靑山面) 궁평리(宮平里)에서 한탄강으로 흘러든다. 광덕현에서 흘러나온 물은 남동쪽

의 백운산(白雲山:904m)에서 흘러나온 물과 합쳐선유담(仙遊潭)의 경승을 이루고, 일동면(一東面)에 이르러 많은 지류와 함께 넓은 곡저평야를 펼침. 물길은 이곳에서 서쪽으로 방향을 바꾸어 산지를 북서류하다가 영중(永中面)에서 포천천(抱川川)을 받아들이고 서류함. 이어 창수면(蒼水面) 고소성리(姑蘇城里)에서 북류하여 전곡호(全谷湖)를 이루었다가 한탄강과 합류한다.

[네이버 지식백과] 영평천 [永平川] (두산백과 두피디아, 두산백과)

1) 폐교된 영중초등학교를 활용한 평화·통일교육 체험 및 숙박시설 건립 제안

38선 평화공원이 그 기능을 잘 수행하기 위해서는 공원의 관광 및 교육적 컨텐츠뿐만 아니라 체류형 숙박시설이 필요하다. 현재 폐교된 영중초등학교를 통일교육을 위한 체험형 시설과 숙박시설을 갖추는 것이 중요하다. 이를 위한 포천교육지원청, 지역주민들과의 소통과 협력이 필요하다.

2025년 기준 통일교육 관련 체험형 교육시설은 전국적으로 연천군 소재 "통일부 한반도통일미래센터"와 경기도 파주시 소재 "경기도 교육청 미래통일교육센터"가 있다.

한반도통일미래센터는 전국적으로 청소년을 대상으로 1박2일 또는 2박3일 체험형 통일교육을 하는 기관으로, 다른 지역에서 전국 권역별로 통일교육 체험시설을 건립하자는 요구가 많다. 연천 한반도통일미래센터와는 차별화된 포천형 통일교육 체험 교육시설 활용을 제안한다.

각종 행사 등으로 인해 일시적으로 38선 평화공원의 주차시설이 부족할 경우, 필요에 따라 폐교된 영중초등학교 운동장을 주차장으로 활용

하는 방안이 있을 수 있다.

[그림 5-13] 영중초등학교 전경

2) 제2 38선 평화공원 조성 제안(양문리 974-12번지 일원)

포천시 영중면 양문리 974-12번지(964평) 일원은 시유지로서 현재 유휴지이다. 포천시에서 조성 계획중인 38선 휴게소 건너편 시유지 부지에 안보교육에 초점을 둔 평화공원으로서의 성격의 제2 38선 평화공원 조성을 제안한다. 포천 미군 영평사격장 등 군장비 전시와 안보전시관 등을 통해 평화와 안보의 소중함을 동시에 느낄 수 있도록 활용이 가능하다.

[그림 5-14] 포천시 영중면 양문리 974-12번지 일원

3) "영평천" 야외 조망 전망대 설치 제안

38선 평화공원 인근 시설물에 "영평천" 전체를 조망할 수 있는 야외 전망대를 조성을 제안한다. 야외 전망대 내부에는 "영평천"의 역사와 38선 관련 각종 역사 기록물을 전시하는 용도이다.

[그림 5-15] 예시: 군산 금강미래체험관 야외조망대

4) "영평천" 주변 지하벙커, 개인호, 대전차방호벽 등을 활용한 체험시설 활용 제안

영평천을 중심으로 38선 이남지역에는 지하벙커(토치카), 개인호, 대전차 방호벽이 있다. 이 시설물을 통한 체험형 교육 활용이 필요하다.

[그림 5-16] 지하벙커 및 대전차방호벽 사진

5) "영평천" 주변 무궁화 꽃길 조성 제안(무궁화 축제)

세종시, 서울시의 무궁화 축제 및 이와 유사한 양주시 고읍동 나리농원 천일홍 축제, 연천군 전곡읍 선사유적지 국화 축제와 같이 대한민국을 상징하는 38선 평화공원 인근 "영평천"에 무궁화 꽃길을 조성하여 편백나무와 어울러진 숲길과 꽃길을 조성할 것을 제안한다.

[그림 5-17] 인근 지자체 축제

좌(연천 국화축제)   우(양주 나리농원 천일홍 축제)

6) 38선 역사 체험길 스토리텔링 작업 제안

현재 "영평천"에는 임진강 38선 역사체험길이 1코스부터 4코스까지 개발되어 있다.

1코스에서부터 4코스에 이르는 각 코스별로 중요 시설물에 스토리텔링 작업이 필요하다. 방문객이 흥미를 가질 수 있도록 스토리텔링 작업이 필요한데 현재는 스토리텔링 작업이 되어 있는 곳과 그렇지 않는 곳이 존재하고 있다.

스토리텔링 사업은 포천 문화재단의 공모사업을 통하여 발굴하는 것이 타당하다. 예를 들면, 조선 중기 문신 사은 "박순"을 모시고 있는 옥병서원을 연계하고, 옥병서원의 총탄 흔적 비석을 통해 조선시대 상황과 6·25전쟁과 38선 평화공원을 스토리텔링 하는 것이다.

[그림 5-18] 임진강 38선 역사체험길

[그림 5-19] 옥병서원 전경

7) "영평천" 주변지역 역사유적 복원화 사업 제안

"영평천" 주변지역에는 영평천을 두고 남북한 군대가 주둔하고 있었다고 한다. 창수면 오가리 "기독교 감리회 영평교회" 부지 인근에 당시 러시아군 부대가 주둔하고 있었다는 구술 증언이 있다.(포천 민주평통 양주승 회장 구술 증언)

[그림 5-20] 영평교회

포천시에서도 역시 북한측 포천군청(영평군청)이 있었다고 한다. 이러한 증언을 토대로 역사유적 복원사업이 진행되어야 하리라 생각된다.

38선상에 휴게소는 경기도 포천시, 강원특별자치도 인제군과 양양군 휴게소가 있다. 그중에 강원특별자치도 인제군 휴게소에 있는 1970년대 초 소양강댐 건설로 수몰되면서 고향을 떠날 수 밖에 없었던 주민들의 애환을 잊지 않고자 옛 기억을 떠올려 그려본 38선 인근 옛 고향을 복원해 본 것처럼, 포천시에서도 북한측 포천군청(영평군청) 복원화 사업이 필요하다.

[그림 5-21] 인제군 38선 휴게소 사례

8) 포천 금주산 관모봉 둘레길 조성 및 38선 자전거 도로 개설 제안

금주산은 포천시 영중면 양문리와 일동면 수입리 경계를 이루는 산이다. 관모(冠帽)는 모자를 총칭하는 뜻으로, 산의 모양이 갓처럼 생겨서 관모봉이라 부른다. 한편, 관모봉은 깃대봉이라고도 하는데, 일제강점기 때 세부 지적 측량을 위하여 깃대를 꽂았던 곳이라 하여 유래되었다.

경기도 포천시 영중면 양문 3리 양문산업단지와 일동면 수입 4리 산내지의 경계를 이루는 산으로, 금주산에서 북쪽 능선으로 연결된 육산으로 높이는 569m이다.

관모봉 정상은 과거 군부대가 주둔했다가 철수하여 지금은 그 시설물 일부만 남아 있다. 2007년 경기도 포천시 영중면사무소와 주민자치위원회에서 관모봉으로 오르는 등산객의 편의를 위해 이정표를 설치했다. 등산 코스는 양문 3리[햇골], 양문 공단 뒤[독지골], 성동리[파주골], 일동면 수입리 방향에서 시작할 수 있으며, 금주산에서도 연계 산행이 가능하다.3)

---

3) 『포천의 지명 유래집』 (포천 문화원, 2006), [네이버 지식백과] 관모봉[冠帽峰] , 한

38선 평화공원과 연계한 관모봉 둘레길 조성과 "38선 자전거 도로" 개설을 제안한다.

[그림 5-22] 포천 관모봉

9) 기타

이동면 노곡리 38교, 창수면 추동리 38고개, 38 표지석, 산정호수 인근 옛 김일성 별장터 등 향후 포천시(포천문화재단 등) 차원에서 다양한 38선 관련 스토리 발굴과 연구가 필요하다.

[그림 5-23] 이동면 노곡리 38교와 38쉼터

[그림 5-24] 추동리 38선 표지석과 38고개

[그림 5-25] 포천 김일성 별장터 전망대

제4절 38선 평화공원 브랜드 개발 및 상품화 방안

포천시에는 현재 "38썬애플"과 "38선 맑음미" 브랜드가 있다.

[그림 5-26] 38썬 애플과 38선 맑음미

 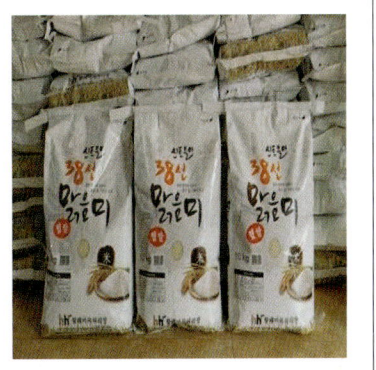

지역 생산 농산물 이외 포천시 차원의 38선 관련 자체 브랜드 개발과 상표 등록을 통해 포천시의 독창적인 이미지 제고 필요하다.

38선 뱃지 등과 각종 홍보에 사용할 수 있는 브랜드 기본모형 개발과 이를 활용한 각종 가방(에코백 등), 모자, 열쇠고리 등 다양한 상품 개발을 통한 포천시의 홍보와 상품화가 필요하다.

제6장 국내외 역사적 기억의 평화적 활용사례

제1절 제주4·3 평화공원

제주 4·3 평화공원 개괄

제주 4·3 평화공원은 제주 4·3사건에 대한 공동체적 보상의 하나로 조성되었다. 4·3 평화공원은 1990년대 4·3 사건 과정에서 벌어진 주민 학살에 대한 지역 단체들의 진상규명운동이 1999년 말 국회를 통해 법제화되고 2003년 노무현 대통령이 공식적으로 사과하는 일련의 과정의 연장선에서 2008년 건립되었다.

[그림 6-1] 제주 4·3 평화공원 시설 현황

제주 4·3 평화공원 내 시설물은 4·3사건의 역사적 의미를 되새겨 희생자의 명예회복 및 평화·인권의 의미와 통일의 가치를 되새길 수 있는

평화와 통일의 성지이자 인권교육의 장으로 활용되고 있다.

1) 위령탑

주위 배경은 제주 특유의 역동성과 경건함을 가진 제주도의 분화구 형태로 설정되었으며, 그 주변에 네 방위 수호기둥인 현대화된 방사탑이 설치되었다.

중앙 연못의 물은 살육의 역사를 정화하는 '정화수'이며, 그 중심부에 있는 2인상은 가해자·피해자의 이분화된 대립을 극복하고 화해와 상생으로 나아가기 위한 인간의 어울림을 표현하고 있다.

2인상을 둘러싸는 금속원형의 고리는 인간과 평화의지의 영원함과 완전함을 기원하고 있다.

[그림 6-2] 제주 4·3 평화공원 내 위령탑

2) 비설(飛雪)- 희생자 변병생(호적명:변병옥) 모녀의 기념조각

1949년 1월 6일 봉개동 지역에 2연대의 토벌작전이 펼쳐지면서 군인들에게 쫓겨 두 살 난 젖먹이 딸을 등에 업은 채 피신 도중 총에 맞아 희생된 당시 봉개동 주민 변병생 모녀를 모티브로 만들어진 기념조각이

다.

등신대의 청동조각상인 이 작품은 4·3 당시 하얀 눈밭을 표현한 백대리석의 원형판 위에서 아이를 끌어 안고 죽어가는 모습을 형상화하였다.

[그림 6-3] 제주 4·3 평화공원 내 비설(飛雪)

3) 귀천

4·3사건 당시 민간인들의 죽음의 이미지와 전래의 '수의(壽衣)'를 모티브로한 조형물이다. 공원의 주 축선의 중앙에 설치된 상징조형물로서 다섯개의 열주로 이루어져 있다.

이 작품은 어른 남녀, 청소년 남녀, 어린 아기 등 총 5개의 수의를 단순화·도상화했는 데, 이는 4·3 당시 희생된 사람들을 상징한다. 실제 어른·아이 구분 없이 희생됐기 때문이다.

[그림 6-4] 제주 4·3 평화공원 내 귀천

4) 각명비

각명비는 4·3 당시 희생당한 사람들의 성명·성별·당시 연령·사망 일시와 장소 등을 간결하게 기록한 것이며, 당시의 마을별 단위로 각명되어 있다. 하지만 이는 단순한 추모를 위한 비석이 아니라, 4·3의 광풍이 휩쓸고 간 자리에 남겨진 죽음의 사실에 대한 기록의 의미를 담고 있는 기념물이다.

[그림 6-5] 제주 4·3 평화공원 내 각명비

5) 행방불명인 표석

4·3사건 희생자 중 시신을 찾지 못하여 묘가 없는 행방불명인을 대상으로 특별히 개인표석을 설치해 넋을 추모하는 공간이다.

[그림 6-6] 제주 4·3 평화공원 내 행방불명인 표석

6) 4·3평화기념관

4·3평화기념관은 지하 1층, 지상 4층의 규모로 4·3의 역사를 담은 그릇의 형태를 차용하였으며, 4·3의 역사적 진실을 기록한 상설전시실과 특별전시실, 기획전시실, 개가자료실, 영상관 등으로 이루어져 있다.

4·3평화기념관은 기념 및 추념의 공간으로써의 의미와 역사적 진실을 기록하고 기억과 증언, 유가족의 기록, 4·3과 관련된 역사 자료가 전시되어 있는 아카이브 공간으로의 의미, 역사교육 및 교훈의 공간으로 의미가 있다.

[그림 6-7] 제주 4·3 평화공원 내 4·3평화기념관

제주4·3 평화공원의 의미: 국가폭력에 대한 기억의 공간화

　제주 4·3 평화공원은 국가 폭력에 대한 기억의 공간화하였다는 것에 의미가 있다. 제주 4·3 평화공원 내 시설물들은 국가 폭력에 대한 집합적 기억의 공간적 재현으로 이해할 수 있다. 다만 제주 4·3 평화공원의 방대한 규모와 그 속의 시설물들은 공원 설립의 주요 목적이 희생자들에 대한 추모에 있는 것은 사실이나 그 추모 행위 자체가 국가의 정치 행위로서 기능이 담당한다.

물론 제주 4·3 평화공원은 근래 전 지구적으로 확산되면서 "어두운 기억에 대한 체험(Dark Tourism)"의 일환으로 이해할 수 있고, 이러한 속성은 미국에 있는 홀로코스트 기념관이나 남아공에 있는 아파르트헤이트 기념관과 유사한 측면이 존재한다.

제2절 용산 전쟁기념관

전쟁기념관은 외침을 극복하고 국민의 생명과 재산을 지켜온 대외항쟁사와 민족의 자주독립을 지켜온 국난극복사 등 전쟁에 관한 자료를 수집·보존하고, 전쟁의 교훈을 통하여 전쟁을 예방하여, 조국의 평화적 통일을 이룩하는 데 이바지하게 함을 목적으로 한다.

전쟁기념관의 비전은 "전쟁의 기억을 넘어 함께 만들어가는 평화의 여정"이며, 슬로건은 '누구나(Whoever)', '언제나(Whenever)', '어디서나(Wherever)', '전쟁기념관(War Memorial of Korea)'이다.

[그림 6-8] 용산 전쟁기념관

용산 전쟁기념관 내 시설물

전쟁기념관 전시실은 호국추모실, 전쟁역사실, 6·25전쟁실, 해외파병실, 국군발전실, 기증실, 대형장비실 등 7개의 실내 전시실이 있다. 전쟁기념관 내에는 평화광장, 연못, 호국공원, 뮤지엄웨딩홀, 평화의 시계탑,

형제의 상, 전사자명비, 6·25전쟁 조형물, 6·25전쟁 참전국 기념비, 참수리 357호정 안보전시관, 광개토대왕릉비, 어린이박물관, 어린이박물관, 옥외전시장 등이 있다.

[그림 6-9] 용산 전쟁기념관 내 시설물

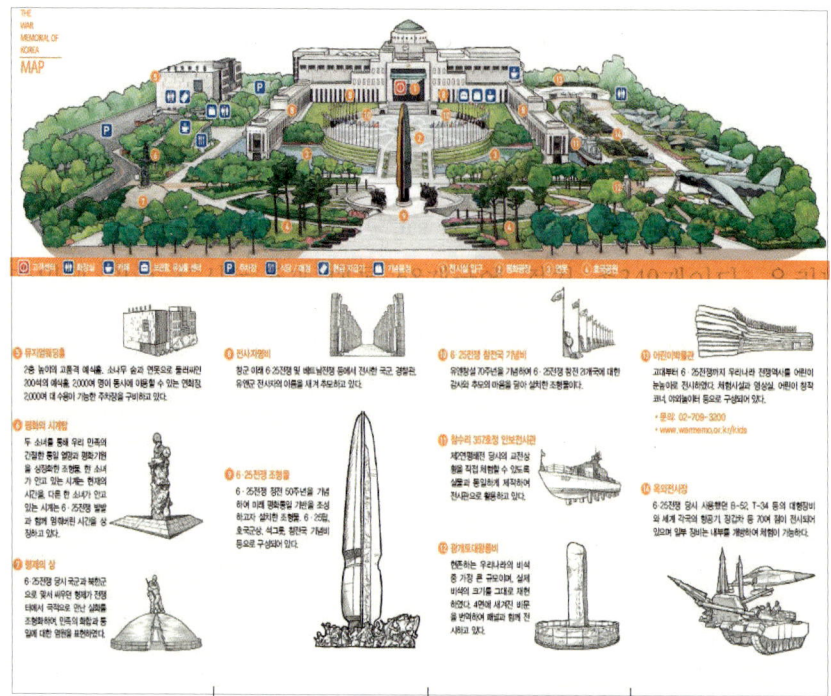

용산 전쟁기념관의 의미: 반공의식과 냉전적 관행의 공간화

전쟁기념관과 전쟁기념관 내 시설물들은 일반적인 전쟁 기념물이 가지는 물리적 특징을 공유하고 있고, 전쟁기념관 전시실 건물의 입구에서 가장 가까운 중심부에 순국선열에 대한 추모와 참배라는 유사종교적인 제단이 있는 것은 반공의식을 극대화하기 위한 시설물 배치로 이해할 수 있다..

전쟁기념관에 전시된 미국 맥아더 장군의 유품의 전시에서 볼 수 있 듯이, 전쟁기념관은 냉전적 관행의 공간화로 표현할 수 있다.

[그림 6-10] 용산 전쟁기념관 맥아더장군 유품과 감사서신

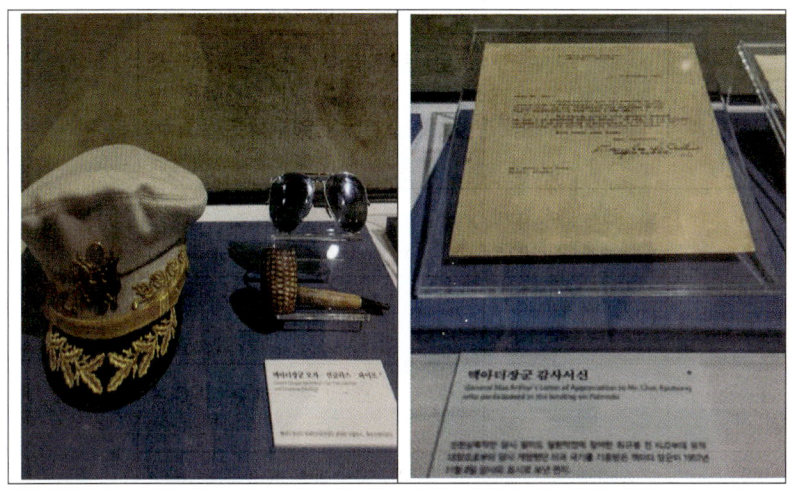

이에 용산 전쟁기념관이 기억하는, 보다 정확하게 말해서 기억하기를 희망하는 6·25전쟁전쟁은 유엔군이라는 '정의'의 상징과 중공군이라는 '불의'의 상징의 대립과 갈등이다.

제3절 강원도 인제군 38공원

강원도 인제군 38공원은 Let's Go 38선 스토리텔링 형상화 사업의 일환으로 만들어졌다. 공원은 민족적 비극에 대한 기억의 공간화하였다는 의미가 있다.

민족적 비극을 살아있는 역사로 승화하는 Let's Go 38선 스토리텔링 형상화 사업을 통하여 국민 모두가 그 뜻을 기릴 수 있도록 인제군 남면 관대리 193-28번지에 38공원을 형상화하고 그 뜻을 계승하고 있다.

현재 인제군 38공원은 38기념탑, 38정, 38루 비석이 존재하고 그 맞은 편에는 소양호에 수몰된 군부대 관련 비석들이 전시되어 있다.

[그림 6-11] 인제군 38루 표지석

38공원 내에 있는 정자는 三八亭이라는 현판이 걸려있지만, 원래는 38루로 명명된 곳으로 625전쟁이후 이 지역에 주둔하고 있던 제3군단장이 인제군 남면 부평리에 38루 정자를 건립하려고 38루 라는 정자 이름

을 새긴 비석을 준비하고, 정자를 신축하던 중 모든 계획이 최소되었고 이후 이곳에 Let's Go 38선 스토리텔링 형상화 사업의 일환으로 38공원이 조성된 후 38루 비석도 공원 내부로 옮겨 온 것이다.

인제군 38공원 내 시설물

1) 38선길 조형물

[그림 6-12] 인제군 38선길 조형물

38전망대 옆에 자리하고 있는 상징물로 분단의 아픔을 간직하고 있는 인제군을 위하여 구상된 것으로 세월이 흐르면서 분단의 역사와 전쟁의 참상이 잊혀져 가고 있는 현실 속에서 대한민국이 여전히 분단국가이며 전쟁의 아픔을 간직한 나라임을 기억해야 한다는 의미를 담고 있다.

2) 소양호에 수몰된 군부대 관련 비석

소양호에 수몰된 제1야전군 사령부 창설비, 제 3군 사령부 창설비, 오덕준장군 송덕비, 충현비, 103 한국 노무 사단 위령비 등 소양호에 수몰된 군부대 관련 비석이 전시되어 있다.

[그림 6-13] 소양호에 수몰된 군부대 관련 비석

인제 38평화공원의 시설물의 대부분은 Let's Go 38선 스토리텔링 형상화 사업으로 공원내 위치하게 되었다.

공원내 위치하고 있는 대부분의 조형물은 소양강댐 건설로 수몰되었거나 민간인에 의해 보존되던 것으로 스토리텔링 사업을 시작하면서 '38선'이라는 매개체를 통하여 한 곳에 모여 이루어졌다.

인제군 38선을 기점으로 일어났던 전쟁의 상흔을 기억하고자 역사적 사실을 기반으로 관련 군부대의 비석을 옮겨두고, 현대적 시각에서 전쟁의 참상이 잊혀지지 않기를 바라는 의미의 시설물을 배치시켰다.

제4절 강원도 고성 통일전망대

우리나라 최북단에 위치한 민간인이 관광을 위해 찾을 수 있는 전망대로 북위 38도 이북88KM 지점에 위치해 있다. 1983년 건립된 전망대는 금강산의 마지막 봉우리를 조망할 수 있어 연간 1백만명의 국내외 관광객이 찾는 곳으로 관광지화 되어있다.

[그림 6-14] 고성 통일전망타워

고성 통일전망대 내 시설물

통일관(1층-전시관, 2층-전망대), 통일기원기도회 및 교육장, 통일기원 범종, 통일미륵불, 성모마리아상, 전진십자철탑, 6·25전쟁체험전시관이 있다. 이 밖에도 351고지전투전적비, 공군 351고지 전투지원작전 기념비, 민족의 웅비, 고성지역전투 충혼탑 등이 기념물로 자리하고 있다.

1) 통일안보공원

통일전망대 입장을 위한 장소로 출입신청 및 사전교육을 받아야 통일전망대에 출입할 수 있다. 출입신고소, 강당시설, 관광휴게소 등이 자리하고 있다.

[그림 6-15] 고성 통일안보공원

2) 통일전망대

통일전망대 주요 시설로는 통일관, 통일기원기도회 및 교육장, 통일기원범종, 통일미륵불, 성모마리아상, 전진십자철탑, 6·25전쟁체험전시관이 있으며 기념물과 편의시설이 위치해 있다.

[그림 6-16] 고성 통일전망대 구조

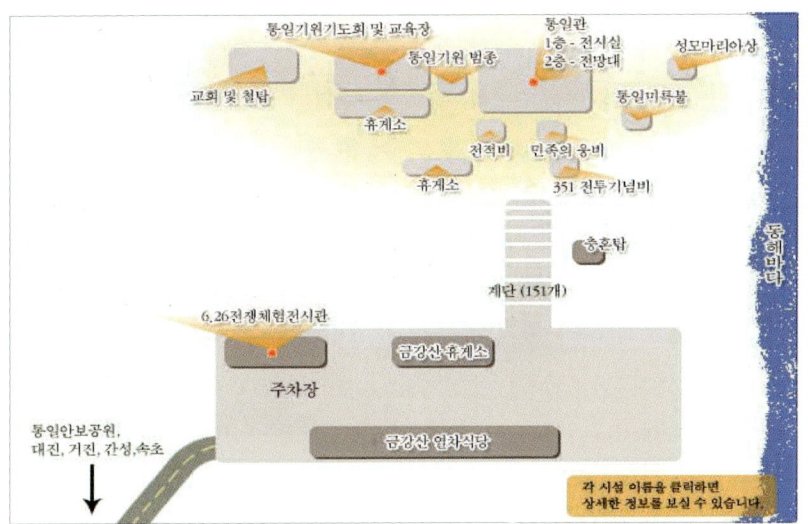

3) 6·25전쟁체험전시관

　고성 통일전망대에서는 동족상잔의 비극을 교훈삼고 민족화합과 조국의 평화통일을 염원하기 위해 6·25전쟁을 체험할 수 있는 6·25전쟁체험전시관을 개관·운영하고 있다. 영상체험실과 사진으로 보는 6·25, 전쟁체험실, 전사자유해발굴실, 6·25전쟁자료실, 유엔군참전국실, 6·25전쟁 중 동해안의 주요전투를 다룬 기획전시실 등에서는 6·25전쟁의 참상과 당시 상황을 사진과 영상, 자료와 유물 등을 통해 현실감있게 체험할 수 있으며, 국군홍보실과 국군비젼실, 병영체험실 등에서는 대한민국 국군의 발전상과 병영생활을 한눈에 볼 수 있도록 준비되어 있다.

[그림 6-17] 6·25전쟁체험전시관

통일전망대는 분단의 아픔에 대한 가장 상징적인 건물로 북한을 조망할 수 있는 곳에 위치한다는 것이 특징이 있다. 눈 앞에 펼쳐지는 북한땅을 바라보며 직접 분단의 현실을 마주할 수 있는 장소로 이산가족에게는 아픔을 달래는 장소로 대표된다.

고성의 통일전망대는 이러한 이점을 살려 동해바다와 멀리 보이는 금강산을 토대로 관광지화 하였으며, 동시에 6·25전쟁체험기념관 등을 배치해 분단의 아픔에 관련한 직간접적 교육이 이루어질 수 있는 장소적 의미가 있다.

제5절 경기도 파주시 오두산통일전망대

서울의 젖줄인 한강과, 북으로부터 흘러내려오는 임진강이 만나는 곳에 위치한 오두산통일전망대는 우리 국민의 통일염원을 담아 건립되었다.

오두산통일전망대는 서부전선의 최북단으로 남과 북이 임진강을 사이에 두고 2km의 짧은 거리를 반세기가 넘도록 왕래하지 못하는 안타까운 남북분단의 현장에 조성되었다.

1992년 9월 8일 개관한 이래 지금까지 2,000여만명의 내외국인 방문객이 이곳을 방문한, 오두산통일전망대는 세계에서 유일하게 남아있는 냉전의 유산인 남북분단의 비극적 현실을 이해하게 하고 민족구성원 모두의 자유와 인권, 행복이 보장되는 통일조국의 미래를 생각하고 통일의지를 다질 수 있는 평화통일의 현장이다.

[그림 6-18] 파주시 오두산통일전망대

파주시 오두산통일전망대 내 시설물

[그림 6-19] 파주시 오두산통일전망대 관람코스

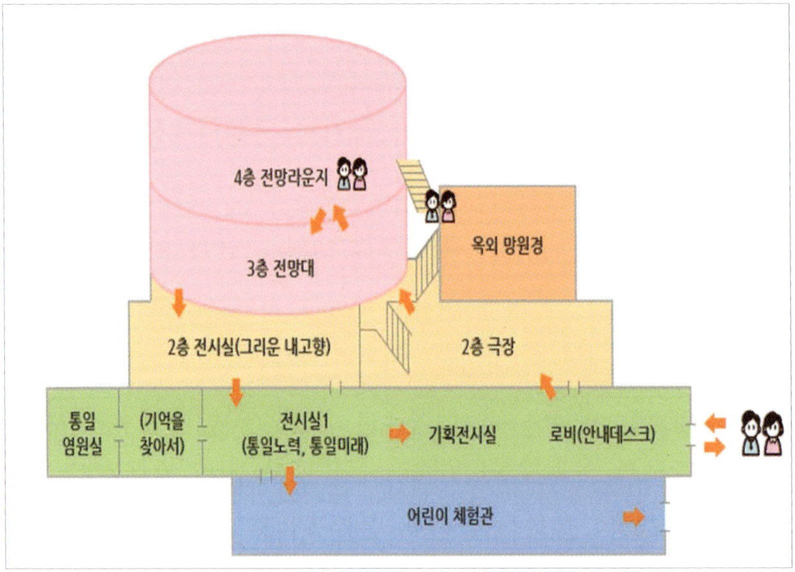

1) 1층 기획전시실, 상설전시실

1층 전시실은 연중 다양한 주제의 특별기획전시가 펼쳐지는 기획전시실, 분단역사를 짚어보고 통일의 미래를 설계하는 상설전시실로 이루어져 있다.

[그림 6-20] 파주시 오두산통일전망대 1층 전시실

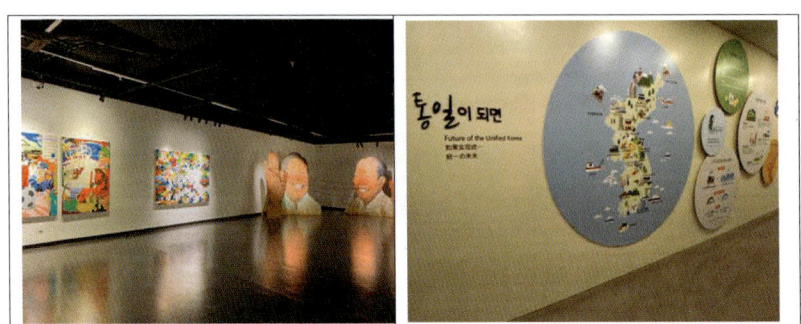

2) 2층 기획전시실

2층 전시실은 '그리운 내고향'의 컨셉으로 실향민이 그린 북녘고향 그림 5,500여점 전시되어 있는 전시실과 북한 주민들의 생활상, 어린 학생들의 만화영화, 정치사항, 교육, 문화, 예술 분야 등 북한의 내부를 깊숙이 알 수 있도록 북한관련 영상물을 상영하며, 전통문화 예술공연 등 다양한 활동을 펼치는 극장이 자리하고 있다.

[그림 6-21] 파주시 오두산통일전망대 2층 전시실

3) 3층 전망실과 4층

3층 전망실에서는 강 건너로 바라보이는 북한지역의 지형, 주요시설, 주민생활 등에 대한 설명 영상을 4개국어(한국어, 영어, 일본어, 중국어)로 시청할 수 있다.

[그림 6-22] 파주시 오두산통일전망대 3층 전망실

4층에는 사방이 탁 트인 원형 공간으로 누구나 이용이 가능한 휴게 공간인 전망라운지가 있다.

4) 옥외 통일기원북

오두산 통일전망대 통일광장의 팔각정안에는 통일 기원북이 있으며, 이 북은 88올림픽 당시 한강에 띄었던 대형 북을 제작한 장인이 똑같은 북을 기증하여 설날, 3·1절, 제헌절, 광복절, 추석 등에 12:00부터 누구든지 북을 치며 통일을 기원하고 소원을 비는 장을 마련하고 있다.

[그림 6-23] 파주시 오두산통일전망대 통일기원북

5) 옥외 평화의 상징탑

평화의 상징탑은 평화통일을 위한 겨레의 염원을 표현한 것으로 통일 조국의 무궁한 번창과 민족대화합을 상징하고 있다.

상징탑 내 두 큰 기둥은 남과 북이며, 두 기둥을 감아 안은 원은 남과 북을 하나로 묶는 통일과 민족의 영원한 번영을, 기둥 위의 조형은 평화의 비둘기를, 그리고 9개의 작은 기둥은 전국 9도를 뜻한다.

[그림 6-24] 파주시 오두산통일전망대 평화의 상징탑

6) 옥외 망배단

오두산 통일전망대 망배단은 실향민들의 한을 달래는 장소로서 설날과 추석 명절에는 정성어린 제사상을 마련해 놓고 있어 실향민들은 누구나 별도 준비없이 이곳에서 조상님께 경모의 제를 올릴 수 있으며, 평일에도 이용이 가능하다.

[그림 6-25] 파주시 오두산통일전망대 망배단

7) 옥외 고당 조만식 선생 동상

오두산 통일전망대 옥외에는 일제시대 독립운동을 하셨고, 해방 후에도 민주화 민족통일을 주장하시다가 김일성에 의해서 희생되신 조만식 선생의 정신을 기리는 동상이 건립되어 있다.

[그림 6-26] 파주시 오두산통일전망대 고당 조만식 선생 동상

8) 옥외 오두산성

오두산성은 현재의 통일전망대가 갖는 통일안보체험교육장으로서의 위상과 그 맥락을 같이 하고 있다고 소개하고 있다.

분단의 현실을 체감하는 현장에 존재하는 오두산성은 과거와 현재를 잇는 중요한 역사적 유물로 가치를 두고 있다.

용이 가능하다.

[그림 6-27] 파주시 오두산통일전망대 오두산성

파주 오두산 통일전망대는 분단의 현장과 북한 주민의 생활상을 체험할 수 있는 공간으로써의 의의가 있다. 파주 오두산 통일전망대 내 시설물들은 민족 분단의 실상에 대한 이해를 토대로 평화통일의 염원을 실현하는 것을 공간적으로 재현하고 있다. 다만 오두산 통일전망대의 위치와 그 속의 시설물들은 전망대 설립의 주요 목적이 평화통일에 대한 염원을 기리는 것은 사실이나, 그 방식이 분단의 엄혹한 현실 속에서 통일의 절실함을 느끼게 하는 안보와 평화라는 충돌되는 가치가 함께 담겨 있다.

평화통일의 필요성을 남북이 남북이 상호 대치하고 있는 현실에 주목하고 있다는 점에서, 평화라는 가치 그 자체에 주목하는 것은 아니라는 인상을 주고 있다.

제6절 독일이 과거를 기억하는 방법, 장소의 미학

독일은 학살을 기억함으로써 역사를 반성하고 아픔을 기억하기 위하여 도시의 곳곳에 시설물을 설치하고 있다.

베를린 도처에 나치의 만행을 여실히 드러내는 시설물들이 놓여 있다는 점을 토대로 독일이 국가 차원에서 나치와 홀로코스트 역사를 분명히 파악하게 하고 대량학살의 폭력에 저항하는 사람들을 양성하고 있다는 것을 확인할 수 있다. 이는 과거 역사에 대한 기억이 미래의 행동 목표를 위해 현재에 할 수 있는 방향 설정에도 기여한다는 것을 독일 사회가 행동으로 보여주고 있는 것이다.

이와 관련하여, 에드먼드 후설(Edmund Husserl)은 미래에 존재할 수 있는 어떤 것에 대해 예견하는 '사전기억들(Vorerinneru ngen)'은 결정하고 행동으로 실천하기 위한 방향 설정의 수단이 되며, 실존했던 과거 혹은 상상으로 체험한 과거에 대해 새롭게 해석할 수 있는 중요한 역할을 한다고 말한 바 있다.

베를린 홀로코스트 메모리얼

베를린 홀로코스트 메모리얼(Memorial to the Murdered Jews of Europe)은 브란덴부르크 문, 국회의사당, 프리드리히 거리 그리고 포츠다머 광장 등의 주요 관광명소로부터 걸어서 10분 내외에 있는 천혜의 장소에 위치하고 있다.

[그림 6-28] 베를린 홀로코스트 메모리얼

이 장소에는 아무런 설명도 표시도 없는 2711개의 콘크리트 덩어리들이 놓여 있고, 일반적으로 홀로코스트 기념비라고 알려졌지만, 좀 더 풀어서 설명된 정식 명칭은 '살해당한 유럽의 유대인들을 위한 기념비(Denkmals fur die ermordeten Juden Europas)'이다.

유대인 박물관(Jewish Musesum Berlin)

유대인 박물관은 독일 베를린에 있는 박물관으로 유대인의 역사 등에 대해 전시하고 있으며, 세계적인 건축가 다니엘 리베스킨트(Daniel Libeskind)가 설계되었다. 이 박물관의 전신이었던 유대인 박물관은 1933년에 설립됐으나 나치스에 의해 1938년 폐쇄되었다. 제2차 세계대전 이후 같은 자리에 다시 유대인 박물관이 문을 열었고 베를린 시의회는 박물관 건물을 새로 지을 것을 논의했고, 1989년 베를린 시정부는 대대적인 새 유대인 박물관의 디자인 공모전을 통해 다니엘 리베스킨트의 디자인을 채택했으며, 이후 오랜 건축 기간을 거쳐 2001년 9월 11일에 정식으로 개관하였다.

[그림 6-29] 베를린 유대인 박물관

홀로코스트 타워는 일종의 별실처럼 문을 열고 들어가 마주치게 되는데 아무것도 없는 빈 공간이며, 24m 높이에서 빛줄기가 내린다. 이 공간에는 인공조명은 물로 난방도 배제되어 있고, 발을 들여놓는 순간 한기와 어둠, 침묵이 한꺼번에 찾아와 꼼짝할 수 없는 상태가 된다.

[그림 6-30] 베를린 유대인 박물관 홀로코스트 타워

추방의 정원은 49개의 사각기둥이 기울어진 바닥에 수직으로 서 있는 곳이며, 주변에는 올리브 나무들이 심어져 있다. 이 공간에 평화를 상징하는 올리브 나무가 심어져 있어져 있다는 것은, 나치 독일의 만행을 감내한 유대인의 인내와 상징을 보여준다.

49개 기둥 사이사이를 천천히 걸으며 사색을 하면, 기울어진 바닥으로 인하여 불편함을 느끼게 된다.

[그림 6-31] 베를린 유대인 박물관 추방의 정원

공백의 기억이라고 불리는 공간은 베를린 유대인 박물관에서 가장 유명한 공간이며, 이 곳은 벽과 빛만이 존재하는 공간이다. 이 공간의 바닥에는 각기 다른 표정을 한 납작한 철제 가면 만 연개가 깔려 있는데, 이는 홀로코스트로 인해 희생된 유대인을 상징이다.

이곳을 지나는 모든 사람들은 철로 된 가면들을 밟고 지나갈 수 밖에 없는데, 발을 옮길 때마다 밟힌 얼굴들이 가냘프지만 날카로운 금속성의 비명 소리를 낸다.

공간은 텅 비어 있으나 온갖 기억들로 가득 차 있고, 온갖 기억들로 가득 차 있으나 텅 비어 있기 때문에, 이 공간의 이름이 공백의 기억이다.

[그림 6-32] 베를린 유대인 박물관 공백의 기억

슈톨퍼슈타인(Stolperstein)

베를린 거리에는 눈에는 잘 띄지 않지만 거리 곳곳에 새겨진 유대인 추모의 흔적이 있는데, 돌바닥 사이에 새겨둔 슈톨퍼슈타인이 대표적이다. '걸림돌'이라는 뜻의 이 작은 황동도금판에는 나치에 의해 희생된 유대인들의 이름과 출생일, 사망일이 적혀 있고, 이 도금판은 그들이 살던 마지막 주거지 혹은 마지막 일터 건물 앞에 박혀 있다.

[그림 6-33] 베를린 슈톨퍼슈타인

제7절 대만 2·28 화평기념공원

국가폭력의 측면에서 2·28사건은 대만 역사의 가장 어두운 시기의 시작을 알리는 서막이었다. 2·28사건의 직접적인 도화선이 된 사건은 1947년 2월 27일 외성인 관리와 본성인 민중 간에 발생한 충돌이었고, 그날 오전 전매사업인 성냥과 담배를 만들어 파는 조직이 있다는 제보가 전매국에 접수되었고, 조사관 6인과 경관 4인이 현장에 파견됨. 이들이 사제담배와 현금을 몰수하는 과정에서 한 본성인 여성에 대한 폭력이 발생하였고, 이는 시민들의 분노와 항의를 자아냈음. 조사관에 의한 발포로 인해 한 시민이 사망하면서 군중의 시위가 야기되었다.

제주 4·3과 광주 5.18과 마찬가지고 2·28사건도 대만의 민주화와 함께 새롭게 재조명되기 시작하였다. 2·28사건이 발생한 지 40주년이 된 해인 1987년에 와서야 피해자에 대한 명예회복에 대한 공감대가 형성되어 이에 대한 공개적 토론이 시작되었다.

2·28사건에 대한 정부 차원의 공식적인 사과와 배상이 이루어졌고, 학술적 연구도 진행되기 시작하였다.

2·28사건의 과거청산은 본성인이 중심이 된 민진당의 정치적 영향력이 증대되면서 본격적으로 제기됐으며, 1992년 2월 민진당 주도로 대만에서 최초로 '2·28사건' 희생자 추도회가 개최되었다. 1993년부터 1995년까지 2·28사건 처리와 보상조례를 위한 논의가 입법원에서 진행되었다. 국민당과 정치권력을 놓고 경쟁을 벌이던 민진당은 중국과 구별되는 독자적인 대만의 정체성을 내세워 토착 대만인 유권자들의 지지를 이끌어내기 위해 2·28사건을 선거에서 주요 쟁점으로 제시했다.

국민당 소속으로 최초의 대만출신 총통이 된 리덩후이(李登輝)는

1995년 2월 28일 차후 2·28화평기념공원(二二八和平紀念公園)으로 불리게 되는 공원에 세워진 2·28사건 국가기념비 제막식에 총통 자격으로 참석하여 정부를 대표해서 피해자 가족에게 공개적으로 사과하였다. 리덩후이 총통은 2월 28일을 '평화의 날'로 제정하고, 기념탑과 기념관 건립을 약속했다.

2·28화평기념공원의 주요시설

1) 공원 입구

2·28 화평기념공원은 타이베이 시내에서 대만총통부와 국립대만의과대학이 있는 번화가에 위치하고 있다. 2·28 화평기념공원에서 도로 건너편에는 일본이 1895년 청일전쟁 승리 이후 1945년까지 대만을 식민통치하던 일본총독부 건물이 있다. 1919년 르네상스식 5층 건물은 해방 이후 지금까지 대만총통부로 사용되고 있으며, 국립의과대학병원 건물도 같은 르네상스식 건물이다.

[그림 6-34] 2·28 화평기념공원 입구

2) 기념탑

리덩후이 총통이 2·28사건 발생 50주년을 맞은 1997년에 2·28화경기념공원에 기념탑과 기념관을 건립하였다.

[그림 6-35] 2·28 화평기념공원 기념탑

3) 희생자명단과 추모편지들

대만에서는 2·28사건을 '2·28학살', '2·28봉기', '2·28사변' 등으로 다양하게 불렀지만, 1987년 계엄령이 해제될 때까지는 이 사건에 대하여 말을 꺼내는 것조차 금기시될 정도였다. 이러한 대만 사회내의 분위기를 반영하듯, 2·28사건의 희생자명단과 관련 추모편지들은 2·28화평기념공원 한켠에 자리하고 있다.

2·28 화평기념공원 내 희생자명단과 추모편지들의 공간적 배치는 국가폭력의 잔상과 함께 대만 시민들의 일상적 애도의 분위기를 동시에 드러내는 효과가 있다.

[그림 6-36] 2·28 화평기념공원 내 희생자명단과 추모편지들

4) 원주민박물관

2·28 화평기념공원 내에는 중국본토와 토착 원주민 사이의 평화를 기리는 원주민박물관이 있다. 2·28 화평기념공원 내 원주민박물관의 존재는 2·28사건은 중국인과 대만인 사이에 존재하는 '다름(otherness)'을 폭력적 방식으로 드러냄으로서 중화민국(the Rebublic of China)'에 의한 대만 섬에 대한 지배가 종식되어야 하며, 이는 중국본토와 대만 관계가 평화적으로 유지될 필요가 있음을 보여준다.

[그림 6-37] 2·28 화평기념공원 내 원주민박물관

2·28사건은 대만인들로 하여금 중국과는 다른 별개의 정체성을 형성시키는 데 기여하였다. 2·28사건 때 국민당과 그 추종세력인 대륙인들에 의해 자행된 토착 대만인들에 대한 학살과 탄압은 국민당 지배하의 대만을 외부 침입자에 의한 정복으로 여기게 만들었다. 2·28사건을 거치면서 대만인들의 '조국에 대한 인식'에 있어 중요한 변화가 발생하였다.

2·28사건과 제주4·3은 국가폭력에 의한 무고한 시민들의 희생이라는 측면에서 유사하다. 이에 2018년 2월 2·28사건과 제주4·3 양측 유족들은 "제주 4·3과 대만 2·28 사건은 부당하게 집행된 공권력에 희생된 비슷한 사건"이라면서 "유족 상호교류를 통해 '평화정신'을 고양하고 아픈 역사를 치유하는 계기"를 만들기 위해서 정기적인 상호교류를 약속하고, 매년 한 차례씩 두 지역을 상호 방문키로 합의, 상호 교류를 위한 협약을 추진하기로 했음. 말하자면 한국과 대만은 "닮은꼴"의 아픔을 공유하고 있다.

제8절 베트남 히엔르엉 다리

세계 제2차 대전이후 베트남은 16도선을 기준으로 분할되었다. 이는 1945년 7월 포츠담 회담에서 베트남을 16도선으로 분할하면서 북쪽은 중국군이 남쪽은 영국군이 일본군의 항복문제를 정리하기로 하였다. 프랑스는 일본이 베트남을 지배하기 전의 기득권을 주장하였다. 미국의 루즈벨트는 식민지를 반대하였으나 홍콩을 식민지로 하고 있는 영국은 루즈벨트의 정책에 동의하기 어려웠다. 하지만 루즈벨트가 사망후 트루먼 대통령은 아시아의 식민지 독립문제는 관심이 없었으며 우방국간의 협력하여 소련을 견제하는 것에 있었기 때문이다. 결국 영국은 프랑스군과 함께 베트남의 사이공에 진주후 프랑스군에게 남부 베트남을 인계하고 철수하였다. 프랑스는 쿤밍의 철도운영권 등 갖고 있던 중국내 이권을 넘겨주면서 북부에서 중국군이 철수하게 하였다. 당시 호치민 정부가 북쪽에 수립되어 있었다. 호치민은 프랑스와 평화적인 협상을 통해 정권을 인수하려 했지만 협상은 결국 결렬되었고 1946년 12월 19일 전쟁이 시작되었다. 1954년 5월 7일 호치민군이 디엔비엔푸 요새에서 프랑스를 격파하면서 프랑스는 17도선으로 분할해 북부는 호치민 정부가 남부는 프랑스가 통치하다 2년후 국민투표로 통일정부를 수립하기로 협상하였다. 사실상 전쟁에서 패배하였지만 100년 가까운 기간동안 식민지배를 했던 프랑스의 체면을 세워주고 평화롭게 통일하고자 하였던 것이다. 하지만 프랑스는 약속을 지키지 않고 1955년 5월 15일 베트남에서 철수하였으며 그 자리를 미국이 이어받으면서 선거를 거부하게 되면서 제2차 베트남 전쟁이 시작된다. 전쟁에 패배한 미국도 1968년부터 베트남과 협상을 시작해 1973년 완전 철수하였다. 1975년 4월 30일 북베트남이 남베트남을 점령하면서 17선은 역사속으로 사라지게 된다.

1) 히엔 르엉 다리(Cầu Hiền Lương)

히엔르엉다리는 17도선을 따라 베트남을 분할하였던 벤하이 강을 가로지르는 다리이다. 최초의 다리는 1928년 Vinh Linh 정부에 의해 나무로 건설되어 보행자만이 통행이 가능했다. 1943년 다리가 업그레이드되어 소형자동차가 다닐 수 있게 되었다. 1950년 군사적 필요에 의해 프랑스가 콘크리트 다리로 재건하였다. 프랑스의 진격을 막기 위해 베트남게릴라군이 파괴되었다가 1952년 새로운 교량으로 재건하였다. 1967년까지 존재하다 미군 폭격에 의해 무너지게 된다. 1972년 ~ 1974년 베트남 해방군이 보행자통로로 재건하였다. 이후 1996년 새로운 다리를 건설하면서 이 다리는 역사적 증거로 남기기로 하고 1967년 미국의 폭격에 의해 무너졌던 다리의 모습으로 복원하였다.

[그림 6-38] 히엔 르엉 다리(Cầu Hiền Lương)

히엔르엉다리는 "색"과 "확성기", 그리고 "깃발"의 전쟁을 함께 하였다.

두 지역이 만나는 다리의 중앙에는 1cm의 흰색 수평선이 경계로 사용되었다. 남베트남은 다리의 절반을 파란색으로 칠하면 북베트남도 파란색으로 칠하고 갈색으로 칠하면 서로 갈색으로 칠하다가 1975년 다리는 통일된 파란색을 공유하였다. 하지만 현재는 남쪽은 파랑색 북쪽은 노랑색으로 칠하여져 있다.

1954년에서 1964년 총성은 들리지 않았지만 양측은 매우 긴장되고 치열한 구두전투가 진행되었다. 우방국의 지원을 받아 설치한 스피커와 음향시설로 구두전투가 시작되었고 당시의 방송소리는 바람을 타면 소리가 10km를 이동했다고 한다.

[그림 6-39] 히엔 르엉 다리 인근 감시초소와 확성기

제네바협약에 의해 모든 국경 경찰서는 매일 국기를 게양해야 한다. 히엔르엉다리 양측 끝에 있는 두 개의 깃대에서 수십년 동안 국기계양전이 벌여졌다. 처음에는 12m의 깃대에서 시작되었지만 1962년에는 38.6m이상의 깃대가 사용되었다. 특히 북베트남은 미국의 폭격으로 깃대가 부러져도 다음날이면 새로운 깃대를 세웠다.

[그림 6-40] 히엔 르엉 다리 인근 국기게양대

제7장 결 론

「통일교육지원법」에 근거하여 통일부는 학교통일교육, 사회통일교육, 공무원통일교육 등 다양한 통일교육을 실시되고 있다. 통일부의 통일교육의 일환으로 경기북부 지역인 포천에 위치한 대진대학교는 통일부로부터 2020년 통일교육선도대학으로 선정되어 2023년까지 4년간 통일교육선도대학을 운영하였으며 지속가능한 대학통일교육의 중요성이 부각됨에 따라 2025년 재진입대학으로 다시 선정되었다. 접경지역에 위치한 대학으로서 다시 한 번 '통일교육의 메카'로서 발돋음할 수 있는 기회가 주어진 것이다.

대진대학교는 통일교육선도대학으로서 대진대만의 독자적인 통일교육모델인 '지역 네트워크 통일교육 모델'을 개발하였다. 지역사회내 지역 네트워크의 허브역할에 주력한 것이다. 지역사회가 가지고 있는 강점에 주목하여 경기북부 지역내 핵심주체들과 유기적인 협력·협업을 통하여 통일교육을 수행하고 있다. 대진대학교의 이러한 노력은 지역사회와의 협력으로 대진대학교 통일교육선도대학의 대학생을 대상으로 하는 대학사회 통일교육이 보다 활성화되었고 내실있는 프로그램으로 운영할 수 있는 원동력이 되었다. 지역사회 교육단체에게도 공동사업을 수행함에 있어서 연구자·실무인력의 교류로 상호간의 선한 영향력을 얻고 있다.

대진대학교 통일교육선도대학과 지역내 교육단체간의 형성된 네트워크를 통하여 예산과 인력이 투입되면서 지역형 현장체험학습 프로그램 및 현장체험학습장 개발 등에서 가시적인 성과를 나타내고 있다. 대표적인 사례가 '포천 38선 이야기'이다.

기존 현장체험학습은 접경지역인 포천에 위치한 대진대학교조차도 파주 DMZ, 철원땅굴, 노동당사 등과 같이 전통적으로 체험학습장소로 알려진 곳을 대상으로 진행하였다. 대진대학교 통일교육선도대학과 경기도 비영리민간단체인 개성포럼을 비롯한 지역내 사회단체간의 협력으로 경기북부지역의 "38선"을 활용한 현장체험학습 프로그램과 지역형 현장체험학습장을 개발하면서 경기북부지역만의 특성있는 지역형 현장체험학습을 진행하게 되었다. 지역형 현장체험학습은 학생들이 손쉽게 접근하여 손쉽게 직접 체험하고 느낄 수 있는 방안을 제시하고 있다.

지역형 현장체험학습장은 통일교육을 위한 학습장인 동시에 지역상권과 결부하여 지역의 관광상품으로도 자리매김해 나아고 있다. 지역형 현장체험학습은 지역인들만의 역사에 새 생명을 부여한다. 잊혀져가는 지역의 인적자원과 현재는 활용도가 없어진 유형자산이나 특정 목적을 위해서만 활용되고 있는 유형자산을 이용한 스토리텔링으로 현재를 살아가는 현대인에게 새로운 명소로 탈바꿈하는 역할도 하고 있다.

민간의 노력과 활동과 더불어 국가 및 지자체의 관심과 예산에 의한 프로그램의 개발과 학습장의 설립은 첫 번째로 지역주민을 대상으로 하는 지역밀착형 현장체험학습장으로서 활용되고 두 번째로 현장체험학습장을 체험하기 위해 내방하는 체험객의 유입의 효과를 극대화하는 효과를 가져올 것이다. 더불어서 지역주민과 내방객들의 활용은 통일교육 현장체험 학습장을 넘어서 지역의 새로운 관광자원으로 자리잡게 될 것이다.

포천시만의 지역형 통일교육 현장체험학습 프로그램과 학습장 활용에 대해 연구를 진행하였으며 지속적인 연구를 진행할 예정이다. 포천시 38선에 관한 이야기, 6·25전쟁을 비롯한 포천의 아픈 역사의 이야기에 대해 더 많은 연구가 진행될 필요성이 있다.

접경지역은 접경지역만의 특성을 살린 개발계획을 수립하고 있다. 포천시는 포천시만의 개발계획과 더불어서 집경지역으로서 특색있는 지역형 통일교육 현장체험학습과 함께 새로운 형태의 관광자원을 개발하는 것은 큰 의미가 있다. 예컨대 영평천과 관련하여서는 다른 지자체에서는 찾아보기 힘든 38선을 기준으로 한 남북한의 군청의 존재를 비롯한 조금씩 잊혀져가는 포천의 이야기에 새로운 생명을 불어넣어야 할 때이다.

포천 38선 동네 한 바퀴는 연구진의 최종 연구결과물이라고 할 수 없다. 포천의 통일교육의 시발점으로 민, 관, 학에 의해 포천지역사회의 선한 영향력을 미치는 포천의 지역형 통일교육 현장체험학습 프로그램과 현장체험 학습장으로 발전하여 자리잡아가길 소망한다.

【참고문헌】

〈단행본, 보고서〉

- 김기조, 「38선 분할의 역사 : 미,소·일간의 전략대결과 전시외교비사(1941~1945)」, 동산출판사, 1994.
- 박광기, 「통일교육과 민주시민교육」, 통일부 통일교육원 교육개발과, 2012. 12.
- 이상윤, 「각종 지정제도의 분석과 개선방안 연구」, 한국법제연구원, 2012.
- 이지혜·홍숙희, "학습으로서의 네트워킹-부천 지역 교육, 2007.
- 소성규 외, 「통일교육과 통일법제를 이해하는 열두 개의 시선」, 동방문화사, 2020.
- 소성규 외, 「법학자가 바라보는 통일교육과 민주시민교육」, 동방문화사, 2021.12.20.
- 소성규 외, 「남북한의 법」, 동방문화사, 2024.3.1.
- 소성규 외, 38선 평화공원 컨텐츠 개발 및 활용 연구용역, 포천시, 2022.6.13. ~ 2022.11.9.
- 정병준, 「한국전쟁:38선 충돌과 전쟁의 형성」, 돌베개, 2006.
- 최진우, 「환대, 평화의 조건, 공생의 길」, 박영사, 2020.
- 통일부, 「2019년 통일백서」, 2019. 3.
- 통일부 통일교육원, 「통일교육 기본계획(2019-2021) 및 2019년 도시행계획」, 2019. 3.
- 통일부 통일교육원, 「평화·통일교육-방향과 관점」, 2018. 8.
- 통일부 통일교육원, 「2016 통일교육 지침서」, 2016. 5.
- 통일연구원, "통일교육 과거·현재·미래.", 2011.
- 통일연구원, "KINU 통일의식조사 2018-남북평화 시대의 통일의식.", 2018.

- 국회 통일외무위원회 수석전문위원 검토보고서, 1997. 11.
- 국회 외교통일위원회 전문위원 검토보고서, 2014. 11.
- 국회 외교통일위원회 전문위원 검토보고서, 2017. 2.
- 교육부·서울시교육청·한국교원단체협의회, "전국 학생 통일 탐구토론대회 탐구보고서 모음집.", 2016
- 대진대학교, "통일교육선도대학 지정·육성사업 2020년(1차년도) 연차보고서.", 2021.
- 대진대학교, "통일교육선도대학 지정·육성사업 2021년(2차년도) 연차보고서.", 2021.
- 대진대학교, "통일교육선도대학 지정·육성사업 2022년(3차년도) 연차보고서.", 2022.
- 대진대학교, "통일교육선도대학 지정·육성사업 2023년(4차년도) 연차보고서.", 2023.
- 대진대학교, "통일교육 선도대학 지정·육성사업-1~2차년도 성과 (중간평가) 보고서.", 2022.
- 대진대학교, "통일교육 선도대학 지정·육성사업-1~4차년도 성과 (최종평가) 보고서.", 2024.
- 서울대학교 통일평화연구원, "서울대학교 통일평화연구원, 「2023 통일의식조사」 결과 개요.", 2023.
- 서울대학교 통일평화연구원, "2024 통일의식조사 학술회의 개최자료.", 2024.
- 안전망 사례연구." 「평생교육학연구」 제 13집, 215-243.

〈논문〉

- 고경민, "통일교육 의무화와 대학 통일교육의 개선방향", 「대한정치학회보」 제23집 3호, 2015. 8.
- 기광서, "소련군의 대일전 참전과 러시아에서 본 광복의 의의 및

평가", 학술저널 군사지 제96호, 2015.9, 84면.
- 김계동, "한반도 분단・전쟁에 대한 주변국의 정책 : 세력균형이론을 분석틀로", 한국정치학회보 제35집, 제1호, 2001.
- 김미경, "독일 통일 이후 통일교육", 한독사회과학회 국제학술대회, Vol. 2011 No. 1.
- 김병연, "통일교육지원법의 쟁점과 개정방안 연구 - 제2조 정의, 제3조 통일교육의 기본원칙 조항을 중심으로", 「도덕윤리과교육」 제58호, 한국도덕윤리과교육학회, 2018. 2.
- 김선호, "북한의 38선 경비부대 창설과정과 제한전 구상", 통일과 평화 Vol.16 No.1, 2024.
- 김영호, "탈냉전과 38선 획정의 재조명", 국가와 정치 Vol.16, 2010.
- 김용재, "통일교육의 발전방향 : 통일교육지원법을 중심으로", 「한국민주시민교육학회보」, Vol 5, 한국민주시민교육학회, 2000.
- 김재웅, "38선 분쟁과 접경지역 위기에 대처한 북한의 민간인 동원정책", 한국학논총 Vol.45, 2016.
- 김재웅, "북한의 38선 접경지역 정책과 접경사회의 형성"-1948~1949년 강원도 인제군을 중심으로-, 한국사학보, 2007.
- 김종세, "인터넷을 통한 남북통일교육에 대한 소고 - 통일교육지원법을 근거로 하여 -", 조선대 「법학논총」 제16집 제1호, 2009.
- 김창환, "독일 통일 이전 통일교육", 한독사회과학회 국제학술대회, Vol. 2011 No. 1.
- 김창환, "통일교육지원법 개선방안 연구", 「통일교육연구」, Vol. 3, 2003.
- 민병기·임재현·이재현, "통일인식이 대학 통일교육 수강의사에 미치는 영향." 「사회과학연구」 제 30집 4호, 2019.

- 박다정, "미국의 38선 획정 원인과 목적(1943~1945)", 역사학보 Vol.-No.260, 2023.
- 박찬석, "민주 사회에서의 통일교육의 발전 방안", 「초등도덕교육」 제56집, 한국초등도덕교육학회, 2017. 6.
- 서중석, "전후 한국의 국제적 지위와 삼팔선 획정에 관한 연구", 경희대학교 논문집 Vol.7, 1972.
- 소성규, "경기북부통일교육센터 활동상황 및 법정책 제안", 대통령직속 통일준비위원회(사회문화분과)·통일교육원 주최, 사회통일교육 활성화 방안 모색 세미나, 2016. 6. 17.
- 소성규, "사회 평화·통일교육 활성화를 위한 법제도 개선방향", 통일부·교육부 주최 제7회 통일교육주간 컨퍼런스 발표논문, 북한연구학회, 2019. 5. 20.
- 소성규, "통일교육지원법의 개정방향," 『법과 정책연구』 제19집 3호, 2019.
- 소성규, "통일교육 활성화를 위한 법제도 개선방안", 「법과 정책 연구」 제17집 제2호, 한국법정책학회, 2017. 6.
- 소성규·고대유, "대학 통일교육사업의 효과성 분석-대진대학교 통일교육선도대학사업을 중심으로." 「지역과 통일」 1권 1호, 2021.
- 소성규·고대유, "대학 통일교육사업의 성과와 방향-대진대학교 통일교육선도대학사업 1-2차년도 사업을 중심으로." 「지역과 통일」 2권 1호, 2022.
- 소성규·고대유, "통일부 국립평화통일민주교육원 지원사업의 효과성 분석." 「지역과 통일」 3권 1호, 2023.
- 신복용, "한반도 분할의 내용"-왜 하필이면 38선이었을까?", 현대이념연구 제5집, 1987.

- 양현모·강동완, "통일대비 정부인력 양성방안: 교육훈련체계 평가 및 개선방안을 중심으로", 「북한학보」 제37집 1호, 2012.
- 오관석, 최정진. "대학생의 북한인식과 통일교육 태도에 관한 연구: 정치학과 관련 비전공 지방 대학생을 중심으로." 「한국지방정치학회보」 9집 1호, 2019.
- 윤여각·서덕희. "지역교육연계의 성격에 관한 사례연구: 난곡지역을 중심으로." 「교육인류학연구」 제7집 제2호, 2004.
- 음선필, "「통일교육지원법」에 대한 입법론적 검토", 「입법학연구」 제15집 제1호, 한국입법학회, 2018. 2. 28.
- 이승철. "통일의식조사 비교연구: IPUS와 KBS조사를 중심으로." 「도덕윤리과교육」 34집 47호, 2015.
- 이인정. "다문화 시대 문화다양성을 지향하는 평화·통일교육의방향에 관한 연구." 「도덕윤리과교육연구」 13집 66호. 2020.
- 이완범, "미국의 38선 획정 과정과 그 정치적 의도 = 1945년 8월 10일~15일", 한국정치학회보 Vol.29 No.1, 1995,
- 이완범, "트루먼과 동북아 냉전: 미국의 원폭실험 성공에 따른 소련의 대일전 참전배제 구상, 1945년 4월 ~ 1945년 8월",미국사연구 제21집, 2005,
- 임현모. "광주·전남지역 초등교육 현장의 통일문제 관련 의식 조사 연구." 「한국동북아논총」 제 16집 3호, 2011.
- 임현모. "광주교육대학생들의 통일의식에 관한 연구-통일교육선도 대학 선정 전 후 비교를 중심으로." 「초등도덕교육」 제56집, 2017.
- 정호경, "재통일 전후의 독일의 정치교육 경험과 그 시사점",「공법연구」 제45집 제2호, 사단법인 한국공법학회, 2016. 12.
- 조은희. "비대면 통일교육의 현황과 과제: 숭실대학교 사례를 중심으로." 「한국동북아논총」 26집 4호, 2021.

- 최경원·최인숙, "선도대학 통일교육의 효과성 연구." 「한국휴먼이미지디자인」 5집 1호, 2023.
- 홍진화, "통일교육 활성화를 위한 법제도적 개선방안", 대진대 석사학위논문, 2017. 2.

〈기타〉

- 대한민국 국회: www.assembly.go.kr.
- 통일부: http://www.unikorea.go.kr.
- 행정안전부 자치법규정보시스템: http://www.elis.go.kr.
- 법제처 국가법령정보센터(https://www.law.go.kr/)
- 통일부 통일교육원(https://www.uniedu.go.kr/uniedu /home/cms/page/u ni_school_support)
- "미인공감 61회: 통일에서 통이로(이우영)," 『미인공감』, 2018. 8.12.
- 매일신보 1945년 9월 11일. 자료대한민국사제1권, 1945년 9월 9일, 태평양미국육군총사령부, 포고 제1,2,3,호공포,
- 동아일보, 카이로 선언의 '한국 독립 결의' 누가 이끌었나. 2014.3.19.
- 문화일보, <오후여담>'운명의 1도' 38선, 2020.06.23.

저자소개

소성규

한양대학교에서 법학으로 학사, 석사, 박사학위를 받았다. 대진대학교 공공정책대학원장, 공공인재대학장, 글로벌산업통상대학장과 입학홍보처장, 통일교육선도대학사업단장을 역임했으며, 현재 같은 대학 공공인재법학과 교수로 재직하면서 행정부총장, 대외협력부총장을 맡고 있다. 한국부동산법학회 고문, 한국법정책학회장 고문, 개성포럼 회장, 경기북부발전정책연구소장을 맡고 있다. 주요 관심분야는 부동산법제, 통일법제 등이며, 주요 저서로는 민법총칙, 물권법, 채권법, 가족정책법, 법여성학강의, 부동산중개계약론, 통일교육과 통일법제를 이해하는 열두 개의 시선(공저), 법학자가 바라보는 통일교육과 민주시민교육(공저), 남북한의 법(공저) 등이 있다. 2016년 국민훈장 석류장을 수상하였다.

김태희

대진대학교에서 법학으로 석사, 박사학위를 받았다. 대진대학교 대진평화통일교육연구원 객원교수로 재직 중이다. 개성포럼 부회장, 한국법정책학회, 한국부동산법학회, 한국민사법학회에서 활동 중이다.

천영성

대진대학교에서 법학으로 학사, 석사, 박사학위를 받았다. 대진대학교 대진평화통일교육연구원 객원교수로 재직 중이다. 개성포럼 부회장, 한국법정책학회, 한국부동산법학회, 한국민사법학회에서 활동 중이다. 주요관심 분야는 여행법제, 통일법제 등이며 다크투어와 체험여행을 접목한 '걸을수록 알게되는 역사문화체험길'이란 주제로 지역형 통일교육 현장체험 안내서를 저술하고 있다.

포천 38선 동네 한 바퀴

지은이 / 소성규·김태희·천영성	인쇄 / 2025.11.01.
펴낸이 / 조 형 근	발행 / 2025.11.20
펴낸곳 / 도서출판 동방문화사	

주 소 / 서울시 서초구 방배로 16길 13. 지층
전 화 / 02)3473-7294 팩 스 / (02)587-7294
메 일 / 34737294@hanmail.net 등 록 / 서울 제22-1433호

저자와의 합의 인지생략

파본은 바꿔 드립니다.
정 가 / 43,000원

본서의 무단복제행위를 금합니다.
ISBN 979-11-89979-82-9   03340